FIRST, BREAK ALL THE RULES
What The World's Greatest Managers Do Differently
From GALLUP

ギャラップ［著］
ジム・ハーター［序文］
大岸良恵［訳］

新版

まず、ルールを破れ

すぐれたマネジャーはここが違う

日本経済新聞出版

FIRST, BREAK ALL THE RULES
What The World's Greatest Managers Do Differently

2017年、ギャラップは〈ストレングス・ファインダー〉の名称を〈クリフトン・ストレングス〉に変更した。アセスメントの開発者であるドン・クリフトンに敬意を表して。

ドン・クリフトン（1924-2003年）
〈クリフトン・ストレングス〉の開発者。「強みの心理学の父」として米国心理学会会長賞を受賞。

まず、ルールを破れ　新版――目次

どこが新しくなったか――新版化にあたって　9
序文　11
はじめに　すべてのルールを打ち破れ　15
第1章　強い職場かどうかを測る「ものさし」が必要だ
シリー諸島の大惨事　27
強い職場かどうかを測る「ものさし」　32
12の質問を開発し、試してみた　39
Q12調査の具体例　48
登山にたとえてみると　54
第2章　すぐれたマネジャーだけが知っていること

彼らは何を語ったか　69
すぐれたマネジャーに共通する知恵　73
すぐれたマネジャーは何をしているか　76
4つの画期的なアプローチ　88

第3章　第1のアプローチ　才能で人を選ぶ

才能とは何か――すぐれたマネジャーによる定義　93
役割にふさわしい人を選ぶ　95
脳神経学の知見から　106
才能、スキル、知識　112
才能が語る世界　129
どうやって才能を見出すか　138
すぐれたコーチからのアドバイス　146

第4章 第2のアプローチ 成果を明確にする

リモートコントロールによる管理 151
「思いどおりにコントロールしたい」という誘惑 156
すぐれたマネジャーが遵守している経験則 170
何に対して給与が支払われているか 188

第5章 第3のアプローチ 強みにフォーカスする

個性をもっととがらせる 199
変身物語 203
配役こそ、すべて 208
誰もが例外 213
最高の部下に最も多くの時間をかける 217
弱みに対処する 235

第6章　第4のアプローチ　強みを活かせる場所を探す
わき目もふらず、息もつがずに、ひたすら登る　255
上の段でも成功するとは限らない　262
あらゆる職務にヒーローをつくる　265
新しいキャリアへの3つのストーリー　278
仕事はタフに、部下にはひとりの人間として接する　299

第7章　4つのアプローチを実践する
才能で人を選ぶとき、何を尋ねるか　313
部下のパフォーマンスを開発する　323
あなたの上司が「常識的なマネジャー」だったら　335
会社がとるべき重要なアプローチ　342

終章　力を結集して、企業価値を高める　349

巻末資料

資料A　ギャラップ・パス　357

資料B　すぐれたマネジャーたちの回答　362

資料C　クリフトン・ストレングス　4つの領域と34資質　365

資料D　Q12を特定する　374

資料E　従業員エンゲージメントと組織的成果の関係――Q12メタ分析　377

訳者あとがき　437

参考文献　445

どこが新しくなったか――新版化にあたって

本書の初版は、1999年、当時ギャラップの優秀なメンバーだったカート・コフマンとマーカス・バッキンガムが著し、世界的なベストセラーとなった。ドン・クリフトン博士と数百人の同僚が蓄積したデータをもとに雄弁に語ってくれた2人に心からの敬意を表する。

新版となる本書も、基本となる資料は同じだが、時代に即して一部を改編した。「マネジャーやリーダーはどのようにして従業員の才能を活かし、卓越した成果をあげているか」。読者の皆さんは、このことを実現するために、私たちが調査、分析してきた最新の洞察を得ることができる。巻末には「従業員エンゲージメントと組織的成果の関係」についての最新の分析結果と、アセスメント〈クリフトン・ストレングス〉を受けるためのアクセスコードを用意した。コードは巻末の綴じ込みに記載している。

このアセスメントを受ければ、あなたの上位5つの「才能」がわかる。才能を見出し、それを活かすことで、毎日をより充実したものにしていただきたい。自分の強みを日常的に活かしている人は、熱意を持って仕事に取り組んでいる割合が6倍も高く、生産性やQOL（生活の質）も高いと答える傾向がある。

本書の初版を出版した後も、私たちは、世界中の企業を対象に3000万人以上の従業員エンゲージメントを測定する支援を行い、検証を重ねてきた。新版の刊行にあたり、さらに多くの組織が従業員エンゲージメントを測定し、その向上に尽力することを心から願っている。

序文
Foreword

ギャラップは毎年、世界中で「The State of the Global Workplace（職場の従業員意識調査）」を行っている。そのなかの「従業員エンゲージメント調査」によれば、自分の仕事にエンゲージしていると回答した従業員は、世界平均でたったの20％にすぎない。アメリカ平均だと、だいたい10人中4人だ。「エンゲージしている従業員」とは、自分の仕事や職場に深く関与し、熱意を持っている従業員を指す。

過去10年間、多くの組織とマネジャーがエンゲージメントの向上に注力し、心強い着実な改善も一部には見られている。が、「エンゲージしていると回答した従業員はいまだ5人に1人しかいない」というデータをみると、ほとんどの組織でエンゲージメントの向上に手がつけられていないのが現状のようだ。

「エンゲージしている」と回答した従業員の割合が世界中で2倍に、あるいは3倍になったらどうなるか、想像してほしい。従業員の半数以上がエンゲージしている組織になれば、生産性が高まるだけでなく、そこで働く人々の生活も大きく変わるだろう。エンゲージできる仕事に就いているかどうかは、ウェルビーイングにおいても最も重要な要素だ。ウェルビーイングを高めるには、仕事やキャリアのほかにも人間関係や経済的な要素、身体的な要素、そしてコミュニティとのかかわり方などが重要だが、エンゲージできる仕事は、人生を生き生きとさせ、レジリエンス（立ち直る力）を最も高めてくれる。

2019〜2021年には、新型コロナウイルス感染拡大による健康や経済へのダメージが広がるなか、「従業員エクスペリエンス」についてもあわせて調査した。その結果、エンゲージできる最高の「仕事」の重要性が明らかになった。仕事こそが、激動の時代にあっても、安定した力を与えてくれるのだ。

私たちは過去30年以上にわたり、「グローバルな職場環境や常識的慣行に逆らい、エンゲージメントの高い労働者の割合を2〜3倍に高めている企業」を数多く発見し、研究し続けてきた。私たちが開発したエンゲージメントサーベイ〈Q12〉では、従業員を次の3つに分類している。

- エンゲージしている（Engaged）従業員
- エンゲージしていない（Not engaged）従業員
- まったくエンゲージしていない（Actively disengaged）従業員

詳細は本書に譲るが、「まったくエンゲージしていない従業員」1名に対して「エンゲージしている従業員」が9名いる優良企業では、同業他社をはるかに凌ぐ業績をあげていることがわかってきた。

これは偶然のなせる業ではない。これらの優良企業は、他社と異なる仕掛けを意識的に行っていたのだ。それは、すぐれたマネジャーを組織的に大量に育成して、組織のベスト・パフォーマンスを追求しながらも、従業員たちの生活を向上させるべく取り組んできた結果だ。

私たちには２０２１年時点で、２１２カ国、６０００を超える組織における４６００万人以上の人々を対象とした調査データベースがある。生産性が高いエンゲージした職場とそうでない職場を見事に分ける「すぐれたマネジメントの12要素（Q12）」は、本書の中心となるものだが、私たちはさらにこれを測定、研究、適用し続けている。

本書の初版は、１９９０年代に蓄積された研究をまとめたものだった。それは故ドナルド・O・クリフトン博士が生涯の研究として精力を傾けたものである。ドン・クリフトン博士は〈クリフトン・ストレングス〉の開発者であり、「強みの心理学の父」として米国心理学会会長賞を受賞している。博士の研究成果は、時代が変わっても、テクノロジーが大転換を起こしても、経済が乱高下しても変わらずに貢献し続けている。

本書では、「すぐれたマネジャーは、平均的なマネジャーあるいは普通のマネジャーと違って、どのようなマネジメントを行っているか」を詳説する。

すぐれたマネジャーが常識とは異なる取り組みをしていることは、私たちが近年経験した困難な時期にこそ組織にとって重要であることが、最近の研究でわかってきた。

私たちは、旧版を出版した１９９９年以降も世界中で多くの調査を行い、次のことを明らかにしてきた。「個人の強みを活かすことは、組織エンゲージメントの向上につながり、エンゲージメントが高まるほど、組織のパフォーマンスは持続可能な成長を遂げる」。このことについては、巻末資料を参照してほしい。そのほか、多くの調査や研究から得られた知見はすべてギャラップのウェブサイトで公開している。

エンゲージしている従業員は、弱点に固執せず、強みを伸ばしてくれるマネジャーのもとで、エンゲージしていない従業員とはまったく違う世界を見ている。「すぐれたマネジャーの研究」から得られた洞察は、最高のパフォーマーを維持し、顧客を惹きつけ、業績と収益性を向上させる方法を見出すためのレンズとなる。最終的にはそれが、有意義な仕事を増やし、経済を活性化させることになるだろう。

2021年4月

ギャラップ　ワークプレイス・マネジメント部門
チーフ・サイエンティスト
ジム・ハーター

はじめに　すべてのルールを打ち破れ

Introduction: Breaking All the Rules

世にいる「すぐれたマネジャー」の共通点は何だろうか。

性別、人種、年齢もさまざまだし、マネジメント・スタイルも目標も異なる。ただ、「すぐれたマネジャー」なら、誰もが行っていることがある。それは、一般に行われている常識やルールであっても、疑い、打ち破っていることだ。たとえば、心に決めたことは何でもできるなんて信じていないし、部下の弱点を克服しようと躍起になることもない。「己の欲するところを人に施せ」という黄金律にも注意を払わない。それどころか、部下への接し方を人によって変えることも平気だ。

すぐれたマネジャーは、自らはそう思ってないだろうが、革命家なのだろう。本書では、「すぐれたマネジャーがなぜ、常識的なルールを疑い、打ち破ろうとしているのか。その代わりに明らかになった真実――いわば、新常識とはどういうものか」について照準を合わせていきたい。

間違えないでほしいのは、「皆さんのマネジメント・スタイルを捨てて、『すぐれたマネジャーの標準版』をインストールし直せと勧めているわけではない」ということだ。「すぐれたマネジャーの標準版」などないのだ。そうではなく、すぐれたマネジャーが持つ革新的な考え方を、皆さんのマネジメント・スタイルに取り入れて、さらによいものにバージョンアップしていただきたいのだ。

本書は、私たちが25年にわたり実施してきた、大規模な2つの調査研究をもとにしている。ひとつは、世界中で行っている従業員の意識調査だ。「最もすぐれた従業員が、職場に求めているものは何か」を調べた。私たちは、さまざまな国や業界、企業で働く100万人以上の従業員を対象に調査をしている。年代ごとに変わる職場に対するニーズについてさまざまな切り口で質問し、「最も生産性が高い従業員が求めている最も重要なニーズは何か」を明らかにする。この調査では多くの発見があった。最もパワフルな発見は、「生産性が高い従業員ほど『すぐれたマネジャー』を求めている」というものだ。入社する前は「カリスマ的なリーダーがいる」「報酬や福利厚生が充実している」「一流のトレーニングがある」などが入社理由として挙げられることが多いが、その職場にどれだけ長く在籍するか、どれだけ生産性を高められるかは、従業員とその直属の上司との1対1の関係に拠っているのだ。

この事実を見出したことで、2つめの調査が始まった。「最もすぐれたマネジャーは、どのようにして才能ある従業員を見出し、照準を合わせ、長く勤務するようにしているのか」。私たちは、現地に足を運んでインタビューを行い、実際の現場でのデータをとってくるのが得意だ。この調査では、大企業から中堅、中小企業、個人企業、上場企業、公的機関などに足を運び、「すぐれたマネジャー」から「平均的なマネジャー」まで幅広くインタビューを行った。すぐれているかどうか、平均的かどうかは、その組織から得たパフォーマンス指標（売上高や利益、顧客満足度、転職回数、本人の意見、360度評価など）をもとにした。私たちはこの25年間で8万人以上のマネジャーに、1人当たり平均90分のインタビューを行い、それを文字に起こしている。対象者には、経営者、CEOから、中堅、現場のマネジャーまでが含まれている。全員が部下を持つマネジャーだ。そのなかから、部下の才能を開花させ、業績をあげているマネジャーを選び出した。「すぐれたマネジャー」である彼らに共通しているものがあるとしたら、それは何だろうか。

すぐれたマネジャーの考え方はシンプルだが、それを実際に行うのは難しい。逆に、常識的なルールが世代を超えて存在するのは、そのほうが楽だからだ。誰にでも無限の可能性があると信じ、できないことや弱点を矯正するほうが、ずっと簡単だ。「己の欲するところを人に施せ」という黄金律に従いさえすればいい、というのも同じだ。皆を同じように扱えば、えこひいきをしたと疑われずに済む。常識に従うのは心地よく、魅惑的なほど簡単なわけだ。

「すぐれたマネジャー」の考え方は違う。彼らの考え方を実行するには、骨が折れる。自身が持つ克己心や、部下に向けた集中力、彼らとの信頼関係、そして最も重要なことだが、部下ひとりひとりに個別に対処すること。これらすべてが必要になる。本書では、すぐれたマネジャーが新理論を提示したり、成功の方程式を披露したりすることはない。彼らが提供できるのは、才能とは何かという洞察と、才能を永続的なパフォーマンスに変えるための秘訣だ。ここから得た気づきを自分のマネジメント・スタイルにどう取り入れて日々、従業員ひとりひとりと接していくかが真の課題だ。

本書には、100万人の従業員と8万人のマネジャーへのインタビュー調査が反映されている。膨大な数をこなして現場からの声を聴き出した。そのなかから、ひとつのインタビューを事例として挙げよう。インタビューの中身と深掘りの様子がわかると思う。

なお、匿名性を担保するために本人の名前は変えてある。マイケルは、太平洋岸北西地区の大手サービス会社が保有しているレストランの店長だ。私たちがインタビューを開始して以来15年間、マイケルのレストランは、売上高、利益率、成長率、従業員の定着率、顧客満足度の指標でずっと上位10%に入っている。本社から見ても、顧客や従業員から見ても、マイケルは「すぐれたマネジャー」なのだ。

本書を読み進むにつれて皆さんは、すぐれたマネジャーが皆マイケルと同じセリフを言うことに気づくだろう。そのセリフに注目するよりも、自分自身のスタイルとどうつなげていけるかを考えながら読み進めていってほしい。では、マイケルのインタビューを聞いてみることにしよう。

＊　＊　＊

ギャラップ社（以下G）　これまでで最高のチームについて聞かせてください。

マイケル（以下M）　チーム全員の話ですか。少なくとも30名はいますが。

G　チームの中心になっているメンバーについてお願いします。

M　「最高のチーム」といって思い出すのは、数年前に持ったチームですね。中心メンバーは4

人です。ブラッドは35歳、プロのウエイターです。この町で一番のウエイターだという自負を持っていました。先読みが素晴らしいんです。「お水のお代わりがほしい」とか「メニューをもう一度見たい」などとお客様が思った瞬間にブラッドはそれを差し出せるんです。

ゲリーは、ナイーブというより、純真な気持ちの持ち主でした。世の中はフレンドリーであるべきだと思っていて、いつも笑顔で明るかった。もちろん、プロフェッショナルですよ。いつもきちんとした身なりで、アイロンのかかったシャツを着て。彼の明るい振る舞いには感心していました。誰もが彼と働くのを喜んでいました。

スーザンは、お客様を出迎える係です。元気いっぱいでエネルギッシュ。接客が素晴らしかった。最初はちょっと常識に欠けるかなと思ったのですが、そうではなく、接客は完璧でした。予約が満席のときには、もう予約が受け付けられないということをはっきりと、感じよく伝えられるのです。ランチタイムにはさっさと食べてお金を払いたいお客様もいます。彼女は「こういうお客にはスピードこそが肝心だ」と、テーブルの担当者に耳打ちするんです。絶えず目を配り、適切に判断をしていました。

エマは、口数は少ないけど、チームのまとめ役でした。物静かで、責任感が強く、メンバーのことを誰よりも知っていました。忙しくなる土曜日のディナータイムの前には、「気を抜かず、助け合いながら、素晴らしいパフォーマンスを見せましょう」と声をかけるのです。

この4人がチームの要でした。私が口をはさまなくても、自分たちで役割を果たし、新人を教育し、適切な見本を示していました。ふさわしくない人を外すこともありましたが、あの3年間は、彼らこそが、本物のレストランでした。

G その4人は、いまはどこに？

M スーザン、エマ、ゲリーは東海岸にいます。ブラッドはまだここにいますよ。

G 最高のチームをつくり上げる秘訣はあるのでしょうか。

M 秘訣なんてないですよ。ただ、マネジャーの役割って、ひとりひとりが心地よく働ける環境を整えることにあると思っています。皆、不安なんです。不安感なく働けたら、嬉しいでしょう。ブラッドやスーザン、ゲリー、エマの欠点を直そうなんて思いませんでした。お互いが同じようになるべきなんて思いません。彼らのよさを発揮できる環境を整えただけです。互いの足を引っ張らず、お客様の満足度が高ければ、それぞれのやり方が違ってもそのままにしていました。

G ひとりひとりをよく理解するために、どんなことをしたのですか。

M 彼らと長い時間を過ごしました。彼らの言うことに耳を傾け、一緒に夕食をし、軽く一杯飲んだり、お店が休みの日にはわが家へ招待したり。彼らがどんな人なのかに興味があったんです。

G 「なれ合いは侮りを生む」とも言いますが？

M いや、その言葉は間違いですよ。部下のことをよく知らないで、どうやって対処できるのでしょうか。働き方やモチベーションの源、個人的な事情を知らなければ、うまく対処できないのではないでしょうか。

G　マネジャーは、誰に対しても同じように扱うべきでしょうか。

M　まったく違いますね。

G　その理由は？

M　皆、ひとりひとり違うんです。ゲリーのことをお話ししましたね。彼はとっても優秀です。が、実は私は2回、彼を解雇しているんです。二度ほど冗談が過ぎて、私の忍耐が切れたからです。明るくて、彼のことが本当に好きだったのですが。もし、あのとき「月曜から、もう来なくていい」と言わなかったら、私たちの関係は築けなかったでしょうね。解雇した後、彼は自分を振り返り、自分はどんな貢献ができるかを考えたので、再雇用しました。あの後、もっとよくなったと思いますね。こういう厳しい接し方はゲリーにはうまくいったのですが、ブラッドには効かなかったでしょう。大声で叱責しても、私の期待とは反対の反応が返ってきたでしょうから。精神的に落ち込み、心を閉じてしまうでしょう。だから、彼の意見と合わないときには、静かな口調で、慎重に理由を述べなければなりません。

G　ひとりひとりに違ったやり方で対処するのは、不公平では？

M　いいえ。部下は、理解されたいのだと思います。接し方を変えるのは、本当の自分を理解してもらっていると感じられるからです。部下のひとりが一家の稼ぎ頭で、ちゃんとパフォーマンスをあげているなら、学生アルバイトより有利な勤務時間を設定するでしょう。学生は文句を言うかもしれませんが、理由を話せばわかってくれます。もし自分への配慮が必要なときには私がちゃんと対処するってことが、彼らもわかっていますから。これって、みんなへのよいメッセージですよね。

G　ゲリーの他に解雇した従業員はいましたか。

M　ええ、います。適切な人を選ばずに、綻びが生じたことがあります。

G　そういう人を解雇するときの方法を教えてください。

M　気づいたら、素早く対処することです。早いほどいいです。パフォーマンスがあがらない部下がいたら、もう少し待ってみようかと思うかもしれませんが、それじゃダメです。かえって事態を悪化させているだけです。

G　あなたには15年のマネジャー経験があります。新任マネジャーにアドバイスするとしたら、どんなことを伝えますか。

M　そんな。専門家ではないし、まだ私も学んでいる最中ですから。

G　では、ご自身に役立ったアイデアをいくつか教えていただけないでしょうか。

M　そうですね。まずひとつは、「適切な人材を採用する」ことですね。適切な人材を得られたら、あとはたやすいでしょう。採用したら信頼することです。このレストランでは、レジに鍵をかけていません。タバコを買うために2ドルあるいは200ドル借りたいと思ったら、誰でもできます。借用証を書いて、レジのなかに入れておき、あとでちゃんと返せばいいんです。部下のベストを期待すれば、部下もベストを返してくれます。私はめったに期待を裏切られたことがありません。期待が損なわれたという理由でルールや方針を変える。そうやって、ちゃんと信頼を守っている他の人たちまで罰するやり方は、正しいとは思わないんです。

もうひとつは、「実力以上に昇進をさせない」ことです。仕事に対してきちんと支払う。ちゃんとやっていることに対しては、あらゆるやり方で報いればよいということです。ブラッドは優秀なウエイターですが、マネジャーになったら大変でしょう。ブラッドは、自分が敬意を払っている人たちのために仕事をすることが好きだからです。そして、それはお客様です。新入りの従業員ではなく。マネジャーになったら、お客様ではなく従業員を相手にしなければなりません。

最後に、とりわけ重要なのは、「責任転嫁をしてはいけない」ということです。「バカげたアイデアだが、会社がやれって言うんだ」なんて決して口にしてはいけません。責任を転嫁すれば、あなた自身は楽になるかもしれませんが、組織全体を弱体化させてしまいます。長い目で見れば、自分の首を絞めるようなものです。約束するのに守れないというのも、もっと始末に負えません。だから私は、「部下に対する約束は最小限に。コミットしたことは必ず守る」というシンプルなルールを守っています。

これが、すべてですね。

G そのほかに、マネジャーとしての経験からお話しできることがありますか。

M マネジャーというものは、毎日、自分がステージの上にいるようなものです。部下はいつもマネジャーを見ています。マネジャーがどんな行動をとり、何を話すか、そして、どんな話し方をするか。これらは、部下がマネジャーを判断する際の手がかりです。これらが部下のパフォーマンスに影響を及ぼすのです。だから、自分はいつもステージの上に立っているのだということを忘れないようにしてください。

これがマイケルへのインタビューの実例だ。私たちは、マイケルのような何千人もの「すぐれたマネジャー」から話を聴き、マイケルのような上司に仕える数十万人の部下の声を聴いてきた。マイケルのインタビューからわかるとおり、いくつかは社会通念と同じだった。責任転嫁をするな。約束は最小限にして、コミットしたことは必ず守る。

しかし、それ以外の部分は、革新的な考え方だった。ひとりひとりがあるがままの人間であるようにしたい。ひとりひとりに違った接し方をする。心地よい人間関係をつくろうとする。人を変えることはできないのだから。マネジャーである自分ができるのは、環境整備であり、部下の後押しだ。そして、とことん信頼する——。マイケルのような「すぐれたマネジャー」は、こうやって社会通念である常識を軽やかに打ち破っていることがおわかりいただけただろうか。

変化は常なりだ。ビジネスの世界はたえず変化を繰り返し、人々に対処するアプローチも現れては消えてゆく。そういう現実は十分承知しているが、私たちは、マイケルのようなすぐれたマネジャーや、マイケルのような上司に仕える人たちの話から「変わらないもの」を見つけようとした。優秀な従業員が「いつの時代も」必要としているものは何か。すぐれたマネジャーは、従業員の才能を開発するために「いつの時代も」何をしているのか。才能ある従業員を見つけ、照準を合わせ、引きとめておくための秘訣は何か。常に行っていることは何か。以下の章では、私たちが気づいた発見を紹介していく。

第1章

The Measuring Stick

強い職場かどうかを測る「ものさし」が必要だ

シリー諸島の大惨事

強い職場かどうかを測る「ものさし」

12の質問を開発し、試してみた

Q12調査の具体例

登山にたとえてみると

シリー諸島の大惨事

A Disaster off the Scilly Isles

重要だとわかっていながら測れずにいたものがある

1707年10月、大英帝国は霧の濃い闇夜のなかで、ある艦隊のほとんどを失った。大海戦によるのではなく大西洋上で位置計測を誤ったことにより、海軍提督クロウズリ・シャヴェル率いる艦隊の旗艦が、イギリス南西沖にあるシリー諸島の岩礁に乗り上げてしまったのだ。残りの船は旗艦に付き従っていたため、次々と岩礁に乗り上げ、折り重なるように座礁してしまった。4隻の戦艦と2000人の命が失われた。

誇り高き大英帝国にとって、この悲劇的損失は恥ずべきものだったろうが、シャヴェル提督の名に公正を期すと、これはまったく驚くには値しないことだった。というのも、緯度と経度という概念は紀元前から存在していたのに、1700年ごろになってもまだ、経度を正しく測定する方法がなかったのだ。東へ、西へ、どこまで旅をしたのか、確かなことは誰にもわからなかった。当時のプロの船乗りたちは、移動距離を推測するのに船の平均速度を使うか、あるいは棒切れを船首から投げ落として、それが船尾まで到達する時間を測っていた。こうした粗雑な測定に頼らざるを得なかった提督の誤りは、致し方なかったのかもしれない。

つまり、この大惨事の原因は、提督の判断ミスなのではない。真の原因は、船乗りにとって重要極まりないとわかっているものを計測することができなかったことにある。この場合、それは、経度を測る「ものさし」がなかったことだ。

これと同じようなドラマが、今日のビジネスの世界でも演じられている。多くの企業は、才能ある優秀な従業員を見出し、働き続けてもらうことが、重要極まりないとわかっている。にもかかわらず、それを適切に行えているかどうかを測定する方法を持っていない。

ジェームス・L・ヘスケット、W・アール・サッサー・JR、レオナード・シュレシンジャーらの著書*The Service Profit Chain*（『カスタマー・ロイヤルティの経営』日本経済新聞出版）によると、いかなる業種においても常に利益を出し続ける唯一の方法は、才能ある優秀な従業員を惹きつけ、その人に照準を合わせて成長させ、その人が働き続けるように職場の環境を整えることから始まるという。マネジャーたちにとっては自明のことだろう。20年ほど前から企業の競争力は、「才能ある優秀な従業員をいかに見出し、働き続けさせるか」にあると言われている。だからこそ、厳しい労働市場において企業は、あの手この手で従業員が辞めたくならないようにしているのだ。たとえば、ゼネラル・エレクトリック（GE）で働くと、ストックオプションを持つ2万3000人の仲間入りをする。アライド・シグナルやスターバックスでは、会社が用意したコンシェルジェ・サービスを使って、自分の母親に贈り忘れた花を贈ってもらったり、ペットのダックスフントを散歩に連れ出してもらったりすることができる。エディー・バウアーには、コンピューター端末にかじりついている腰痛持ちの社員が利用できる社内マッサージサービスがある。

実のところ、こうした「ニンジン」には、最も生産性の高い従業員を引きとめる力がどれくらいあるのだろうか。生産性が高い従業員だけでなく、ロードウォリアー（軍隊用語で、引退していて、幸せな、活気のない人々）も捕まえてしまうのではないか。その答えは、わからないままだ。すぐれたマネジャーが優秀な従業員を見出して、照準を合わせ、その人に働き続けてもらうことが重要極まりないとわかっていながら、いまだにその能力を正確に測る方法がない。実際に使われている指標、たとえば、従業員の定着率や、欠員を埋めるまでの日数、長ったらしい従業員調査などでは精度が不足している。まるで、棒切れを船首から投げ落とし、それが船尾まで到達する時間を測っていた方法の現代版だ。

企業もマネジャーも助けを必要としている。シンプルで正確な「ものさし」が必要なのだ。「他社よりも自社のほうが、才能ある従業員を見出し、働き続けてもらえている強い職場である」と正しく測定することができる「ものさし」。これがないと、どこを目指すかはわかっても、そこにたどり着くために必要な人材を欠いて、それこそ暗礁に乗り上げてしまうだろう。

さらに、「強い職場かどうかを正確に知りたい」という組織が現れた。機関投資家である。

1兆ドル以上の株式を扱う機関投資家協会（CII）や、2600億ドルを健全に運用しているカリフォルニア州公務員退職金年金基金（カルパース）のような機関投資家は、ビジネスの世界の重要な課題を明らかにした。彼ら機関投資家がリードするところに皆もついていく。

機関投資家は数字が大好きだ。多くの株主の冷徹な声を代弁して、効率性と収益性を求める。資産利益率や経済的付加価値など、現実的な成果を求める。企業文化のようなソフトなイシューにはほとんど関心がない。企業文化は旧ソ連で行われた世論調査みたいなもので、口では興味あると言いながらも、本質的には関係のないものと考えられていた。少なくとも、かつては。しかし、最近では機関投資家たちも、企業が従業員をどう扱っているかに関心を持つようになってきた。ＣＩＩとカルパースは、「良好な職場をつくり、生産性の高い従業員のロイヤルティを尊重するように仕向けるにはどうすべきか」をワシントンで議論しはじめた。

なぜ機関投資家が興味を持ちはじめたのか。ソフトウエア・デザイナーであれ、配送トラックの運転手であれ、経理係、ホテルの客室係であれ、いまの世の中の仕事で最も価値のある側面は、トーマス・スチュワートがその著書*Intellectual Capital*（知的資本）で述べているように「感情であり、意思決定であり、創造すること、そして人間関係をつくるという最も根源的な人の営みである」とわかったからだ。つまり、企業価値のほとんどは、従業員そのものに拠る。言い換えれば、従業員が退職すれば、その価値も失われてしまうのだ。たいていは、競合相手のところへ持ち込まれてしまうことになる。

いまの時代、従業員の退職は企業価値の流出に等しい。投資家がその事実に気づいてショックを受けることもしばしばある。機関投資家が使っている数字の指標だけでは、真の企業価値を測定することができないのだ。たとえば、ニューヨーク大学経営大学院で財政・会計学で教鞭をとるバルク・レブ教授によれば、企業のバランスシートだけでは、その企業の本当の市場価値の60％しかわからないという。こうした傾向はますます強まっている。１９７０年代と１９８０年代では、企業価値の変動の25％が利益の変動で説明できたという。レブ教授によると今日では、その数字は10％にまで低下している。

企業価値の源泉は、利益や固定資産といった大雑把なものだけではなくなり、あらゆる分野の会計士が慌てて追いつこうとしている。証券取引委員会（ＳＥＣ）のスティーブ・ウォールマン前理事は、彼らが何を求めているのかを説明している。

「われわれが使ってきた財務指標で企業価値を測れなくなるのなら、スコアカードは意味をなさなくなる。われわれに必要なのは、無形資産や研究開発、顧客満足度、そして従業員満足度などソフトなものを測定する方法なのだ」

企業やマネジャー、機関投資家、ＳＥＣの理事までもが、「強い職場かどうか」を測定できる、正確でシンプルな「ものさし」を求めている。こうして私たちは「ものさし」をつくり出そうと決めたわけだ。

強い職場かどうかを測る「ものさし」

The Measuring Stick

人の能力やスキルを表す「人的資本」をどう測るか

強力で、活気に満ちた職場とは、どんなところだろうか。

活気に満ちた職場のひとつ、メリーランド州オーシャンシティから数マイルの距離にある食品加工・配送企業、ランクフォード・シスコ。同社の建物に足を踏み入れても、最初は特に気づかないが、そのうちにちょっと、あまり嗅いだことのない臭い、食べ物と機械油の混ざったような臭いに気づく。そして巨大な装置。通常の3倍もの高さのある天井まで棚が続き、荷揚げ用装置やベルトコンベヤーがそこかしこにある。極寒服を着た人たちが、冷凍庫の奥から怪しげな木箱を引きずり出しているのを見ると、なんだかドキドキする。

だが、行きかう従業員が実に楽しげに仕事に集中しているのだ。受付に向かう途中で目にするのは、大きな企業の歴史パネルだ。「初めて従業員を採用したスタンレー・E・ランクフォード……、倉庫を増築する前の本社ビル……」などと紹介されている。受付の壁には一面に、微笑んでいる従業員たちの写真が貼ってある。圧巻の枚数だ。写真には、勤続年数と、もうひとつの数字が書かれている。フレッド・ランクフォード社長が説明してくれた。「配送ドライバーたちの写真ですよ。こうやって貼っておけば、社内の人間全員がドライバーを身近に感じるでしょう。

彼らは毎日、顧客のところへ配送に出かけていて、社内では見かけないけどね。写真の下の数字は、その人が昨年運転した総マイル数です。ドライバーのパフォーマンスを掲げているんですよ」

ランクフォードは、スタンレー・ランクフォードと3人の息子たち（トム、フレッド、ジム）によって1964年に創業された同族企業だ。1981年には、150億ドルの大手食品配送企業のシスコ社と合併。契約の但書には「トム、フレッド、ジムの3人はゼネラルマネジャーとして会社に残れる」と書かれており、シスコも同意したので、この決断は当事者にとってこれ以上ない喜びとなった。

ランクフォード・シスコの成長率、1人当たりの売上高、1人当たり利益、市場シェアは、シスコ全体の上位25％に入っている。従業員の転職率は1桁で、欠勤率は業界最低水準、社内盗品はほぼゼロだ。しかも、顧客満足度では常にトップを維持している。

どうすれば、こんな素晴らしい業績をあげられるのか。

社長のフレッドは言う、「たいしたことはしていません。パフォーマンス連動型の給与体系は気に入っています。あらゆることを測定し、記録し、それに対して必ず報酬が払われる仕組みです。しかも、オープンに、です。毎日の仕事で、顧客と話そう、よくやった従業員にスポットを当てよう、互いにリスペクトしよう、言うことを互いによく聴こう、としているだけです」。だんだん声が小さくなるのは、秘訣を教えたくないからだろうか。

フレッドの打ち手に効果があるのは明らかだ。同社のフォークリフト作業員が自分のベストを語る際には「最大荷扱い量」と「最少破損量」の指標を使う。配送ドライバーが胸を張るのは、トマトソースがなくなりそうだったレストランに大至急配送した話だ。お客様が同社に期待するクオリティを維持するためには、どんなに些細なことにでも全力で取り組む。そういう話を社内の至るところで耳にすることができる。

840名の従業員全員が自分の仕事に挑戦しているように見える。どんな指標から見ても、メリーランド州ポコモケにあるランクフォード・シスコは、最高に働きやすい職場なのだ。

ここからわかるのは、「強い職場」とは、パフォーマンスのレベルが常に高く、転職率は低く、信頼してくれる顧客数が日ごとに増える職場だ、ということだ。

皆さんの現実を念頭に置きながら、自問してみよう。「このランクフォード・シスコの職場の本質は何だろうか。全社員を惹きつける要素と、優秀な従業員だけを惹きつける要素では何が違うのか」。優秀な従業員は、ランクフォード・シスコのようにパフォーマンス連動型給与のもとで権限を委譲すればよいのか。いや違う。基本的な経済的欲求が満たされた、才能ある従業員がほしいのは、報酬の多寡よりも、マネジャーに信頼されているかどうかではないだろうか。あるいは、才能ある従業員が何よりも清潔で安全な空間に価値を置いているから、企業は小綺麗な職場とカフェテリアに投資し続けるのだろうか。

強い職場を測る「ものさし」をつくるには、現場から答えを見出す必要があった。

＊　＊　＊

この25年間、私たちは100万人を対象に従業員調査を行ってきた。職場で考えられることについて彼らひとりひとりに何百もの質問をぶつけてきた。干し草の山を積み上げるようにデータを収集し、今度は干し草を1本1本確かめながら、針を探す。そう、「強い職場」が持っている要素を明らかにする「強い質問」を見出さなければならない。

これは簡単なことではない。統計的に考えれば、対象となるグループの組み合わせや要因分析、回帰分析、同時有効性、フォローアップ・インタビューなどだ（詳細は巻末資料を参照）。

次のような場面を想像できれば、私たちが何をしようとしていたのか、イメージしやすいだろう。

1666年のケンブリッジ。アイザック・ニュートンは、ブラインドを降ろした真っ暗な自宅の部屋にいた。外は太陽が明るく輝いている。彼は、ブラインドに小さな穴を開け、そこにガラスのプリズムを置いた。ブラインドの穴を通して一筋の光が差し込む。光はプリズムに当たって目の前の壁にきれいな虹を描き出す。壁上の完全なスペクトルを見て、ニュートンは、プリズムが白色光を分解し、それぞれの色に屈折させる角度を変えていると考えた。つまり、白色に見える白色光は、暗い赤色から深い紫色までの可視光線のすべての色が集まったものであること、白色光をつくるには、すべての色を1本の光線に集めるだけでよいことを発見したのだ。

私たちは、ニュートンのプリズムの手法と同じ働きを統計的分析に期待した。「強い職場」を構成する要素を分解し、そのコアの部分を抽出したかったのだ。そうすれば、「これらのコアな要素を職場に集約できれば、最も才能ある従業員たちを惹きつけ、その人に照準を合わせて成長させることで、働き続けてもらうことができます」と企業やマネジャーに言えるからだ。そこで、膨大なインタビューデータに戻り、何らかのパターンを見出そうとした。同じ要素を異なる方法で測ろうとした質問はどれか。それぞれの要素を測定するためのベストな質問はどれか。全員が「そのとおり」とか「いや違う」と答える質問には興味はない。

そうではなく、自分の仕事に熱意を持って取り組み、生産的で、エンゲージしている従業員ならほとんどが「非常にそう思う」と答える質問で、かつ、あまりエンゲージしていない従業員たちが中立もしくは否定的に回答する質問。そういう「違いのある質問」を追い求めた。

給与や手当に関するような必須の質問だけでなく、当たり障りのない質問も取り上げて追い求めているうちに、「私は仕事のうえで、自分が何を期待されているかがわかっている」といった質問が核心に迫ってきた。質問の取捨選択や再検討を何度も繰り返し、深く掘り下げて、職場のコアな要素をようやく発見したのだ。

職場の強さを測るには、わずか12の質問で十分なこともわかった。〈Q12〉の誕生だ。

これら12の質問でそれぞれの職場についてすべてのことがわかるわけではないが、最も重要なことはわかる。最も才能ある従業員を惹きつけ、その人に照準を合わせて、働き続けてもらうために最も重要な要素を測定できる「ものさし」は、これだ！

Q１　私は仕事のうえで、自分が何を期待されているかがわかっている
Q２　私は自分がきちんと仕事をするために必要なリソースや設備を持っている

Q3　私は仕事をするうえで、自分の最も得意なことをする機会が毎日ある
Q4　この1週間のあいだに、よい仕事をしていると褒められたり、認められたりした
Q5　上司あるいは職場の誰かが、自分をひとりの人間として気づかってくれていると感じる
Q6　仕事上で、自分の成長を後押ししてくれる人がいる
Q7　仕事上で、自分の意見が取り入れられているように思われる
Q8　会社が掲げているミッションや目的は、自分の仕事が重要なものであると感じさせてくれる
Q9　私の同僚は、質の高い仕事をするよう真剣に取り組んでいる
Q10　仕事上で最高の友人と呼べる人がいる
Q11　この半年のあいだに、職場の誰かが私の仕事の成長度合いについて話してくれたことがある
Q12　私はこの1年のあいだに、仕事上で学び、成長する機会を持った

この12の質問は、強い職場かどうかを測るための最もシンプルで最も正確な「ものさし」だ。最初からこの12の質問になったわけではない。膨大な数の質問を、私たちの「プリズム」に通し、分解した後で、これらの12の質問が最も力のある質問だとわかった。従業員がこれら12の質問すべてに肯定的に回答するような職場環境をつくり出せたら、それが「強い職場」だ。

12の質問は、いずれもシンプルな言い回しだが、よくよく見ると分類効果を狙った慎重な言葉

づかいになっている。

まず、極端な表現が入っていることに気づくだろう。「最高の友人と呼べる人がいる」とか「自分の最も得意なことをする機会が毎日ある」などだ。このように質問されると、「非常にそう思う」と答えたり、5段階評価で「5点」をつけたりするのはなかなかできないだろう。しかし、それこそが重要なのだ。私たちが見つけたかったのは、「最も生産性の高い職場」と「そうでない職場」を見分ける質問だ。全員が「イエス」と答えるような質問ではない。この極端な表現を外した質問では、強い職場とそうでない職場を分類できなくなることにも気づいた。誰もが「イエス」と答えられる質問は、力のない質問なのだ。

強い職場かどうかを測る「ものさし」は、どんな言葉を用いるかによって左右される。たとえば、しっかりとした人間関係があり、日々互いを称えあう職場こそが強い職場であることは、多くの人が知っていることだ。しかし、具体的にどういう要素が大事なのか、それが自分の職場にどの程度あるのかを測る方法がない。私たちは、「最高の質問」を見出したのだ。

次に、給与や手当、上司や組織構造についての質問がまったくないことに気づくだろう。当初は、そうした質問も入っていたが、分析を進めていくうちに消えていった。大事でないというより、誰にとっても等しく重要な質問だからだ。給与が市場平均より20％も低ければ、社員を惹きつけるのは難しい。給与水準を引き上げることは大事だが、それだけでは十分ではないのだ。それは、野球場への入場券のようなものだ。ゲームに参加するためには必要だが、それで勝てるわけではない。

12の質問を開発し、試してみた

Putting the 12 to the Test

「ものさし」はパフォーマンスと関連性があるか

私たちは「強い職場」を測る方法の開発に着手してきた。強い職場とは、最も生産性が高い従業員を惹きつける一方、生産性が低い従業員には居づらい職場だ。開発した12の質問が本当にベストなものなら、これらの質問に肯定的な回答をした従業員がいる部署は、より高い成果をあげているに違いない。そこで、実際の職場で試してみることにした。

1998年の春から夏にかけて、私たちは大規模な調査を実施した。12業種の代表的な企業24社を選び、4項目（従業員の生産性、収益性、定着率、顧客満足度）のパフォーマンス指標について調べた。データ収集に苦労した企業もあったが、最終的には2500の事業部門を調べることができた。事業部門は、業種によって異なる。たとえば、銀行では支店ごとに、サービス業ではレストランやホテルごとに、製造業では工場ごとにといったぐあいだ。

われわれはこれらの事業部門で働く従業員10万5000人にインタビューを行い、〈Q12〉に対して「1＝まったくそう思わない」から「5＝非常にそう思う」まで1〜5点の数字で回答してもらった。

そして、各事業部門のパフォーマンス指標（従業員の生産性、収益性、定着率、顧客満足度の4項目）と〈Q12〉の回答を横断的にとらえて検証を始めた。驚くべきことにそれは、従業員の考え方と事業部門の業績との関連性を研究する初の業種横断的調査だった。なぜ初めてかというと、これまでは企業ごとに計測方法が違っていたからだ。たとえば、ブロックバスターでは売り場の単位床面積当たり売上高で生産性を測定している。ランクフォード・シスコでは最大荷扱い量と最少破損量だ。また、ウォルト・ディズニーではフルタイム従業員だけを従業員定着率に含めるが、マリオットではフルタイム従業員に加えてパートタイム従業員も含める。それぞれの企業が違った方法で成果を測定しているため、従業員の考え方と業績との関連性を解明するのは、とてつもなく困難な仕事なのだ。

幸いなことに、私たちは「メタ分析」が得意だ（くわしく説明しようとすると眠たくなってしまうので、メタ分析の詳細については巻末資料を参照してほしい）。私たちは２５００の事業部門の業績と10万５０００人の従業員の回答をメタ分析した。結果はこうだ。第1に、〈Q12〉に肯定的に回答した従業員は、パフォーマンスの高い事業部門で働いていることがわかった。企業や業種は違っても、従業員の考え方と職場のパフォーマンスのあいだには関連性があったのだ。

第2に、メタ分析の結果、従業員はどの企業に所属しているかではなく、どの事業部門に所属しているかで回答していることがわかった。つまり、〈Q12〉の回答をもたらしているのは、会社全体の方針ではなく、その従業員の直属の上司なのだ。給与や福利厚生、カリスマ的なリーダーではなく、直属のマネジャーこそが、強い職場をつくるためのキーパーソンだった。カギはマネジャーだったのだ。この発見については後述するとして、ここでは「従業員の考え方と事業部門の業績との関連性」について議論を深めたい。

従業員の考え方と事業部門の業績との関連性

もし興味があれば、巻末資料DとEに詳細な説明があるので、そちらを参照してほしい。ここではその概略を述べておきたい。

- 〈Q12〉のそれぞれが、パフォーマンス指標4項目（生産性、収益性、定着率、顧客満足度）のうちの少なくともどれかひとつと関連している。ほとんどの質問が2つ以上の項目と関連がある。〈Q12〉は、業種に関係なく、ごく少数の活力ある従業員を惹きつけていたのだ。この「ものさし」は最も厳しいテストに合格したといえる。
- 予想どおり、「仕事のうえで自分が何を期待されているかがわかっている」「きちんと仕事をするために必要なリソースや設備を持っている」と回答した従業員が多くいる職場は、そうした基本的ニーズを満たしていない職場よりもずっと生産性が高かった。〈Q12〉のほとんどは「生産性」と関連がある。ひとりの人間として接し、成長をサポートし、意見に耳を傾けてほしいという認識も含んでいる。従業員の意見を聞くことと職場の生産性のあいだには強いつながりがあると信じられてきたが、それが数字で示されたわけだ。

- さらに〈Q12〉のほとんどは「収益性」とも関連がある。肯定的な回答をした従業員は、そうでない人たちよりも、収益性の高い銀行やレストラン、ホテル、工場、デパートで働いている。これには少しばかり驚かれる方もいるだろう。利益とは、価格設定や競合への対抗手段、コスト管理などから生み出されるもので、個々の従業員の扱いとは無関係だと。しかし、じっくりと考えれば、関係性がわかるはずだ。照明をこまめに切って節電したり、粘り強く価格交渉をしたり、店のレジに手をつける誘惑を抑えたりするなど、ひとりの従業員ができることは実に多い。つまり、従業員ひとりひとりが、会社が掲げているミッションや目的と自分の仕事とのつながりを実感し、尊敬できる同僚と一緒に自分の得意なことをする機会があると心底感じていれば、こうした行動は日々自発的に生じる。その結果、収益性が高まるのだ。
- 「従業員の定着率」と「顧客満足度」についてはどうか。事業を行ううえで、従業員の転職はコスト的に痛いし、顧客から見ても担当者がしょっちゅう替わるのは望ましくない。定着率と顧客満足度は、仕事上期待されていることが明確で、自分の得意なことをする機会があり、職場の誰かが自分をひとりの人間として気づかってくれていると従業員が感じていると、改善される。同僚たちとの人間関係が良好なら、引き継ぎもスムーズだし、それが、すぐれた顧客サービスへとつながっていく。
- 一般的には「エンゲージメントの高い従業員は長く会社にとどまる」と信じられている。が、調査結果からは、この一般論がもう少しセンシティブで、特定の条件のもとでのみ有効であることがわかった。つまり、会社を辞めるかどうかは、従業員の直属の上司による影響が最も大きい。「従業員は、会社を辞めるのではなく、直属の上司から離れたいから辞める」。高い報酬や福利厚生、高度なトレーニングなど、企業は優秀な人材を引きとめるために莫大なコストをかけてきたが、問題はそうしたコストではなく、直属のマネジャーだったのだ。もし皆さんの会社の定着率が悪いなら、現場のマネジャーに焦点を当てたほうがいい。

- 〈Q12〉のうち最もパワフルなのは、業績と最も関連があり、かつ現場のマネジャーがすぐにでも扱える項目だ。次の6つが、最もパワフルな項目はであることがわかった。

Q1　私は仕事のうえで、自分が何を期待されているかがわかっている
Q2　私は自分がきちんと仕事をするために必要なリソースや設備を持っている
Q3　私は仕事をするうえで、自分の最も得意なことをする機会が毎日ある
Q4　この1週間のあいだに、よい仕事をしていると褒められたり、認められたりした
Q5　上司あるいは職場の誰かが、自分をひとりの人間として気づかってくれていると感じる
Q6　仕事上で、自分の成長を後押ししてくれる人がいる

皆さんがマネジャーで、生産性の高い「強い職場」をつくりたいのなら、これら6つの項目にメンバー全員が「5＝非常にそう思う」と回答できる職場にすることから始めるとよい。これら

の項目についてはまた後述する。

会社よりも、直属のマネジャーが重要だ

「働きたいと思う企業ベスト100」という調査が毎年行われている。調査される項目は「社内に託児所があるか」「年休は何日か」「利益配分のオプションはあるか」「従業員トレーニングはあるか」などだ。この調査では、これらの項目に従って上位100社が選出されている。

私たちは、これらの項目では企業の本質的価値が見えないのではないかと考えている。従業員を大切にするこれらの調査項目が不要だというのではない。それよりも直属の上司のほうが重要だということだ。従業員が働く環境を整備できるのは、直属のマネジャーだけである。直属のマネジャーが、従業員ひとりひとりと期待値を明確に設定し、理解させ、信頼して任せ、投資をしてくれれば、会社の利益分配制度がなくても耐えられる。逆に、直属のマネジャーとの関係が壊れていたら、社内でマッサージを受けられるサービスやペットの犬を散歩してくれるサービスがあろうとも、その会社に居続けてパフォーマンスをあげる気にはならないだろう。進歩的で、従業員重視の文化を持つ会社の「ひどいマネジャー」のもとで働くのと、昔ながらの会社の「すぐれたマネジャー」のもとで働くのとでは、どちらがよいか。後者だろう。

シャロンの例を挙げよう。シャロンはスタンフォード大学とハーバード大学を卒業した後、アメリカン・エキスプレスに就職したが、出版の世界に入りたくなって1年ほど前に同社を退職。

娯楽メディア大手企業に転職して、ある雑誌部門のマーケティング部に所属した。読者が定期購読を更新してくれるようなプログラムを新しくつくる仕事だ。彼女はこの仕事が気に入り、その優秀な仕事ぶりが企業トップの目にとまった。この巨大な企業のなかのほんのひとりにすぎないが、この企業の会長によれば、こういう才能があり、意欲のある従業員こそが「わが社の未来の燃料」となる。

しかし、残念なことに、この巨大企業からは「未来の燃料」が漏れはじめている。わずか1年後にシャロンは退職し、レストランを立ち上げる会社でマーケティングと事業開発のマネジャーになることになった。直属の上司が、彼女を追い出したようだ。

「直属の上司は、悪い人ではないのですが、よいマネジャーではないと思います。自信がないのです。自信がなくて不安な人が、よいマネジャーになれるとは思いません。自分の部下と競争してしまう。部下の話を聞かなければならないときに、自分のやり方を自慢する。誰がボスなのかをわからせるためだけの、バカげたパワーゲームもします。先週も10時からの採用面接に現れませんでした。候補者はマネジャーに会うために2時間もかけて待っていたのですが。マネジャーは前の晩に飲みすぎて、出社できなかったんです。9時55分に私に電話をしてきて『面接をキャンセルしてほしい』と言い、私にお世辞を言うんです。『僕は君を信頼しているから、うまくやってくれるよね』って。こんなのにはもう耐えられません」

シャロンの話は、ただの個人的なぶつかり合いなのか、シャロンのほうにも問題があるのではないかとも考えられるので、シャロンに尋ねてみた。「ほかにも同じようなことで悩んでいるメンバーはいますか」

シャロンは言う。「よくわかりません。上司の悪口を言いたくないので、仕事でそういう話を仲間にしたことがないんです。ただ、ここに入社して配属されたとき、部のメンバーは13名いましたが、いまでは私以外、誰ひとり残っていません」

シャロンが勤めていた巨大メディア企業は業績もよく、「従業員を優遇する文化を持つ、素晴らしい会社だ」という評判もある。しかし、経営者やウォールストリートの目が届かないところで、すなわち、現場にいるひとりのマネジャーが企業価値を下げてしまっていた。シャロンがいみじくも指摘したとおり、その上司は悪い人ではないのだが、悪いマネジャーなのだ。どうしてこんな人がマネジャーになったのかわからないが、このマネジャーは、才能ある従業員を次々に追い出す日課を送ってきた。

このマネジャーは例外かもしれない。巨大企業では、平社員だったときに優秀な業績をあげた人を、マネジャーとしては不十分であるにもかかわらず、順繰りに昇進させているのかもしれない。企業にとってみれば、ただの例外だと思いたいだろう。しかし、シャロンに表象される従業員にとってみれば、どちらでもいい話だ。シャロンが退職を考えていることを会社に告げると、会社側は、報酬の増額とさらに上のポジションへの昇進を提示して彼女を引きとめようとした。が、彼女が最も望んでいたマネジャーの交代は提示されなかった。だから、彼女は退職したのだ。

ディズニーやGE、タイム・ワーナーに入社した社員は、素晴らしい福利厚生や従業員を大切にするという評判に惹かれたからその会社に入社したのかもしれない。しかし、入社後、「どれだけ長く勤務し続けて、高い生産性をあげ続けるか」を決めるのは、配属されたチームの直属の上司だ。ディズニーのマイケル・アイズナー、GEのジャック・ウェルチ、タイム・ワーナーのジェラルド・レビンらといった著名人たちでさえ、できることには限りがあるのだ。つまり、従業員の目線で〈Q12〉を見ると、「会社よりも直属のマネジャーが重要だ」ということになる。

ウォールストリートや業界紙とは異なり、従業員は「偉大な企業」や「偉大なリーダー」といった神話を信頼しているわけではない。彼らにとっては身近に、すぐれたマネジャーや悪いマネジャー、そしてその中間にいる多数のマネジャーがいるだけなのだ。経営者が自分の会社を「偉大な企業」にしたいなら、まずは、すべてのマネジャーたちに「彼らの部下が〈Q12〉に対してどう回答したか、せざるを得なかったか」について責任を持たせるべきだろう。次に、部下たちが〈Q12〉について「5＝非常にそう思う」と回答できるような職場環境にするにはどうすべきか、どんなアクションが必要かを考えるように後押ししよう。

以下の章では、世の「すぐれたマネジャー」たちがどんなアクションをとっているかを詳述する。

が、その前に事例を紹介しておこう。これらの発見は、企業やマネジャーにとってどのような意味を持つのだろうか。

Q12調査の具体例

A Case in Point

エンゲージメント調査での発見がもたらしたもの

1997年冬、私たちは、大成功を収めているリテール企業から、職場環境の強さを測定してほしいという依頼を受けた。従業員数は3万7000人、店舗数は300店超、1店舗当たりの従業員は100名前後だ。店舗は、どの店でも同じように買い物ができる設計になっている。建物やレイアウト、商品陳列、色調などが統一されているため、アトランタの店舗もアリゾナ・フェニックスの店舗も同じブランドイメージを醸し出している。

私たちは、従業員を対象にQ12調査を開始した。75%以上、2万8000人から回答を得て、店舗ごとに各質問についてのスコアをまとめた。図表1は、最も業績の高い店舗Aと最も低い店舗Bのスコアを比較したものだ。5段階評価を用いて、「1=まったくそう思わない」から「5=非常にそう思う」で回答する。図表の数字は、「5=非常にそう思う」と回答した従業員が占める割合だ。

この2店舗の数字の違いは驚くべきものだ。「従業員を大切にせよ」と本社が言ったところで、実際に店舗で解釈、運用されている方法はまるで違うのだ。従業員からみれば、店舗Aのほうが、店舗Bよりもはるかにエンゲージメントの高い経験ができるだろう。

図表1 「5」と回答した従業員の割合（%）

	店舗A	店舗B
Q1 私は仕事のうえで、自分が何を期待されているかがわかっている	69	41
Q2 私は自分がきちんと仕事をするために必要なリソースや設備を持っている	45	11
Q3 私は仕事をするうえで、自分の最も得意なことをする機会が毎日ある	55	19
Q4 この1週間のあいだに、よい仕事をしていると褒められたり、認められたりした	42	20
Q5 上司あるいは職場の誰かが、自分をひとりの人間として気づかってくれていると感じる	51	17
Q6 仕事上で、自分の成長を後押ししてくれる人がいる	50	18
Q7 仕事上で、自分の意見が取り入れられているように思われる	36	9
Q8 会社が掲げているミッションや目的は、自分の仕事が重要なものであると感じさせてくれる	40	16
Q9 私の同僚は、質の高い仕事をするよう真剣に取り組んでいる	34	20
Q10 仕事上で最高の友人と呼べる人がいる	33	10
Q11 この半年のあいだに、職場の誰かが私の仕事の成長度合いについて話してくれたことがある	48	22
Q12 私はこの1年のあいだに、仕事上で学び、成長する機会を持った	44	24

人間関係の質について見てみよう。店舗Aでは、「自分をひとりの人間として気づかってくれていると感じる」に対して「非常にそう思う」と回答した従業員は51％だが、店舗Bでは17％だ。今日のビジネス世界のスピードをかんがみると、企業にとって価値ある考え方のひとつが「疑わしきは罰せず」だ。会社が新たに導入する取り組みに対して大目に見てもらえるなら、どれほどセンシティブで議論を呼ぶものであっても、まずはやってみる。店舗Aにはそうした考え方があるようだ。会社の取り組みに不安があっても、マネジャーが必ずサポートしてくれると信じているので、多少のあいまいさも我慢することができる。店舗Bでは、信頼関係が低いので、どんなに素晴らしい取り組みであっても、疑いの目を抱いてしまう。

個人のパフォーマンスはどうか。店舗Aでは、55％の従業員が「自分の最も得意なことをする機会が毎日ある」に対して「非常にそう思う」と回答したのに対して、店舗Bではわずか19％だ。1人当たりの生産性、定着率、補償請求などにどれだけの違いが生じることだろう。

他の項目を見ても両店舗の違いは一目瞭然だ。「仕事上で、自分の意見が取り入れられているように思われる」については店舗Aで36％、店舗Bではたったの9％。「仕事上で、最高の友人と呼べる人がいる」については店舗Aで33％、店舗Bは10％にすぎない。

最も奇妙なのは、「自分がきちんと仕事をするために必要なリソースや設備を持っている」に対する回答の違いだろう。店舗Aでは45％、店舗Bでは11％だ。何が奇妙かというと、どの店舗も同じリソースや設備を備えているのに、こうした認識の差が生じていることだ。同じ物があっても、両店舗の従業員の認識はまったく異なっている。こうした物理的な環境ですら、マネジャーである店長が及ぼす影響を免れることはできないのだ。

すなわち、この会社には、ひとつの文化があるわけではない。マネジャーの数だけ文化がある。本社の目指す方向がどうあれ、各店舗の文化は、現場のマネジャーやスーパーバイザーが独自につくり上げたものだったのだ。誤解と疑念のかたまりのような「もろい文化」もあれば、才能ある従業員を惹きつけ、働き続けてもらえる「強い文化」もあった。

結果のばらつきが大きいことは、この会社にとって非常によいニュースだった。そう、マイナス面だけを見れば、「中央からのコントロールに限界がある」ことがわかったのだが、全社的な企業文化の構築という課題は突然、掛け算の課題へと変わったのだ。

同社には間違いなく「すぐれたマネジャー」がいる。彼らは、従業員の才能と情熱を引き出し、生産性の高いビジネスを展開しているのだ。このことがわかったので、生産性の高い従業員を獲得するための方策を探すのをやめ、その代わりに、「すぐれたマネジャーたちの取り組み」に目を向けることにした。彼らが何をしているのかを知り、その青写真をもとに全社的な企業文化を構築すればよいのだ。才能ある従業員をもっと採用してもいいし、彼らのアイデアを全社的に広めてもいい。彼らの意見を取り入れた訓練プログラムをつくることもできる。強い文化をつくるために、ディズニーやサウスウエスト航空、リッツカールトンなどからベストプラクティスを借りてこなくてもよいのだ。社内にいる最高の人材から学べばいい。

ところで、「〈Q12〉に「5＝非常にそう思う」と回答する従業員が多いということは、実際のパフォーマンスも高いということになるのだろうか。店舗Aの業績（売上高や収益性、定着率）のほうが、店舗Bのそれよりも実際にすぐれているのだろうか。

もちろん、イエスだ。〈Q12〉に肯定的に回答する従業員が多い職場のほうが、生産性が高い。ただ、全体としての生産性ではなく、それぞれの個別指標でどうなっているのかを私たちは知りたかった。そこで、この会社から、実際に測定している生のパフォーマンス・データを提供してもらった。このデータを使ってもう一度〈Q12〉の回答と比べてみた。

- 上位25パーセンタイル内の店舗では、年間販売予算を平均4・56%上回っている。逆に下位25パーセンタイル内の店舗では、平均0・84%下回っている。両店舗の販売額の差は1億400万ドルだ。もしこれだけの売上が増えていたら、同社の総売上高は2・6%増加していたはずだ。
- 利益でみると、さらに大きな差がつく。上位25パーセンタイルの店舗では、予測を14%上回る利益をあげていた。下位25パーセンタイルの店舗は、なんと30%も予測を下回っていた。
- 定着率でみると、また大差がついた。上位25パーセンタイルの店舗では、下位25パーセンタイルの店舗より、1店舗当たり12名も多く定着していた。300店舗の25%は75店舗で、それぞれ12名ずつなら、全体では1000名ほど多く定着していたことになる。仮に平均的賃金が1万8000ドルだとしよう。新人を採用し、トレーニングにかけるコストを1人当たり給与の1・5倍だとすると、定着レベルの差は2700万ドル（＝1万8000ドル×

1・5倍×1000名分）となる。これはコスト負担として大きな金額だ。顧客や同僚と貴重な人間関係を築いた経験豊かな従業員を失うという損失は計り知れないが、著しい損失になることは間違いない。

非常に興味深い結果だった。この会社では、〈Q12〉に肯定的に回答している店舗ほど生産性が高い。すぐれた現場のマネジャーは、部下のエンゲージメントを高める工夫をする。それが、エンゲージした従業員たちが最高のパフォーマンスを実現する基盤となっているのだ。

「すぐれたものさし」は、現状分析だけでなく、次にどうすればよいかも示してくれる。だから、ここでも考えてみよう。〈Q12〉に皆が「5＝非常にそう思う」と回答するようになるために、マネジャーにはいったい何ができるだろうか。

まずは、どこから手をつければよいか、だ。調査によると、いくつかの項目は、他の項目よりも基本的なものであることがわかった。つまり、マネジャーは、これら12項目に対して「正しい順番」で取り組むべきだ。最も重要な質問をとばして、それ以外の質問をしても役に立たない。実際、店長のなかには、取り組む順番を間違えて、非常に危険な状態に陥ってしまった人もいた。

その理由を次に述べよう。世界中のすぐれたマネジャーたちは、真に生産性の高い職場をつくるために、まずはどこに着手しているのか。

登山にたとえてみると

Mountain Climbing

12の要素には「階層」がある

12の要素の順番について考えるために皆さんにお願いがある。「大きな山」を心に思い描いてほしい。最初はそのかたちや、青色や灰色、緑色と変化する色彩がわかりにくいかもしれないが、「いま大きな山のふもとに立って、その存在を感じている」という気になってほしい。ここから山登りが始まる。山登りには変化がつきものだ。険しい道もあれば、なだらかな道もある。うまく通り抜けなければならない渓谷もあれば、山頂に行くためにはいったん下らざるを得ない場合もある。寒さや濃霧などの危険もある。最も危険なのは、自分の弱い意志かもしれない。それでも、頂上に登頂したときの喜びを心に描いて、また登りはじめる。

私たちは皆、この山をよく知っている。それは、新しい職務を与えられ、責任が生じたときから、その役割を果たしたと実感できるまでの「心理的な登山」だ。山のふもとに立つのは、入社したとき、あるいは新しい職務に就いたときだ。ここから長い登山が始まる。

山頂に到達しても、役割に変化はない。山登りをしたからといって、すぐに昇進するものでもない。が、職務に対して誠実で積極的な対応をしている人たちはたくさんいるだろう。たとえば、修理工なら、自分で思いついたヒントを書きとめておき、それを個人的なマニュアルとして、初めて職務に就いた後輩に渡しているかもしれない。青果店の店員なら、グレープフルーツを求める顧客に「5番の棚にあります」と言うだけでなく、それが置かれている棚に案内し、「グレープフルーツはいつも棚の後ろから前へ並べられています」と言い、「新鮮なグレープフルーツをお求めなら、どうぞ前のほうからお取りください」と説明しているかもしれない。自分の仕事が大好きなマネジャーは、このような誠実で積極的な対応を目に涙を浮かべて感動しながら披露してくれるだろう。

どのような役割であれ、この山の山頂では、自分の仕事に自信を持てるし、仕事の目的も理解することができる。ミッションを達成するためのよりよい方法を探そうとするかもしれない。彼らこそ「エンゲージしている」人たちだ。

では、どうやってそこに到達したのだろうか。

この質問に答えられるマネジャーなら、「従業員をどう導けばよいのか」わかっているはずだ。次々と部下を育て、職務を達成させることができる。そうした部下が増えるほど、職場は強くなる。もう一度、尋ねよう。「どうやってそこにたどり着いたのか。どうやって登ってきたのだろうか」

まず、部下の立場から考えてみよう。この心理的登山は、実際の登山と同じように段階を踏んで登っていかなければならない。〈Q12〉を適切な順番で読めば、「いまどの段階なのか、次の段階に進むにはどの要素を満たさなければならないか」がわかる仕組みになっている。

皆さんがいまの役割に初めて就いたときの「ニーズ」を思い出してほしい。あなたはその仕事に何を求めていたのか。そのとき、最も重要だったのはどんなニーズか。その後、時間が経ち、落ち着いてきたら、そのニーズはどう変わったか。いま現在、優先順位はどうなっているか。そして、いまの役割に何を求めているか。

こうしたことを念頭に置きながら、先を読み進めていってほしい。

ベースキャンプ「何を得られるか」(基本的ニーズ)

新しい役割に就いたばかりのときのニーズは、ごく基本的なものだ。自分に期待されていることは何か。どのくらい報酬をもらえるのか。通勤時間はどのくらいか。自分専用の部屋や机、電話はあるのか。この段階であなたが問うているのは「この仕事から何を得られるか」だ。

12の質問のうち、次の2つが「ベースキャンプ」に相当する。

Q1　私は仕事のうえで、自分が何を期待されているかがわかっている

Q2　私は自分がきちんと仕事をするために必要なリソースや設備を持っている

キャンプ1「何を与えればよいか」(個人的ニーズ)

少し高いところまで登ってくると、見え方が違ってくる。これまでとは違うニーズが生じる。「自分がその仕事に向いているかどうか」が気になるのだ。あなたは自分の力を発揮で

きる職務に就いているのか。まわりの人はあなたを優秀だと思っているか。でなければ、彼らはあなたをどう思っているのか。彼らはあなたを助けてくれるのか。この段階では、「何を与えればよいか」が質問の中心となる。あなたは、自分の貢献と、それに対するまわりの人たちの評価に注目しているのだ。

12の質問のうち、次の4つが「キャンプ1」に相当する。

Q3　私は仕事をするうえで、自分の最も得意なことをする機会が毎日ある
Q4　この1週間のあいだに、よい仕事をしていると褒められたり、認められたりした
Q5　上司あるいは職場の誰かが、自分をひとりの人間として気づかってくれていると感じる
Q6　仕事上で、自分の成長を後押ししてくれる人がいる

これらの質問は、「自分が役割をうまくこなしているかどうか（Q3）」だけでなく、「まわりの人が自分のパフォーマンスを評価しているか（Q4）」「自分をひとりの人間として評価しているか（Q5）」「自分の成長を後押ししてくれているか（Q6）」を知るために役立つ。これらの項目はいずれも、あなたの自己肯定感と自尊心にかかわっている。もし、これらの質問に答えられないままなら、「所属したい」「チームの一員になりたい」「学びたい」「イノベーションを起こしたい」という、その先にある願いはすべて損なわれてしまう。

キャンプ2　「ここは自分の居場所か」（チームに対するニーズ）

山登りはまだ続いている。さらに視界が開けると、まわりを見渡して、こう自問しはじめる。「ここは自分の居場所か」。自分は顧客サービスを重視するが、皆も同じだろうか。自分はこういう人間だと自分だけが勝手に思っているのではないか。皆も自分と同じように限界に挑戦する人たちか。この段階では、基本的な価値観がどうであれ、「ここが自分の居場所としてふさわしいのか」「自分はチームと合っているのか」が質問の中心となる。

12の質問のうち、次の4つが「キャンプ2」に相当する。

Q7　仕事上で、自分の意見が取り入れられているように思われる

Q8　会社が掲げているミッションや目的は、自分の仕事が重要なものであると感じさせてくれる

Q9　私の同僚は、質の高い仕事をするよう真剣に取り組んでいる

Q10　仕事上で最高の友人と呼べる人がいる

キャンプ3　「どうすれば皆が成長できるか」（チームの成長ニーズ）

山登りもいよいよ最後の段階だ。この段階にくると、個人ではなく、「チーム全員が成長するにはどうしたらよいか」を考えはじめる。「チーム全体で、よりよいものをつくりたい、学びたい、成長したい、革新したい」というニーズだ。イノベーションを起こすためには、先の3つのキャンプを登り切った後で、このキャンプに到達する必要がある。「発明」と

「イノベーション」は違うからだ。発明とは、新規性である。職務に就いて数週間経てば、誰もが17種類程度の新しい方法を思いつく。これに対し、イノベーションとは、新規性があって、業務に活かせることをいう。そのためには、正しい期待値を持ち（ベースキャンプ）、自分の専門性に自信を持つことが（キャンプ1）、そして、まわりのメンバーがあなたの新しいアイデアを取り入れるかどうかを意識することが（キャンプ2）求められる。そうしてこそ、初めてイノベーションを起こし、新しいアイデアを適用することができる。もし、これまで過ごしてきた「キャンプ2」まで、つまり、Q1からQ10までの質問に対して肯定的な回答ができないなら、あなたの新しいアイデアをこのチームで活かすことはできないだろう。

12の質問のうち、次の2つが「キャンプ3」に相当する。

Q11　この半年のあいだに、職場の誰かが私の仕事の成長度合いについて話してくれたことがある

Q12　私はこの1年のあいだに、仕事上で学び、成長する機会を持った

山頂

〈Q12〉の質問すべてに肯定的に回答できたなら、おめでとう、あなたは山頂に到達した。目標は明確で、達成した充実感を味わえる。それはまるで、「あなたの最高の力が要求され、日々それに応えている」という感覚だ。同僚たちも、同じように最高の力を発揮している。

チームメンバー同士で理解を深め、目的を共有することで、地平線の向こうに広がるさらなる挑戦に取り組むことができる。山頂にとどまるのは容易ではない。足場はぐらつき、強い風にあおられる。しかし、山頂に立っているときの気分は最高だ。

さて、皆さんはいかがだろうか。新しい職務を与えられて責任が生じた瞬間から、達成の瞬間までが心理的登山だとすると、あなたはいま、どこにいるだろうか。

キャンプ1？　キャンプ2？　キャンプ3？　山頂？

12の質問を自分に問いかけてみればよい。その答えから、あなたがいまどこにいるかがわかる。もしかしたら、あなたの会社は変革期を迎えていて「ベースキャンプ」で足踏みしているかもしれない。変革は、人を苦しめる。本当にやりたいことがあるのに、不安でなかなか踏み出せない。「未来がどんなに素晴らしいかを語るのは、もうやめてくれ。いま私に何が求められているのかを教えてくれ」となることもある。

社内で昇進したばかりかもしれない。前の仕事では山頂に立っている気分だったが、気がつけば新しい仕事と新しい上司に囲まれ、「キャンプ1」に逆戻りだ。そう、昇進は嬉しいことだが、また新しい山のふもとからの長い登り坂が待っているのだ。

もちろん、現実はさらに複雑だ。人によって「ベースキャンプ」や「キャンプ1」などのステージが持つ意味が違う。それぞれのステージに対する価値が微妙に異なるのだ。たとえば、「いまの仕事に就いたのは、学び、成長する機会があるからだ」ととらえているなら、「キャンプ3」からスタートしたようなものだ。こうした高いレベルのニーズが満たされているなら、マネジャーが次の仕事の期待値を明確にしてくれるまで辛抱強く待てるはずだ（ベースキャンプ）。チーム内で自分の強みを発揮できていないと思えたとしても（キャンプ1）、チームメンバーとの関係が良好なら（キャンプ2）しばらく待てるかもしれない。

ただ、わざわざ山にたとえたのは、山のふもとがぐずぐずなら、上に登れないことが明確だからだ。「キャンプ2」と「キャンプ3」の質問にどれだけ肯定的に回答できても、それより低いレベルのニーズ（ベースキャンプ、キャンプ1）が満たされていない状態が長く続くと、燃え尽き、生産性が下がり、退職する可能性が高くなる。

もし「キャンプ2」と「キャンプ3」の質問には肯定的だが、それ以下の質問には否定的だという人がいたなら、要注意だ。とても危険な位置にいる。表面的にはチームメンバーとの関係が良好で（キャンプ2）、学び、成長する機会を持っている（キャンプ3）など、すべてがうまくいっているように見えるが、心の奥深くでは「まったくエンゲージしていない」状態だからだ。生産性が低いだけでなく、よりよい条件のオファーがあればすぐに飛びつくだろう。

たとえれば「高山病」にかかった状態だ。

現実の世界では、高山病は、高地での酸素不足によって発症する。酸素が足りず、動悸が激しくなり、息苦しさやめまいが生じる。下山して高度を下げなければ、肺に水がたまって命の危険がある。ワクチンもなければ解毒剤もない。治すには、下山して、体が順応するまで待つしかない。

経験の浅い登山家は、「お金があるならヘリコプターで『キャンプ3』へ行って、そこから山頂を目指せばよい」と言うかもしれない。だが、経験豊富なガイドは、それでは決してうまくいかないことを知っている。「高山病は体力を奪い、歩みを遅らせる。いきなり山頂を目指すのではなく、もっと経験を積むことが大切だ」とアドバイスするだろう。実際には「ベースキャンプ」と「キャンプ1」で十分な時間をかけなければならない。ここで経験を積めば積むほど、山頂での薄い空気に耐えられる体になる。

心理的登山でも、この経験豊富なガイドのアドバイスは有効だ。「ベースキャンプ」と「キャンプ1」が土台となる。ここでのニーズに目を向け、それに応えてくれるマネジャーを見つければ、その後の長い山道を登り切るための力をつけることができる。基本的ニーズを無視すれば、「まったくエンゲージしない」状態になってしまう可能性が高くなる。

高山病が流行していないか

さあ、今度は、マネジャーの立場から考えてみよう。

登山にたとえたのは、強くて活力ある職場をつくるカギが、「ベースキャンプ」と「キャンプ1」で従業員の基本的ニーズを満たすことにあると伝えたかったからだ。マネジャーはここにエネルギーと時間を注ぐべきだ。もし「ベースキャンプ」と「キャンプ1」のニーズが満たされていないなら、その先を目指すのはまったくの見当外れだ。逆に、基本的ニーズを満たせば、そのあとのチームづくりとイノベーションへの取り組みはとても簡単になる。

当たり前だって？　いや、この十数年間、世の中の風潮として、ほとんどのマネジャーはもっと上に登るように促されてきたはずだ。「企業のミッション・ステートメント」「ダイバーシティ」「自主管理型ワークチーム」などはすべて従業員の帰属意識を高めるための施策だ（キャンプ2）。「TQM（総合的品質管理）」「リエンジニアリング」「絶え間ない改善」「学習する組織」などはすべて、現状に疑問を投げかけ、新たにつくり直すための施策だ（キャンプ3）。

これらの取り組みはとてもよく理解され、実行もされてきたと思う。が、多くは衰退してしまった。かつてマルコム・ボルドリッジ賞は「米国国家経営品質賞」とも呼ばれ、米国で最も権威ある賞のひとつだったが、いまではごくわずかの企業が応募するのみだ。ダイバーシティの専門家は、その定義を巡っていまだに論争を続けている。プロセス・リエンジニアリングを主張する者たちは、組織構造や業務を見直し、再び人々をプロセスのなかに押し戻そうとしている。ミッション・ステートメントに至っては、鼻で笑い飛ばしている人がほとんどだ。考えてみればとても悲しいことだ。どの取り組みも、その根底には大切な真理があったのに長続きしなかった。

なぜだろうか。「高山病」が蔓延したからだ。基本をとばして、いきなり高いところを目指し、達成を急ぎすぎたせいだ。

マネジャーは忙しい。基本的ニーズに時間をかけることなく、「リエンジニアリング」や「学習する組織」などの新しい概念を学ばなければならない。しかし、それではいけないのだ。登山の例でいうと、部下が自分への期待値を明確にできていないなら（ベースキャンプ）、チームのために働くように求めてはならない（キャンプ2）。もし部下が自分の強みを活かせていないと思っているなら（キャンプ1）、彼の革新的なアイデアが会社のリエンジニアリングに役立つからといって、指示をしてはいけない（キャンプ3）。もし部下が「上司が自分をひとりの人間として気づかってくれていない」と感じているなら（キャンプ1）、新しい「学習する組織」の一員になるようにチャレンジさせることで彼を混乱させてはいけない（キャンプ3）。

つまり、ヘリコプターを使って高地に降り立つなんてことはしないことだ。遅かれ早かれ、マネジャーもチームもダメになる。

すぐれたマネジャーが焦点を当てているもの

すぐれたマネジャーは、「ベースキャンプ」と「キャンプ1」を目指す。彼らは、活力ある強い職場の核心が最初の6つの質問にあることを知っているのだ。

Q1　私は仕事のうえで、自分が何を期待されているかがわかっている
Q2　私は自分がきちんと仕事をするために必要なリソースや設備を持っている
Q3　私は仕事をするうえで、自分の最も得意なことをする機会が毎日ある
Q4　この1週間のあいだに、よい仕事をしていると褒められたり、認められたりした

Q５　上司あるいは職場の誰かが、自分をひとりの人間として気づかってくれていると感じる
Q６　仕事上で、自分の成長を後押ししてくれる人がいる

これら６つの質問に対して、従業員がすべて「５＝非常にそう思う」と回答するように職場環境を整えることが、マネジャーにとって最も重要な責任のひとつだ。とはいえ、すべての質問で「５」の回答を得るのは簡単ではない。たとえば、部下全員に昇進の話を持ちかければ、Q６（仕事上で、自分の成長を後押ししてくれる人がいる）で「５」が得られるかもしれない。しかし、「自分は間違った役割に就いている」と感じれば、Q３（私は仕事をするうえで、自分の最も得意なことをする機会が毎日ある）の回答が「１」になるだろう。

同様に、分厚いマニュアルを書いて部下の行動を管理しようとするマネジャーは、Q１（自分が何を期待されているかがわかっている）で「５」を獲得するかもしれないが、その厳格な管理スタイルから、Q５（自分をひとりの人間として気づかってくれていると感じる）で「１」をつけられてしまうだろう。

これら６つの質問で「５」を獲得するためには、一見矛盾するような責任をまっとうしなければならない。部下全員に明確な課題を与えながら、同時に部下ひとりひとりに対して異なる対処をしなければならない。

いまの仕事に自分の強みを活かしていると感じさせながら、同時に自ら成長するように仕向けなければならないのだ。ひとりひとりを大切にして褒めつつも、必要であれば解雇しなければな

らない。それがマネジャーの責任なのだ。

「第一級の知性の持ち主は、相反するアイデアを同時に考え、かつ機能し続けることができる」とは、『グレード・ギャツビー』の著者スコット・フィッツジェラルドの言葉だ。すぐれたマネジャーには、まさにこのような知性が要求される。以下の章では、世にいるすぐれたマネジャーたちの物の見方を知り、彼らがどうやって相反する責任のバランスをとっているかを見る。すぐれたマネジャーは、どのようにして才能ある従業員を効率よく見出し、彼らにフォーカスして、その能力を開発しているのか。

第2章

The Wisdom of Great Managers

すぐれたマネジャーだけが知っていること

彼らは何を語ったか
すぐれたマネジャーに共通する知恵
すぐれたマネジャーは何をしているか
4つの画期的なアプローチ

彼らは何を語ったか

Words From the Wise

8万人のマネジャーへのインタビューから始まった

すぐれたマネジャーはどうやって「強い職場」の基礎を築いているのか。世の中には、さまざまな答えが洪水のようにあふれ、最も冷静なマネジャーですら翻弄されそうだ。経営や管理に関する書籍があまた出版されている。1975年当時では200冊程度だったが、1997年にはその3倍以上になっている。この20年間、これらの書籍の著者たちは、9000種以上ものシステムや原理原則、実例などを紹介して、経営やリーダーシップの神秘を解き明かそうとしてきた。

印象的なものもあり、矛盾しているものもある。ほとんどが逸話をもとにしたアドバイスの洪水だが、このなかに蒙を啓くようなものは見当たらない。どれも、正確さとシンプルさに欠けている。最も説得力があるように見えるアドバイスにさえ、何かが欠けているのだ。たくさんのケーススタディーを並べ、「私はこうしてうまくいった」式の成功物語を披露しているが、十分な数の調査をもとにしたものはほとんどなく、標準的測定方法もない。「世界最高のマネジャー」と「平均的なマネジャー」のインタビューを体系的に比較した人も誰もいない。すぐれたマネジャーに自己分析をさせた本もない。この極めて貴重な情報源を調べたのは、私たちが初めてだ。

第1章では、世界中で職場の従業員意識調査を大規模に行い、「エンゲージメントの高い従業員がいる職場やチームはパフォーマンスが高い」という関連性を見出した。そして、マネジャーが果たすべき重要な役割を明らかにした。これを受けて行った第2の調査、すなわち「すぐれたマネジャーの分析」が本章の中心だ。ここでは、世界中のすぐれたマネジャーの心のなかに入り込み、彼らがどうやって従業員たちの心や意志や才能をつかみとり、エンゲージさせているのかを追求したい。

私たちはクライアント企業において毎年、最高のマネジャーにインタビューをさせてもらっているが、そもそも「最高の」が何を意味するのか難しいため、最初は次の質問から始めることにした。

「どのマネジャーのクローン人間がほしいですか」

この質問こそ唯一の評価基準だ、と言うクライアントもいた。逆に、たくさんの評価基準（生産性や収益性、社内盗品率、欠勤率、労災事故数、顧客や同僚からのフィードバックなど）がある場合は、それらを使って「最高のマネジャー」を選んでもらった。

こうして私たちが「すぐれたマネジャー」としてインタビューした人の数は、8万人を超える。ホテルの支配人やセールスマネジャー、総代理人、経理担当役員、工場のチームリーダー、プロスポーツのコーチ、パブのマネジャー、公立学校の教育長、軍隊では大尉や少佐や大佐、教会では助祭や司祭や神父などだ。それぞれ90分ほどインタビューをさせてもらい、オープン形式の質問をした。そのうちの3つの質問を挙げよう。皆さんならどう答えるだろうか（この3つの問いに対するすぐれたマネジャーの回答については、巻末資料Bを参照してほしい）。

質問1「あなたはマネジャーとして、次のどちらの部下を選びますか。その理由も教えてください。ひとりは、独立心が強く、アグレッシブで120億ドルを売り上げる人。もうひとりは、売上高はその半分もないが、親しみやすいチームプレーヤー」

質問2「生産性はとても高いが、事務処理でいつも間違える部下がいます。この部下の生産性を上げるには、どうしたらよいと思いますか」

質問3「2人のマネジャーが、あなたの部下としています。ひとりは、これまで見たことがないほど素晴らしいマネジメント能力を持っている人、もうひとりは、可もなく不可もない平均的な人です。『高いパフォーマンスをあげている職場』と『悪戦苦闘している職場』の2つにマネジャーの空きポストがあったとき、あなたは、どちらの部下をどちらの職場にマネジャーとしてアサインしますか。その理由も教えてください。なお、どちらもまだ成長のポテンシャルが十分にある職場です」

8万人のマネジャーへのインタビューは、録音され、文字起こしされ、何度も読み返された。すぐれたマネジャーと合わせて、平均的なマネジャーにも同じ質問をした。12万時間も録音テープを聞き、500万ページにのぼる記録を検討して、特定のパターンを見出そうとした。「すぐれたマネジャーに共通していることは何か。それは、平均的なマネジャーとはどう違うのか」

すぐれたマネジャーに共通していることは、予想よりずっと少なかった。性別や人種、年齢もさまざまだ。モチベーションや方向性、人間関係構築のスタイルもばらばらだった。

そのなかで、たったひとつ、共通する知恵を見つけた。すぐれたマネジャーは皆、常にこれをよりどころにしているのだ。それは何だろうか。

すぐれたマネジャーに共通する知恵

What Great Managers Know

彼らだけが持っている画期的な考え方とは？

すぐれたマネジャーが共通して唱える考え方を紹介するには、この寓話がぴったりだろう。

昔むかし、あるところに、サソリとカエルが住んでいました。サソリは池の向こう岸に行きたいのですが、泳げません。そこで、カエルのところに行って頼みました。「カエル君、ボクを背中に乗せて池の向こう岸まで泳いでもらえないかな」

カエルは答えました。「いいよ。あ、でも、やっぱりダメだ。だって君は、泳いでいる最中に僕を刺すかもしれないもの」

サソリは言いました。「いやいや、そんなことをして君が死んでしまえば、僕だって溺れちゃうんだぞ。何の得にもならないじゃないか」

カエルは、サソリが危険なことはわかっていましたが、サソリが言うこともっともだと思いました。この状況なら大丈夫だろう。そこで、サソリを背中に乗せて池を泳いで渡ることにしました。

が、ちょうど池の真ん中まで泳いでいったとき、サソリは突然、尻尾を振り上げ、カエルを刺してしまいました。息も絶え絶えにカエルは叫びました。「どうして、僕を刺したんだ？　僕が死んだら、君も溺れちゃうんだぞ。何の得にもならないじゃないか」

池に沈みながらサソリが答えました。「ごめん。わかってる。でも、僕はやっぱりサソリなんだ。カエルを見たら刺さなきゃならないんだ。本性なんだ」

「人の本性は変わりうる」とする従来の常識では、カエルのように考えることが推奨される。「一生懸命努力すれば、誰もが、何にでもなれる」と。そうした変化を部下に促すのが、マネジャーの役目だ。規則や方針を定めて、部下が勝手な行動をとらないように管理しろ。欠点を補うために、スキルやコンピテンシーを身につけさせろ。マネジャーたるもの、部下が持って生まれた本性を抑え、それを改善することに全力を注ぐべきだと。

が、すぐれたマネジャーは、この考え方を即座に否定する。彼らは、カエルが忘れてしまったことをいつも念頭に置いているのだ。「人はサソリのように、持って生まれた本性に忠実だ」と。人によってモチベーションの源が違えば、考え方や人とのかかわり方も違う。彼らは、人をつくり変えることには限界があると知っているのだ。しかし、その違いを嘆いたりせず、むしろ、うまく活用している。ひとりひとりがよりその人らしくなるように手を貸しているのだ。

これこそが、何万人ものすぐれたマネジャーが共通して持っていた「知恵」だ。

人は、それほど変わらない。

足りないものを植え付けようとして、時間をムダにするな。
その人のなかにあるものを引き出そう。
それだけでも大変なのだから。

この考え方こそが、すぐれたマネジャーに共通する知恵の源泉だ。部下ひとりひとりにどう接するか、何をするかが、マネジャーとして成功する源泉なのだ。

この考え方は革命的だ。すぐれたマネジャーは、人に無限の可能性があるなんて信じていない。部下の弱点を矯正しようとはしない。「己の欲するところを人に施せ」という黄金律に注意を払わないどころか、部下にもそれを破れという。部下をひいきすることもいとわない。この考え方がすべてを説明しているのだ。なぜ、すぐれたマネジャーは常識的なルールをことごとく打ち破るのか。

シンプルに聞こえるかもしれないが、この考え方は複雑で、その扱いには注意が必要だ。よく考えずに表面だけをまねると、「弱点は放っておけ」「研修は時間のムダだ」となりかねない。これは正しくはない。革命的と言われるからには、納得できる説明が必要だ。すぐれたマネジャーは、この知恵をどう使っているのか。部下に何を求めているのか。企業にとってどんな意味があるのか。

次の章では、これらの質問に答える。が、その前に、そもそもマネジャーは何をしているのかを見てみよう。彼らは、会社のなかでどのような働きをし、どのような役割を担っているのか。

すぐれたマネジャーは何をしているか

What Great Managers Do

彼らが担っている4つの基本的役割とは？

すぐれたマネジャーとは、どういう役割をこなす人なのか。

巨大エンターテインメント企業の役員であるトニーは、ある不満を抱いている。「マネジャーとしての能力がないどころか、その役割さえも認識せず、ただ頭がいいだけの一匹狼がマネジャーに昇進している。彼らをリーダー研修に送り込むと、よいマネジャーになろうと日々努力するよりも、『ミニ経営者』になった気分で戻ってくる。よいマネジャーになるとはどういうことなのか、誰もわかっていないのだ」

トニーの言うとおりかもしれない。よいマネジャーがどうあるべきかを誰も知らないし、気にしてもいない。「マネジャーの役割はそれほど重要ではない」ということが、一般的な常識なのかもしれない。どうやらマネジャーは、今日のスピード感や柔軟性、アジリティ（敏捷性）を阻害する存在になったようだ。アジャイルな企業は、書類を整理し、承認し、業績を監視するためにマネジャーを雇う余裕はない。必要なのは、自立した、自発的で、自律的なチームだ。リエンジニアリング革命が起きたとき、世のマネジャーたちが真っ先に削減されたのは不思議でもなんでもない。

さらに、これまでの常識では、マネジャーは「リーダー」であるべきだ。この移り気な世界では、自らの才覚と意欲でチャンスをつかめと言われている。生真面目なマネジャーは向かない。あまりに速く、刺激的で、危険な状況に、ついていけないだろう。離れていたほうがいい。怪我をするかもしれない。

これまでの常識が、私たちを皆、迷わせた。たしかに今日のビジネス世界は、プレッシャーが強烈で、変化もめまぐるしい。自立した従業員とアグレッシブなリーダーが必要とされている。しかし、だからといって、マネジャーの重要性が低下するわけではない。それどころか、激動の時代だからこそ、マネジャーが果たす役割はかつてないほどに高まっている。

なぜか。それは、マネジャーが、カリスマ型リーダーや自立した従業員たちにはこなせない重要な役割を担っているからだ。マネジャーの役割とは、部下ひとりひとりの内面に入り込み、持って生まれた才能を解き放つことである。そのためには、ひとりずつ接するのが一番だ。部下ひとりひとりに質問し、耳を傾け、一緒に仕事をする。1対1で接することが、企業のパワーの源泉となる。激変の時代だからこそ、この役割が企業を強くする。

企業内でマネジャーが果たしているのは「触媒」の役割だ。すなわち、2つの物質の反応を速め、最終的に望ましいものをつくり出すことである。具体的には、企業の目標と従業員の才能の反応を速めること、そして、従業員の才能とお客様のニーズの反応を速めることで、従業員ひとりひとりのパフォーマンスを高めるのだ。何百人ものマネジャーがこの役割を果たすことで、企業も従業員も強くなっていく。

しかし、スリム化された今日のビジネス社会では、多くのマネジャーが、その他の責任も負わされている。その分野の専門家であること、スーパースターであること、ときにはリーダーであることが期待されている。もちろん、これらも重要な役割であり、すぐれたマネジャーは「自分らしい」スタイルでそれを実行している。しかし、すぐれたマネジャーたちは皆、この「触媒」としての役割に秀でているのだ。

「ベースキャンプ」と「キャンプ1」を測る6つの質問を思い出してみよう。

Q1 私は仕事のうえで、自分が何を期待されているかがわかっている
Q2 私は自分がきちんと仕事をするために必要なリソースや設備を持っている
Q3 私は仕事をするうえで、自分の最も得意なことをする機会が毎日ある
Q4 この1週間のあいだに、よい仕事をしていると褒められたり、認められたりした
Q5 上司あるいは職場の誰かが、自分をひとりの人間として気づかってくれていると感じる
Q6 仕事上で、自分の成長を後押ししてくれる人がいる

触媒の役割がどんなものか、これらの項目からわかるだろう。これら6つの質問に対して部下が肯定的に回答をするためには、マネジャーは次の4つの役割をうまくこなさなければならない。それは、「人を選ぶ」「期待値を設定する」「人を動機づける」「人を成長させる」の4つだ。

これが、マネジャーの最も重要な責務だ。素晴らしいビジョンを持ち、カリスマ性があり、知性

があったとしても、この4つの役割をこなせないのなら、マネジャーとしてすぐれた成果をあげることはできないだろう。

1　人を選ぶ

「Q3　私は仕事をするうえで、自分の最も得意なことをする機会が毎日ある」という項目で「非常にそう思う」という回答を得るには、何で人を選ぶかが重要だ。簡単なことのようだが、うまくやるには頭を使う必要がある。それは、「どれだけ人を変えられるか」を知ることだ。「才能」「スキル」「知識」の違いがわからなければならない。どれが教えられるもので、どれが教えられないものか。教えられないものについては、持っている人を雇うしかない。うわべの下に隠れている候補者の「才能」を見極めるにはどんな質問をすべきか、知っていなければならない。それがわからないままだと、マネジャーとして常に苦労を強いられるだろう。人選を誤ると、モチベーションを高め、育成するための努力が水の泡となる。

2　期待値を設定する

「Q1　私は仕事のうえで、自分が何を期待されているかがわかっている」「Q2　私は自分がきちんと仕事をするために必要なリソースや設備を持っている」という2つの項目で「非常にそう思う」という回答を得るには、従業員のパフォーマンスに対する期待値を明確に設定する必要がある。それは、単に目標を設定すればよいということではない。周囲の環境が大きく変化しようとも、部下をいまの仕事に集中させなければならない。仕事のどの部分を言われたとおりに進めてもらい、どの部分を部下のやり方に任せるかを把握しておく必要がある。標準化や効率化を求める一方で、その人のひらめきやその人らしさも求め、両者のバランスをとらなければならない。期待値を設定する方法がわからないと、バランスを崩し、過剰な規則で縛ったり、混乱を引き起こしたりすることになるだろう。

3　人を動機づける

「Q4　この1週間のあいだに、よい仕事をしていると褒められたり、認められたりした」「Q5　上司あるいは職場の誰かが、自分をひとりの人間として気づかってくれていると感じる」という2つの項目で「非常にそう思う」という回答を得られるかどうかは、従業員ひとりひとりを動機づけられるかどうかにかかっている。マネジャーが投資できるのは自分の時間しかない。その貴重な時間を誰とどのように使うかが、マネジャーとしての成功を左右する。たとえば、最高の部下と、仕事で苦労している部下のどちらに多くの時間を割くべきか。欠点を補うべきか、それとも強みに目を向けるべきか。部下を褒めすぎてはいけないのか。褒めていいなら、それはいつか。従業員ひとりひとりの能力を高めるには、これらの質問に答えられなければならない。

4　人を成長させる

「Q5　上司あるいは職場の誰かが、自分をひとりの人間として気づかってくれていると感じる」「Q6　仕事上で、自分の成長を後押ししてくれる人がいる」という2つの項目で「非常にそう思う」という回答を得られるかどうかは、部下の能力を開花させることができるかどうかにかかっている。部下があなたのところへやってきて、「私はこれからどこを目指せばいいのでしょうか。私の成長を後押ししてもらえますか」と聞かれたときの答えを用意しておく必要がある。ひとりひとりの部下の昇進を後押しすべきか。「費用を持つから研修に参加しなさい」と言うのは適切か。部下との距離が近すぎないか。それとも近すぎることはないか。大切に思っている部下を解雇せざるを得なくなったとき、どうなるのか。そもそも部下にどんな借りがあるのか。これらの質問への答えが、いまもこれからも、ひとりひとりの部下を導くための指針となる。

人を選び、期待値を設定し、動機づけ、成長させる。この4つが「触媒」の役割だ。マネジャーがこの4つの役割を果たせなければ、どれほどすぐれたシステムを持っていても、どれほどすぐれたリーダーがいたとしても、その企業は徐々に衰退していくだろう。

1990年代初頭、ある大手サービス企業が、従来のマネジャーの役割の代わりに自己管理型のチームを導入するという実験を始めた。これは、洪水のように湧き出るアイデアに情熱を注ぐ、ある業界トップの経営者による発案だった。彼は傘下のホテルに「チーム」を導入した。客室係やフロント係、ベルボーイ、メンテナンス係、テーブル係などバランスよく配置されたチームは自分たちでスケジュールを立て、仕事を割り振り、同僚を叱るなど管理する。互いを支え合うのを促すため、褒めたり認めたりする際には個人ではなくチーム単位で行う。また、個人の成長を促すために、チーム内の他の仕事を覚えれば給料が上がるようにした。多くの役割を学べば学ぶほど給料が上がる仕組みだ。そして、2人のマネジャーが全体をモニターする。彼らがケアするのは、従業員ではなく、各チームが円滑に動いているかどうかだ。それは、チームの自主性に任せるという斬新なアイデアだった。だが、ひとつだけ欠点があった。

そして、このアイデアはうまくいかなかった。

「互いに支え合う」という考え方は従業員に受け入れられたが、「他の仕事を覚えないと給料が上がらない」という仕組みが混乱を招いた。優秀な客室係は、フロント係になることを望んでいなかった。彼らは、客室を整えることが好きなのだ。フロント係はテーブル係の仕事を好きになれない。テーブル係は、大切にしているレストランをフロント係が滅茶苦茶にしているのを黙って見ていられない。そのせいで従業員たちは、自分が不適切な仕事に就いている気がしてきた。こうなると何が求められているのかわからなくなる。また、個人よりもチームが評価されるため、自分の存在が重要だと思えなくなりつつあった。口論が起こり、お客様が苦情を訴えはじめる。残った数人のマネジャーが、すべての係の新人をサポートせざるを得なくなり、あちこち走り回って火消しを行い、てんてこ舞いだ。

混乱以外の何ものでもない。この斬新な仕組みをデザインした者は何度も立て直そうとしたが、混乱を止められなかった。結局、ホテルは従来の仕組みに戻さざるを得なくなり、ホテルの親会社は巨大なホテル・コングロマリットに買収されてしまった。

この企業は、すぐれたマネジャーが果たすべき4つの役割を斬新なチームに置き換えようとして巨額の授業料を払った、というわけだ。

残念なことに、やり方は少し違うが、同じような運命をたどろうとしている企業が数多くある。そこでは、「触媒」の役割を、マネジャーではなく人事部門や研修部門などに任せているのだ。これらの部門が最新式の選抜方式やスキル開発クラスを用意するので、マネジャーは「仕事をこなす」ことに集中する。マネジャーには、「人を選び、期待値を設定し、動機づけ、成長させる」以外にあふれるほどの仕事があると考えているようだ。

善意からこうした役割分担をするのだろうが、これら4つの役割をマネジャーから取り上げてしまうと、企業の活力が失われはじめてしまう。健全な企業には、マネジャーと従業員のあいだに強い絆がある。マネジャーが部下の人選に口を出せず、部下の成功や成長にかかわれないのなら、そうした絆は薄れていくだろう。

これは、人事部門や研修部門が用意するツールやシステム、クラスを、マネジャーに利用させるべきではない、という意味ではない。むしろ、利用したほうがいい。ただ、ツールや部門をマネジャーの代わりにするのではなく、マネジャーにツールなどの使い方を教育してほしい。マネジャーの役割の核心は「人を選ぶ」「期待値を設定する」「人を動機づける」「人を成長させる」の4つだ。いずれもマネジャーがひとりひとりの部下と1対1で行う活動だ。それを本社が一元化して肩代わりしてはならない。

マネジャーは、リーダー予備軍ではない

「マネジャーは正しく行う。リーダーは正しいことをする」というのは、一般的な常識だ。この言葉は、マネジャーが自らを「リーダー」と呼ぶことを奨励するために利用されている。マネジャーは効率よく仕事を片付けていく人で、リーダーは、先見の明があり、戦略を練る偉大なるエグゼクティブだ。皆、効率よく仕事を片付けていく人より、戦略を練る偉大なるエグゼクティブになりたがるので、この言葉は有益なものに見える。が、そうではない。この言葉は、マネジャーの役割を貶める以外、何の役にも立たない。マネジャーとリーダーの違いは、多くの人が思っているよりもずっと深い。この違いに気づいていない企業は苦しむことになる。

すぐれたマネジャーとすぐれたリーダーの最も大きな違いは、焦点を当てる対象が異なることだ。すぐれたマネジャーは「社内」に焦点を当てる。従業員ひとりひとりの目標や仕事の進め方、ニーズ、モチベーションの違いに目を向ける。わずかな違いを理解することで、部下ひとりひとりの才能を開花させ、パフォーマンスをあげることができるとわかっているのだ。

一方、すぐれたリーダーは「社外」に目を向ける。競合状況や未来、可能性に焦点を当てる。大まかなパターンに注目して、つながりや隙間を見出し、最も優位に立てる地点を探す。彼らにはビジョンがあり、戦略的に考えて、すぐに行動する。これらは疑いもなく、リーダーに求められる役割だろう。ところが、この役割は、ひとりひとりが才能を活かしてパフォーマンスをあげるという課題とはあまり関係がない。

すぐれたマネジャーは、リーダー予備軍ではないのだ。すぐれたリーダーは、マネジャーが高度に進化したものではない。マネジャーとリーダーでは、活動の中心に根本的な違いがある。すぐれたマネジャーであっても、リーダー失格という場合があれば、リーダーとして優秀でも、マネジャーとして失敗することだってある。もちろん、両方に秀でた人も例外的にいる。

この2つの役割を混同して、「すべてのマネジャーが、いつかはリーダーになる」と期待したり、「リーダーはマネジャーの進化形だ」と定義したりしている企業では、肝心な「触媒」の役割が過小評価され、本来のマネジャーの役割が正しく理解されないまま、衰退を余儀なくされるだろう。

もっとシンプルに考えよう

大手投資銀行のシニア・トレーダーであるマイクは仰天した。彼の部下30名のトレーダーは過去最高の業績を達成し、チームの雰囲気は明るく協力的だったし、マイク自身、上司から高額のボーナスが支給された。ところが、人事部から「あなたは社内で一番ダメなマネジャーだ」と評価されたからだ。

「いったい何を考えているんだ」。マイクは言い返した。

「360度評価です」彼らは答えた。「あなたの部下が、この25項目について評価をしました。なかには、よい評価もありましたが、平均点は社内で最低です。今後数カ月間は、スコアが低い項目について改善する努力をしてください。来年には、また同じ360度評価を行う予定です」。あからさまな脅迫ではないが、マイクにとっては長い1年となりそうだ。

マイクのようなマネジャーたちは、善意でつくられた評価システムの不運な犠牲者だ。マネジャーが重要であることを見落としたくないからこそ、慌ててもう一方の極端な方向に走ったのだろう。企業側はよかれと思って、マネジャーの役割を細かく定義し、長々と続く「行動コンピテンシー」リストをつくる。それが、マネジャーたちの重荷になってしまうのだ。「フォーチュン50社」に選ばれた企業の多くが用いている、マネジャーに求めるコンピテンシーの一部をのぞいてみよう。

- 変化へ対処する力
- プランニング力
- ひらめき
- チーム構築力
- 責任を果たす力
- 結果志向
- 幅広い視野
- 思いやりある人間関係力
- 自己認識力
- 説得力あるビジョン
- 戦略的アジリティ
- リスクテイキング
- 業務遂行コントロール力
- ダイバーシティ・マネジメント
- 冷静沈着

マイクのようなマネジャーたちは、これらたくさんのコンピテンシーについて上司や部下、ときには同僚から評価されている。スコアがよい項目はざっと見るだけ。スコアが悪い項目は「伸びしろのある分野」とレッテルを貼られ、次年度の「個別開発計画」の重点事項となる。現場のマネジャーになったつもりで、これらの項目を考えてみてほしい。どうしたら「説得力あるビジョン」を描きながら「幅広い視野」を保てるのか。「責任を果たす力」を行使しながら「思いやりある人間関係力」も発揮するにはどうすればよいのか。突拍子もなく骨の折れる仕事ではないか。スーパーマンならぬスーパー・マネジャーをつくりたいのかもしれないが、小説のなかでフランケンシュタイン博士がつくり上げたような、気味の悪い怪物を生み出すだけだろう。

つまり、どれほど善意でつくられたとしても、これらの過剰なリストは不要なのだ。会社は、すべてのマネジャーにまったく同じ方法で部下を管理するよう強いるべきではない。マネジャーのスタイルは人それぞれだし、そうあるべきなのだ。企業がすべきことは、すべてのマネジャーを「触媒」の役割――「人を選ぶ」「期待値を設定する」「人を動機づける」「人を成長させる」という4つの活動に集中させることだ。そのときのスタイルは、マネジャーによって千差万別でいい。どんなスタイルであってもマネジャーが「触媒」の役割をしっかりと果たせば、土台が固まる。従業員ひとりひとりの才能が開花し、それがパフォーマンスに結びつけば、会社は強くなる。

4つの画期的なアプローチ

The Four Keys

すぐれたマネジャーはその役割をどうこなしているか

「触媒」の役割は、すぐれたマネジャーがすべきこと（what）を表しているが、その方法（How）は明らかにしてない。

すぐれたマネジャーは、どのようにしてこの4つの役割を果たしているのか。どのようにして部下の可能性を引き出し、開花させているのか。どのようにして人を選び、期待値を設定し、動機づけ、成長させているのか。

映画「レイダーズ　失われたアーク《聖櫃》」に、こういうシーンがある。聖櫃の埋蔵地点を見つけようと、主人公のインディ・ジョーンズが頭を悩ませている。インディの敵、ナチスはすでに自分たちの分析に基づいて発掘作業を開始しており、インディはなんとか彼らに先んじようと必死だ。もはや万事休すなのか。聖櫃の埋蔵地点を示す文字は、ラーの杖飾りに刻み込まれている。エジプト人の古老がそれを手に取り、刻まれているサンスクリットを正確に翻訳しはじめた。突然、インディは立ち止まった。ナチスが誤訳をしていることに気づいたのだ。彼らの分析は間違いだ。インディは仲間のほうを向いて、ニヤリと笑った。「やつらは、間違った場所を掘っている」

マネジャーの4つの基本的役割についていえば、従来の常識は、「間違った場所を掘っている」のに等しい。このアドバイスはかなり近い。すぐれたマネジャーの目で見ると、それぞれの要素の的外れはわずかのようだが、しかし非常に重要なところがずれているのだ。

これまでの常識は、次のようにすることを勧めている。

1 人を選ぶ……………経験、知識、意志の強さを基準に選ぶ
2 期待値を設定する……手順を明確にする
3 人を動機づける………弱点を把握して、それを矯正する
4 人を成長させる………学び、昇進するのを助ける

表面的には、このアドバイスには間違いがないように見える。事実、多くの企業やマネジャーが非常に熱心に、このやり方に従っている。が、すべてが的外れなのだ。経験と知識、意志の強さだけで人を選んでも、すぐれたチームをつくることはできない。手順を明確にし、弱点を直すことは、持続的なパフォーマンスを生み出す最も効果的な方法ではない。「はしごの上の段に昇進させる」ことは、人を育てるという本質から、完全に外れてしまっている。

すぐれたマネジャーの知恵――彼らが共通して持っていた考え方はこれだった。

人は、それほど変わらない。

足りないものを植え付けようとして、時間をムダにするな。
その人のなかにあるものを引き出そう。
それだけでも大変なのだから。

この考え方を、「触媒」の役割となる4つの活動に当てはめると、こうなる。

1　人を選ぶとき、すぐれたマネジャーは「経験や知識」ではなく「才能」で選ぶ
2　期待値を設定するとき、すぐれたマネジャーは「手順」ではなく「成果」を明確にする
3　人を動機づけるとき、すぐれたマネジャーは「弱点」ではなく「強み」にフォーカスする
4　人を成長させるとき、すぐれたマネジャーは「昇進」よりも「強みを活かせる場所」を探す

すぐれたマネジャーだけが行っているこのやり方を、「4つの画期的アプローチ」と呼ぶことにしよう。これら4つのアプローチは、すぐれたマネジャーが部下ひとりひとりの可能性をどのように引き出しているかを明らかにする。
次章以降では、これら4つのアプローチが、どのように機能するのか、どのように皆さんの部下にも適用できるかを見ていこう。

第3章

The First Key:
Select for Talent

第1のアプローチ
才能で人を選ぶ

才能とは何か――すぐれたマネジャーによる定義
役割にふさわしい人を選ぶ
脳神経学の知見から
才能、スキル、知識
才能が語る世界
どうやって才能を見出すか
すぐれたコーチからのアドバイス

才能とは何か――すぐれたマネジャーによる定義

Talent: How Great Managers Define It

どんな役割でもすぐれた成果をあげるには「才能」が必要だ

一般的に「才能」というと、誰もが認める、すぐれた能力のことだと思ってしまう。「誰もが認める」もの。バスケットボールのマイケル・ジョーダン選手がそうだ。素早い身のこなしで切り込み、シュートを決める。マイケルの輝かしいパフォーマンスの源は、決してトレーニングでも強い意志だけでもないことはわかっている。NBAプロバスケットボールの選手だってマイケルと同様に皆、トレーニングもするし、強い意志も持っている。マイケル・ジョーダンを輝かしい選手にしているのは、彼が生まれ持った才能によるところが大きい。非凡な俳優のロバート・デ・ニーロ、非凡なゴルファーのタイガー・ウッズ、NBCトーク・ショーのジェイ・レノ、詩人・歌手で活動家のマヤ・アンジェロウも、彼らは皆、非凡な才能の持ち主だ。天から授かったギフトに恵まれている。「才能」というのは、限られた人だけに与えられた、珍しいものなのか。非凡な才能がある彼らは、私たちとは違うのか。

すぐれたマネジャーは「才能」をこのようにはとらえない。狭すぎるし、専門的すぎる。すぐれたマネジャーたちの才能の定義はこうだ。「繰り返される、思考、感情、行動のパターンで、生産的に活用できるもの」。繰り返し行われることが重要だ。あなたの才能は、あなたがつい繰り返してしまう、よくやっている行動である、と彼らは言う。その繰り返しパターンがフィルターのような働きをして、自分の世界を取捨選択しているのだ。ある特定の刺激には注意を払うが、そうでないものには気づかず、通り過ぎてしまう。たとえば、人の顔だけでなく名前も覚えられる能力は才能だ。調味料の瓶をアルファベット順に並べたり、クローゼットのなかを色別に並べたりするのも才能だ。クロスワードパズルをついやってしまうのも、危険とわかっていても飛び込まずにはいられないのも、すぐに行動に移すのも、才能だ。生産的に活用できる、思考や感情、行動の繰り返しパターンは、どんなものでも才能なのだ。すぐれたパフォーマンスをあげるカギは、自分の才能と仕事上の役割の一致を見つけることだ。

この才能の定義は、あまりに普通で、当たり障りのないように見える。だが、すぐれたマネジャーたちは重大な発見をした。どんな役割でも、すぐれた成果をあげるには、思考、感情、行動のパターンが繰り返し起こることが必要なのだ。すぐれた看護師には才能がある。すぐれたトラックドライバーも、すぐれた教師も、すぐれた家政婦も、すぐれた客室乗務員も、それぞれの才能を活かしているのだ（この章の後半で、これらの才能についてくわしく説明する）。

すぐれたマネジャーは皆、すぐれた成果をあげるには才能が必要であることを知っているのだ。

役割にふさわしい人を選ぶ

The Right Stuff

なぜ、経験や知識、意志の強さよりも、才能が重要なのか

従来の常識では、「経験や知識、意志の強さで人を選べ」とマネジャーにアドバイスをする。才能は、言及されたとしても後回しだ。

その理由は以下のとおり。

- 「経験によって差がつくから」。経験を重視するマネジャーは、候補者の職歴に最も注意を払う。履歴書を隅々まで眺め、過去に勤務した企業のレベルと、過去にしてきた職務について採点する。その人の「過去」を見て、「未来」を見定めようとするのだ。
- 「知識によって差がつくから」。知識を重視するマネジャーは、知性を信じているので、どんな職種でも頭がよければこなせると言う。頭がよければ、何でも上手にできると信じているので、高学歴の人を選ぶ傾向がある。
- 「意志の強さで差がつくから」。意志の強さを重視するマネジャーは、「成功は10％のひらめきと90％の努力だ」という思想の持主だ。ほとんどの職務の技術的な部分は教えられるが、仕事を完遂したい、障害を乗り越えたいという意欲は教えられないと信じている。人を選ぶ

ときには、過去に気骨のある仕事をしたことがあるかどうかを確認したがる。

たしかに、経験は貴重な教訓になるし、知性は恵みだ。そして、すぐれたマネジャーが「才能」と呼んでいる意志の強さは、教えることができない。ここまではすぐれたマネジャーもまったく異論はないが、従来の常識が役立つのはここまでだ。経験や知識、意志の力よりも、あらゆる役割において最高のパフォーマンスをあげるために不可欠なもの、すなわち「才能」を見落としているからだ。才能は、きちんと自分のおすすめが言えるウエイター、患者の気持ちがわかる看護師、自信満々の営業担当者、部下ひとりひとりに焦点を当てるマネジャーのなかにうかがうことができる。これまでの常識では、これらは訓練によって身に付けられるもの、あるいは、人の性格であって仕事上のパフォーマンスとは関係ないと考えられてきたが、どちらも間違っている。

第一に、才能とは、教えられるものではない。きちんと自分の意見が言える、患者の気持ちがわかる、自信満々で売り込みができる、部下ひとりひとりを最大限に活かす微妙な違いがわかることなどは教えることはできない。自然とできてしまう人を選ぶしかないのだ。なぜそうなのかは、本章の後半で説明しよう。

第二に、才能は、仕事のパフォーマンスをあげる原動力となる。経験や知識、意志の力が要らないと言っているのではない。それらも大事だが、従業員の才能――何がその人の原動力になるのか、どのように物事を考え、どのように人間関係を構築していくのかをフルに発揮させることのほうがずっと重要なのだ。

経験や知識、意志の強さでどれだけ注意深く人を選んだとしても、パフォーマンスのばらつきは避けられない。第1章で取り上げたリテール企業を覚えているだろうか。どの店長も同じ内容のトレーニングを受けているにもかかわらず、予算よりも15%上回る利益をあげる店長もいれば、30%下回る店長もいた。

ある大手の通信会社では、同じお客様からの苦情を解決するために、パフォーマンスが悪いカスタマーサービス担当者は、優秀な担当者に比べて3倍もの回数の電話をかけているそうだ。年間に受ける苦情電話の数は何百万件にもなり、電話1回当たり10ドルのコストがかかるため、担当者のパフォーマンスのばらつきに経営者が関心を寄せるのは当然のことだろう。

同様にある全国展開しているトラック輸送会社では、平均的なドライバーは年間約20万キロメートルを走行し、年間4件の事故を起こしていると報告されている。しかし、優秀なドライバーは、年間の走行距離が640万キロメートルで、無事故だったりする。

どんなに簡単に見える職務でも、パフォーマンスにはばらつきが存在する。経験、知識、意志の力はパフォーマンスに大きな影響を与えるが、パフォーマンスのばらつきは説明できない。それを説明できるのは、才能（その職務に適した思考、感情、行動パターンの繰り返し）だけだ。他のすべての要因が同じであるにもかかわらず、その職務に秀でている人とそうでない人がいることを説明できるのは、その人が持つ才能がその職務に合っているかどうかだ。

経験や知識、意志の強さを考慮して慎重に選ばれた候補者がいた。皆が同様に専門的な訓練を受けたにもかかわらず、パフォーマンスに大きな差が見られたという実例を紹介しよう。

当時、ドン・フリッキンジャー准将は、歴史上最も困難なミッションに直面していた。それは、このミッションを遂行するために7名の部下を探し出し、訓練しなければならないというものだった。誰もやったことのない任務であり、しかも一度しかチャンスがない。それは大いなる賭けだった。成功すればアメリカの威信を回復できるが、失敗すれば、自信をつけてきた国々（当時のソビエト連邦）をますますつけあがらせることになる。

マネジャーなら誰もがそうであるように、フリッキンジャー准将も膨大な時間とエネルギーをかけて、この任務にふさわしい人物を選び出そうとした。まず、最低限必要な条件として「年齢は39歳以下、身長は180センチメートル以下、健康で、軍のテストパイロット学校を卒業していること、そしてジェット機で1500時間以上の飛行経験があること」を挙げた。

そして、この基準をパスした候補者たちは肉体的、心理的に最も厳しいテストを受けた。肺活量がどれくらいあるかを調べる身体持久力テストや、いっさい音がしない真っ暗な部屋のなかで、いつ終わるかわからない状況にどれだけ耐えられるかを調べる心理的安定度テスト、さらには、親指の付け根に長い針を刺して電流を流し、苦痛に耐えられるかどうかを調べるなど過酷なテストだ。

こうして、7名が選び出された。

アラン・シェパード、ガス・グリソム、ジョン・グレン、スコット・カーペンター、ウォルター・シラー、ゴードン・クーパー、ディーク・スレイトンを見つけたのである。1959年、アメリカ初の有人宇宙飛行「マーキュリー計画」のために選抜された7名の宇宙飛行士だ。准将は、選抜後に訓練を開始した。重力やロケット推進理論について学び、真空の宇宙空間でのヨーイング（片揺れ）やローリング（横揺れ）、ピッチング（縦揺れ）など機体をコントロールするための操縦方法を叩き込まれた。最高の教師が教え、最新鋭の機器が提供され、ひたすら訓練に集中した。7名は2年以上かけて、最新のスキルと知識を十分に身に付けたのだ。

1961年5月5日、彼らはすべての準備を終えた。アラン・シェパードによる15分間の弾道飛行を皮切りに、その後6回のミッションが成功（ディーク・スレイトンは心臓病が見つかり、計画から外れたが）。ゴードン・クーパーがマーキュリー・アトラス9号に乗り、地球を22周して、34時間の有人飛行を行った。

1963年5月17日、無事に着水したことで、マーキュリー計画は終了した。アメリカは宇宙開発計画競争でソ連に追いつき、威信は保たれた。そしてこれが月への有人飛行へとつながっていく。

この「MISS（Man in Space Soonest）計画」（訳注、ソ連よりも先に有人宇宙飛行を実現しようとしたアメリカの計画）は、慎重に選ばれ、よく訓練された従業員が、特定のミッションに専念して国家の期待を一身に背負うとともに、最高のテクノロジーと結びついた最高のモデルだろう。これで成功しないはずがない。

しかし、このマーキュリー計画を「経営」というレンズを通して見てみると、完璧なプロジェクトではなかったことがわかる。6回のミッションはまったく内容が違うものだった。選ばれた

7名の宇宙飛行士の並外れた努力と感動的な勇気を少し脇に置いて、6回のミッションのパフォーマンスの質を比べてみたい。6回のうち、2回が教科書どおり、2回が英雄的、2回はドキドキものだった。同じ訓練を受けた結果のばらつきは、宇宙飛行士個人に起因することがわかった。

アラン・シェパードとウォルター・シラーは、軍人としてのキャリアを持ち、任務は完璧だった。ドラマもなければ、想定外もない、まさに教科書どおりのミッション遂行だった。

ジョン・グレンとゴードン・クーパーは少しばかり特殊だ。グレンは英雄のなかの英雄だった。クーパーはのんびり屋で、発射台でさえひと眠りできるほどだ。2人とも深刻な機械トラブルに見舞われたが、それぞれ英雄的な冷静沈着さと高い技術力で克服した。クーパーは、自動の再突入誘導装置が完全に故障していたにもかかわらず、最も正確な着水を達成した。

ガス・グリソムとスコット・カーペンターは、ドキドキものだった。グリソムの操縦は見事だったが、カプセルが着水したとき、彼はパニックになったようだ。脱出ハッチを早く開けすぎたために海水が浸水し、カプセルは約4900メートル下の海底に沈んでしまった。NASAは、3000ポンドのカプセルを回収できなかった。

カーペンターは、宇宙に出てからも大いに興奮し、周回中にカプセルの姿勢を頻繁に変えたりしていたため、燃料をほとんど使い果たした。大気圏に再突入する際、再突入の角度に姿勢を保てず、指定された着陸地点から400キロメートル離れた場所に落下した。しかし、もしも大気圏突入角度があと2度ほど浅ければ、カプセルは大気圏に跳ね返され、永遠に宇宙をさまよう羽目になっていただろう。本当に運がよかった。

ＮＡＳＡはこの6回のパフォーマンスを観察して、こんな疑問を持ったに違いない。「なぜ、パフォーマンスにこれだけの違いが生じたのか。私たちは、経験や知識、意志の強さで選んだ全員に同じ訓練を受けさせ、同じ道具を与えたのに、なぜ同じパフォーマンスにならないのか。重大な問題が起きたとき、クーパーは見事に対応できたのに、カーペンターが悪戦苦闘したのは、なぜか。グレンは冷静沈着だったのに、グリソムがパニックになったのは、なぜか」

その答えは、才能の違いにある。多くの点で類似しているにもかかわらず、この6名の宇宙飛行士はそれぞれ違う才能も持っていたのだ。

これはどういう意味か。それは、同じ刺激を受けても、それに対する反応や行動がまるで異なる、ということだ。軌道周回中、カーペンターは興奮のあまり、自動制御装置で遊ぶのをやめられなかった。クーパーは落ち着いていて、軌道周回中に眠っていたこともある。ロケット発射時にグリソムの心拍数は１５０まで急上昇したが、グレンの心拍数は決して80を超えなかったという。

同じ刺激に対して、これだけの差が生じるのはなぜか。それは、人には、それぞれのフィルターがあるからだ。人は、自分独自のフィルターを通して、世の中の出来事を取捨選択している。シラーは着水後、「適切に行動する」ことに集中し、狭いカプセルのなかに4時間も閉じ込められながらも、既定の作業手順をひとつ残らずやり遂げた。彼の心のフィルターは閉所恐怖症の苦しさを受け付けなかったのだ。一方で、グリソムにはそれがなかった。海面に着水してからわずか5分後、彼が、狭いカプセルに閉じ込められていると感じていたことが記録からうかがえる。彼の心のフィルターはパニックを抑えきれず、「いますぐ脱出しろ」と彼に告げた。そして、ハッチは吹き飛ばされ、海水が流れ込んできたわけだ。

誰もが独自のフィルターを持っており、周囲の世界への反応はその人独自の特徴的なものとなる。フィルターが、どの刺激を受け入れて、どの刺激を無視するか、どれが好きで、どれが嫌いかを教えてくれる。それによってモチベーションも違ってくる。人と競争したいのか、利他的か、それとも自己中心的か。どのように考えるかも違ってくる。秩序だっているか、自由気ままか。実践的か、戦略的か。そして、あなたの態度の大枠をかたちづくる。楽観的か、皮肉屋か。落ち着いているか、心配性か。共感的か、冷たいか。フィルターが、あなたの思考、感情、行動のパターンをつくり出すのだ。つまり、フィルターが、あなたの才能の源だ。

フィルターは人それぞれだ。あらゆる刺激を選別し、その人だけに見える世界をつくり出す。同じ刺激を受けても、隣の人とまったく違う反応を示すのは、フィルターがあるからだ。

たとえば、いま長時間のフライトで眠っていたときに、ひどい乱気流に遭遇したとしよう。コックピットからは何の説明もない。この状況で何の説明もないのは、パイロットが脱出用パラシュートを装着するのに忙しいからだと思い込んで飛び起きる人もいれば、機体の揺れを感じても、ほんの少し目を覚ます程度で、そのまま眠り込む人もいるだろう。

知り合いもいれば、見知らぬ人もいるパーティーにいるとしよう。あなたはそのパーティーでどう行動するだろうか。見知らぬ人のなかに飛び込んで、巧みに話しかけ、名前を覚え、友達になろうとするか。それとも、部屋の片隅から、誰か知っている人はいないかと見回し、言わなければならないかもしれない気の利いたジョークのおさらいをしているだろうか。

自分の上司と議論をしているとしよう。議論が白熱するにつれ、冷静になり、はっきりと理路整然と、完璧な言葉が次々と出てくるようになるだろうか。それとも、せっかく準備しておいたにもかかわらず、感情的になって頭脳が停止し、入念にリハーサルしていた言葉が出てこなくなってしまうだろうか。

人は皆、自分のフィルターに導かれているため、同じ状況でも異なる反応をする。ある人にとっては朝飯前のことでも、あなたにとっては超絶に難しいことはないだろうか。あなたが興味津々なことにまったく興味を示さない人もいるのではないか。

トラックドライバーは皆、似たような状況にいる。長い道のり、扱いにくい貨物、うじゃうじゃいる小さな乗用車の群れ。ドライバーは、同じ訓練を受け、同じ経験を積んでいる。ところが、走行距離は2倍で、事故率は半分という優秀なドライバーもいるのは、なぜだろうか。それは、彼らのフィルターが違うからだ。「運転中に何を考えているか」と尋ねてみるといい。優秀なドライバーは、「もし」を常に考えていると答える。「もし、目の前の乗用車が急ブレーキをかけたら、どうしよう。もし、あの歩行者が、信号が青になる前に飛び出してきたら、どうしよう。もし、自分のクルマのブレーキが故障したら……」。他のドライバーが、次の休憩時間や残り時間など、もっと楽しくなることを考えているあいだに、優秀なドライバーは、「もし、そうなったら、どうするか」をゲームのように考え続ける。シナリオを想定し、回避策を考える。

「運転する」という同じ状況にありながら、異なる反応、まったく違った行動をとっているのだ。

顧客サービスの仕事も同じだ。不満を抱えた顧客から、たくさんの電話がかかってくる。皆、同じ機器を使い、同じ経験や訓練を受けている。にもかかわらず、優秀な担当者は、同じ苦情を解決するのに、平均の3分の1の通話回数で済む。なぜか。優秀な担当者の多くは恥ずかしがり屋で、彼らにとって電話は、人と親しくなるための道具なのだ。電話だと、人に顔を見せなくても、より早く、より親密になれるのだ。「お客様は、いまどんな部屋にいるのだろうか。電話の向こうのお客様はどんな人だろう」。お客様から見えないとわかっていても、にっこり笑い、手を振ってしまう。本能的にフィルターをかけ、声にならない声を聴き取り、ひとりの人間としてイメージしてくれるのを、顧客側は感じ取るのだ。

フィルターを通して世界を認識することは、意識的に行っている合理的プロセスではない。1週間に一度、最も合理的な意思決定をするために、椅子に座って戦略のオプションを考えればよいといった余裕はないからだ。フィルターは常に情報をふるいにかけ、取捨選択して、リアルタイムにあなただけの世界をかたちづくっているのだ。

皆さんのフィルターも同様だ。この本を読んでいるいまも、フィルターは休まずに働いているはずだ。もしかしたら、ちょうどこの瞬間、ページから顔を上げて何かを考えていたかもしれない。フライトが終わる前にこの章を終わりまで読んでしまおうと、すごいスピードで読み飛ばしている最中かもしれない。飛行機には乗っていなくても、ただ速読をしているだけだろうか。あるいは、ちょうどこの段落に下線を引こうと、ペンを取り上げたかもしれない。それとも余白に書き込みをしているかな。いや「本に書き込むなんて、ぞっとする」と思っているかもしれない。

このように、あなたのフィルターは常に働いている。フィルターは、あなたが考えたり、感じたり、行動したりする可能性があるすべての情報をキャッチしては、あなたが考えなければならないこと、感じなければならないこと、しなければならないことを教えてくれている。

フィルターは、人種や性別、年齢、国籍以上に、あなた自身を表すものなのだ。

脳神経学の知見から

The Decade of the Brain

マネジャーはどのくらい人を変えられるのか

　あなたはどこまで変われるだろうか。

　初対面の人に会うのが苦手な人が、知らない人に積極的に話しかけられる術を身に付けられるだろうか。もしあなたが対立を好まないなら、活発な論争を大いに楽しめるようになれるだろうか。ライトが当たると緊張してしまう人に、大勢の前でしゃべることの楽しさを教えられるのか。新たな才能は身に付くものなのか。

　従来のマネジャーたちは、「できる」と思っている。だから、部下には「誰もが可能性を秘めている」と悪気なく伝えるのだ。心を開き、新しい振る舞い方を身に付けるよう奨励する。そして、研修に送り込み、共感力や自己主張力、人間関係構築力、イノベーション力、戦略的思考力など、社内で昇進するために必要な新しい行動規範を学ばせる。従来のマネジャーは、「学習や自己啓発を通じて、自ら進んで変えようとする姿勢は最も称賛されるべきことだ」と言う。

　しかし、すぐれたマネジャーは、このようなことをみじんも思ってもいない。彼らに共通した知恵を思い出してみよう。

人は、それほど変わらない。
足りないものを植え付けようとして、時間をムダにするな。
その人のなかにあるものを引き出そう。
それだけでも大変なのだから。

すぐれたマネジャーは、その人の才能、つまり、心のフィルターは「持って生まれたもの」だと考えている。だから、どれだけ研修を受けようと、人見知りの人が社交家になるのは難しい。頭に血が上るほど口下手になってしまう人が、ディベートで勝てる能力を身に付けるのは困難だ。いくらウィン・ウィンのシナリオの価値を理解しても、妥協できない競争者はそれを好きになれないだろう。

人の心のフィルターは、指紋のようなもので、生涯変わらないのだ。これは、何十年にもわたる自己啓発の神話を覆す過激な考え方だ。しかし、脳神経学の発展が、すぐれたマネジャーたちが信じてきたことを裏付けはじめている。

1990年、米連邦議会とブッシュ大統領は、1990年代を「脳の10年」にすると宣言した。そのために資金を拠出したり、大会を開催したりと、科学研究団体が人間の心の謎を解き明かすためにあらゆる援助を行った。

こうした働きかけにより、産業界や大学、研究機関での研究活動が活発化した。アメリカ国立精神衛生研究所（NIMH）の前理事、ルイス・ジャッドによると、神経科学の進歩はめざましく、いま脳についてわかっていることはすべて、この十数年で解明されたものだという。

以前は、患者の行動から脳の働きを推測するしかなかった。しかし、現在では、ＰＥＴ（陽電子放出断層撮影）やＭＲＩ（磁気共鳴画像）といった最新の技術を用いて、脳の働きを調べることができるようになった。これらの技術のおかげで私たちの研究は飛躍的に進歩した。

メンタルな病気は、身体疾患と同じく生物学的なものだとわかってきた。ドーパミンが快感や意欲をつくり、セロトニンには精神を安定させる働きがあるという仕組みもわかってきた。記憶についても、以前とは真逆で、ある特定の場所に保持されるのではなくて、脳内のシナプスや海馬などさまざまな部位に散らばっていることがわかってきた。

「脳がどのように成長するのか」も解明されてきた。科学的発見のスピードからすると、いまある知識も今後数年で劇的に変わるかもしれないが、現時点での知識を整理してみよう。

生まれたときには、子どもの脳には１０００億もの神経細胞（ニューロン）が存在している。天の川にある星の数よりも多い数だ。幼年時代、これらの細胞は生まれては死んでいくが、その数は変わらない。これらの細胞が「心」をつくる材料となるが、細胞そのものが心ではない。心は、細胞間のつながりのなか、ニューロンとニューロンをつなぐシナプスのなかに存在していることが解明されてきた。

生後15年間はこのシナプスの結びつきが、ドラマを繰り広げる場所なのだ。

生まれたその日から、赤ん坊の心は、積極的に嬉々として働き出す。脳の真ん中から神経細胞が何十万、何百万の信号を送り、情報を交換し、コミュニケーションを図り、結合しようと手を伸ばす。いま生きているすべての人たちが同時に15万人とネットワークをつくろうとしているのだと想像できれば、幼少期の脳の素晴らしい働きや複雑さ、活力を感じ取れるだろう。

3歳になるまでに、脳細胞のネットワーク結合はとんでもない数になる。1000億のニューロンひとつひとつに1万5000ものシナプスが結合するのだ。

しかし、これは多すぎる。頭のなかが膨大な情報であふれかえってしまう。そのため、自分なりの意味付けが重要となってくる。次の10年くらいのあいだに結合ネットワークは峻別され、整理されていく。よく使われる強力なシナプス結合はさらに強くなり、あまり使われない結合はしだいに消滅していく。ウェイン州立大学医学部の神経学教授であるハリー・チュガニ博士は、このプロセスを「幹線道路」にたとえて説明している。「交通量の多い道路は拡張されていくでしょう。反対に、あまり使われない道は荒廃していく。これと同じです」

では、脳のなかのあるネットワークが他よりも頻繁に使われるようになるのはどうしてか。その原因については論争が続いている。ある科学者は、遺伝子が特定の道路を好む傾向があると主張する。また、ダーウィンの適者生存のようにどの道路が廃れ、どの道路が生き残るのかについては、子どもの育て方が関係すると主張する研究者もいる。

どちらか一方ということはあるまい。しかし、生まれか育ちかはどうであれ、脳内のネットワークが淘汰された結果、もたらされた産物については、ほとんど異論がない。どんな子どもでも10代になるころには、シナプスの結合数が3歳のときの3分の1にまで減少している。そのなかには、交通量に余裕のある4車線の美しい「高速道路」があり、接続はスムーズで強力だ。そして、まったく信号のない不毛の荒野のようになっているところもある。

人の気持ちがわかる共感力のために、この4車線の高速道路が使われていたなら、その子は、周囲の人たちのあらゆる感情を自分のことのように感じることができるだろう。反対に荒れ地が使われていたなら、人の気持ちがわからず、不適切な人に不適切なタイミングで不適切なことを言い続けることになる。悪気があるわけではない。相手の感情を読み取るセンサーがないだけだ。

また、論争のための4車線の高速道路を持っていたなら、ディベート中に完璧な言葉が次々と出てくる幸運な人になるだろう。反対に、論争のための荒れ地しか持たないなら、ディベートの最も大事な瞬間に口を閉ざしてしまうことになるかもしれない。

これらの脳の4車線道路が、あなたのフィルターだ。それが、あなた独自の繰り返される行動パターンをつくり出している。どの情報を取り入れ、どの情報を取り入れないか。何が得意で、何が不得意か。そして、何に熱中して、何に無関心なのか。これらの取捨選択を繰り返すことで、あなたの性格が形成される。

神経科学は、10代半ばを過ぎると、それまで培ってきた性格を変えにくくなることを教えてくれる。

変えられない、という意味ではない。新しいスキルや知識を学べるし、価値観を変えることができる。自己認識を深め、自己調整の幅を広くすることもできる。論争に向いた4車線道路を持っていなくても、ディベートの訓練を重ね、コーチングを受け、熱心に取り組めば、大人になってからでも細い道路をつくることはできる。ただ、どれだけ訓練やコーチングを受けたとしても、不毛の荒野を4車線の高速道路に変えることはできない。

神経科学は、すぐれたマネジャーが知っていることを裏付けてくれた。ひとりひとりに独自のフィルターがあり、それがつくり出す「繰り返される行動パターン」は一生続くものだ。最も重要なことは、その才能のおかげで、人は永久に、素晴らしくユニークな存在になるということだ。

皆さんもユニーク。そして、もちろん、部下たちもひとりひとりユニークな存在なのだ。

才能、スキル、知識

Skills, Knowledge and Talents

これらには大きな違いがある

すぐれたマネジャーは、神経細胞のネットワークを再構築するには限界があるという事実に悩んだりしない。むしろ、「人は皆それぞれ違う」ことを喜ばしいと考える。個性を消し去るよりも、むしろ、育てたほうがいい。部下に、自分のフィルターを理解させ、生産的な活動に向かわせるのだ。

とはいえ、新しい才能を身に付けられないなら、何を変えればよいのか。

第1に、マネジャーは、部下が自分の隠れた才能を発見するのを手助けすることができる。くわしくは第5章で説明するが、すぐれたマネジャーは、部下本人も気づいていない才能を一目で見抜き、それを本人に理解させ、その才能を効果的に活かせる役割に就けている。

第2に、マネジャーは、新しい知識やスキルを部下に教えることができる。すぐれたマネジャーだけが知っている深い気づきは、こうだ。スキル、知識、才能は、その人のパフォーマンスを構成する別々の要素である。スキルと知識は教えられるが、才能は教えられない。そして、才能が、知識やスキルと統合されると、強い可能性が生まれる。

くれぐれも、才能と、知識やスキルを混同しないように。教えられないことを教えようとして、膨大な時間とお金をムダにすることもある。

「スキル」とは、仕事をこなすための技能だ。人から人へ教えることができる。会計士にとって計算力はスキルだ。新米会計士が計算の仕方を知らないなら、教えればよいだけの話だ。飛行機のパイロットなら、ヨーイング、ローリング、ピッチングなどの航空力学はスキルだ。事務処理をするなら、ワードやエクセルを使えることが、看護師なら、安全な注射の打ち方などがスキルだ。スキルを教えるには、全体のパフォーマンスをいくつかのステップに分解し、それをひとつずつ身に付けていけばよい。一番の方法は、練習することだ。

「知識」とは、何かを知っているということ。大きく分けると、「事実に関する知識」と「経験する過程で得た知識」の2種類がある。会計士なら複式簿記のルールが、客室乗務員なら連邦航空局の安全規則が、事実に関する知識だ。営業担当者にとっては製品の機能や利点が、エンジニアにとっては規格協会で定められた電気周波数がそうだ。事実に関する知識は、教えられるし、教えるべきだ。

経験する過程で得た知識（経験知）は少し異なる。目に見えるものではないので、教えるのも難しい。経験知を身に付けられるかどうかは、本人次第だ。過去の経験を振り返って理解しなければならない。過去の回想や内省を通して、経験のなかにあるパターンや結びつきが見えてくるのだ。こうして理解できるようになる。

経験知のなかには、実用的なものもある。たとえば、会計士は経験を経て、顧客の資産を過度な課税から守る方法を知るようになる。小売店の店長は、これまでの顧客の購買パターンを分析することで、ホリデーシーズンにどの商品が売れるかを予測することができる。教師は、これまでの生徒の反応を思い出して、退屈な授業にならないようにビデオを用意したり、実施見学を組み入れたりする。

経験知には、もっと概念的なものもある。自分がどういう人間で、どういうふうに他人に見られているかも、経験知のひとつだ。他人の言葉に耳を傾けているうちに、だんだんと見えてくる。人生で最も大切だと考えている価値観も、経験知だ。妥協したり、断固として貫いたりする経験を経て、自分が人生において大切に守りたいものは何かがわかってくる。それが価値観となり、将来の選択の指針となるのだ。価値観のなかには、生涯変わらないものもあれば、時間や経験によって変化するものもある。

「才能」は、スキルや知識とはまったく別のものだ。先ほどのメタファーで言えば、あなたの脳のなかの4車線の高速道路だ。繰り返される、思考、感情、行動のパターンである。すぐれた会計士について調べたところ、彼らの最も重要な才能のひとつは、計算が正確であることへのこだわりだった。すぐれた会計士に「どんなときに喜びを感じるか」と尋ねてみるといい。「帳尻が合ったとき」と答えるだろう。帳尻が合うと、その世界は完璧になるのだ。表には出さないが、内心大喜びをしている。そして、「次もこんな仕事がしたい」と思うのだ。あなたにとってはかなり奇妙に思えるかもしれない。しかし、正確さへのこだわりを喜べる人にとって、会計士は素晴らしい仕事なのだ。帳尻を合わせるたびに、自分の仕事が完璧であると実感できるのだから。こんなふうに喜べる人は、どのくらいいるだろうか。

計算の正確さを喜べるのは、スキルでも知識でもない。才能だ。この才能を持ち、それを活かしているからこそ、会計士としてすぐれた仕事ができるのだ。しかし、才能を持っていないからといって、その人に才能を注ぎ込むことは、マネジャーにはできない。

才能はたくさんある

私たちは、150種類以上の役割について「どのような才能が見られるか」を調べる過程で、たくさんの才能を発見した。それぞれの役割に必要な才能は、実にさまざまだ。NHL（全米アイスホッケーリーグ）オールスター級のゴールキーパーとカトリック教会の助祭では、それぞれ異なる才能を持っている。最高の看護師と最高の株式ブローカーが持っている才能も異なる。

たくさんある才能をわかりやすくするために、まずは3つのカテゴリー「努力する才能」「考える才能」「かかわる才能」に分類してみた（注、私たちは本書の初版出版後も、マネジャーなどを対象にたくさんの調査を行った。その後の発見をもとに、いまでは34の資質を特定し、4つの領域に分類している。くわしくは巻末資料Cを参照）。

1　努力する才能　「なぜ、そうするのか（Why）」を説明する才能だ。なぜ毎朝ベッドから起き上がるのか、なぜ少しでも前進しようとするのか、その理由を説明する。傑出した存在になりたいからか、それとも自分が納得しないからか。他人より上に行きたいからか、他人のためになるからか。自分の専門能力をすぐれたものにしたいからか、ただ人に好かれたいからか。

2　考える才能　「どのようにするのか（Ｈｏｗ）」を説明する才能だ。どのように考え、どのように優先順位を付け、どのように決断しているのか。どれかひとつに決めたいのか、それとも、あらゆる選択肢の可能性を残しておきたいのか。秩序だった予定調和が好きか、サプライズが好きか。筋道を立てて現実的に考えるのか、それとも「もし、○○だったら」というゲームをして戦略的に考えるのか。

3　かかわる才能　「誰とどのような関係を築くか（Ｗｈｏｍ）」を説明する才能だ。誰を信頼し、誰と関係を築くのか。誰と衝突し、誰を無視しやすいのか。見知らぬ人と親しくなろうとするのか、それとも親しい友人といるときしか安らぎを感じないのか。信頼は勝ち取るものだと考えているのか、それとも、ほとんどの人が信頼に値することを証明してくれると信じ、誰にでも信頼を寄せているのか。人と冷静に向き合うのか、それとも対決は避けたいが、どこかで感情を爆発させるのか。

人はそれぞれ、4車線の高速道路と不毛の荒野の組み合わせを持っている。これら才能の組み合わせと、それが生み出している思考、感情、行動のパターンは、変えようとしても変わらない。あなたも、あなたのまわりの人もよく知っているように。

頭の体操をしてみよう

スキル、知識、才能の特徴をはっきりさせるために、頭の体操をしてみよう。

次の言葉のなかに、よく知られたフレーズや格言があるのがわかるだろうか。

MILL1ON

そう、答えは「One in a million（最高の逸材）」だ。

この答えがすぐにわかった人は、言葉のパターンが見える才能が高いのだろう。すぐれたコンピューター・プログラマーによく見られる才能だ。彼らと同じようにあなたもクロスワードパズルや難問が好きなのかもしれない。

もし、すぐに答えを思いつかなかったとしても、大丈夫。パターン認識を鍛えるスキルがある。それを伝授しよう。このスキルは次の3つのステップで構成されている。

ステップ1　その言葉のなかで、場違いだと思われるものに注目する（この場合は数字の1だ）

ステップ2　言葉全体を眺めて、それがどこにあるのかを考える（言葉の真ん中にある）

ステップ3　ステップ1とステップ2を組み合わせて答えを見つける（1 in a million）

では、このスキルを使って次の問題をやってみよう。次の言葉のなかにどんなフレーズが見えるだろうか。

場違いだと思われるのはAの文字だ（ステップ1）。それはどこにあるか。Aの文字だけが他より上の位置にある（ステップ2）。ステップ1とステップ2を合わせると、そう、正解は「A raise in pay（昇給）」となる。

次の言葉のなかには、どんなフレーズが見えるだろうか。

TEMPERATURE

場違いだと思われるのは、今回もAの文字だ（ステップ1）。それはどこにあるか。Aの文字だけ他より下の位置にある（ステップ2）。ステップ1とステップ2を合わせると、正解は「A drop in temperature（温度低下）」となる。

もうひとつ。

GRACE

ここまで来たら正解が早く見えるといいのだが。正解は「A fall from grace（失脚）」だ。

さあ、もうこのくらいでおしまいにしよう。あなたはスキルを学び、ちょっとした経験知を手に入れた。現実の世界では、あなたが部下に対してこのようなことをしているのかもしれない。

だが、このルールを破り、変えてみよう。次の言葉のなかにどんなフレーズが見えるだろうか。

1)THOUGHT

BUT
2)THOUGHT

少し難しいかもしれないが、パターン認識の才能が高ければ、正解が見えてくるだろう。答えは、「But on the second thought（しかし、よくよく考えてみれば）」だ。

いかがだろうか。パターン認識の才能が高くないと、せっかく身に付けたスキルや知識も役に立たない。つまり、才能が高くないところでスキルを身に付けるよう訓練をしたとき、訓練したことはできるが、それ以外のことはうまくできないままなのだ。

現実の世界でも同様だ。カスタマーサービスに必要な知識とスキルを教えた新入社員を現場に送り込んだとする。顧客からのリクエストがトレーニングの範囲内なら、彼らでもうまく対応できるだろう。

しかし、突然、聞いたことのない要望に直面したら、どうなるだろうか。もし、共感や説得の才能が高ければ、うまくいくだろう。本能的にふさわしい言葉を選び、適切なトーンで話しかけることで、顧客の気持ちを和らげ、解決に持っていけるだろう。

反対に、そういう才能が高くないと、トレーニングでカバーしていないことには対応できず、お粗末な結果になってしまうだろう。

スキルと知識の強みは、人から人へ移転できることだが、教えることには限界がある。限られた状況にしか対応できず、予期せぬ事態に直面すると、役に立たないことも多い。

これに対し、才能は、状況から状況へと移転することができる。適切な刺激さえあれば、自然と対応できてしまう。もし、他人に打ち勝とうとして努力する才能が高いなら、どんな種類のコンテストであれ、あなたに火をつけることになる。また、共感する才能が高いなら、どんな状況でも相手の感情がわかってしまう。自己主張の才能が高ければ、どんな話題でも自分の意見をわかりやすく説得力を持って話すことができる。

才能の限界は、人から人へ移転できないことだ。人に教えることができない。できるのは、才能のある人を選ぶことだけだ。

コンピテンシー、習慣、態度、やる気

スキルや知識と、才能の違いがわかれば、人の行動に関する他の概念についても、明確に違うところがわかってくる。他の概念とは、「コンピテンシー」「習慣」「態度」「やる気」などだ。こ

れらは同じものだと思い込んでしまっているかもしれない。「対人関係能力」「スキルセット」「職務習慣」「コア・コンピテンシー」といった言葉は、あまりにも自然に使われているため、その本当の意味が問われることはほとんどない。

しかし、待ってほしい。それではマネジャーを迷わせる。根本的に鍛えられないものを鍛えようとして、マネジャーの貴重な時間や努力、資金をムダにしかねない。

だから、「コンピテンシー」「習慣」「態度」「やる気」についても、ここでしっかりと考えてみよう。これらのうち、スキルや知識であり、教えて変えられるものはどれか。逆に、才能であり、ゆえに教えられないこと、変えられないことはどれか。

コンピテンシー

コンピテンシーは、第二次世界大戦中にイギリス陸軍が完璧な士官を定義するために開発した概念だ。いまでは多くの企業で、士官ではなく、マネジャーやリーダーに期待する行動特性を記述するために使われている。完璧なマネジャーや完璧なリーダーがいるとは誰も思っていないが、特定の役割をこなすための理想的な振る舞いを考えておくことは無益ではないだろう。

ただし、コンピテンシーを扱う際には注意が必要だ。コンピテンシーとして求められることのなかには、スキルもあれば、知識もあり、才能もある。教えられることと教えられないことを一緒に扱えば、皆が混乱するだけだ。マネジャーは部下のためを思い、戦略的思考や細部へのこだわり、イノベーションといったコンピテンシーを学ぶための研修に送り込むが、これらはコンピテンシーではなく才能であり、教えることはできない。

コンピテンシーを使うなら、その前に、どれがスキルや知識だから教えることができ、どれが才能だから教えることができないかを明確にしておく。たとえば、「経営の実践と管理」というコンピテンシーはスキルだ。ある程度までは学習することができる。しかし、「想定外の事態でも冷静」といったコンピテンシーは、才能だ。プレッシャーのなかでも落ち着いていられることは、教えられない。

習慣

習慣というのも、ややこしい概念だ。習慣は「第2の天性」だといわれてきた。そして、「習慣は誰にでも変えられる」「新しい習慣を身に付けることができる」と教えられてきた。これも悪気はないのだが、正確さを欠いている。ほとんどの習慣は、持って生まれた「第1の天性」だ。自然としてしまう、ほとんどの習慣は、持って生まれた才能なのだ。

たとえば、強く主張したり、共感したり、他人と競争したりする習慣があったとして、それを変えるのは大変だ。どれも一生ものだからだ。こうした習慣こそが、あなたの個性をつくっている。「パフォーマンスをあげるには、持って生まれた天性を変えるしかない」というアドバイスは悲惨な結果を招く。

もちろん、誰もが自分の振る舞いを変えることができる。時間をかけて経験を積み、価値観を変え、より生産的な才能の活かし方を学ぶことができるかもしれない。たくさんある才能のうちのひとつを集中的に伸ばすのもいいだろう。自分の才能を磨くためのスキルを学ぶのもよい。自分の才能のユニークな組み合わせを受け入れれば、自信がつき、積極的になれるかもしれない。自分を変えられることはたくさんあるのだ。

この考え方のすぐれたところは、自分にないものを悲しむのではなく、「自分のなかにはこれだけ素晴らしい才能がある」と自己認識することにある。行動の一部は変わったかもしれないが、他の誰かになる必要はないのだ。自身の才能群をひたすら磨けばよい。

態度

多くのマネジャーは「態度」で人を選ぶという。積極的な態度か、チームワークを重視する態度か、サービス精神旺盛な態度か、などだ。この見方は大方では正しい。人が自然に振る舞ってしまう態度の一部には、その人の心のフィルターがかかわっているからだ。幼少期にできた4車線の高速道路と荒れ地のパターンが、その人の態度をつくり出しているといえる。マネジャーは、部下のために条件を整えることで、ある態度へと導くことができるが、一方で、態度はその人の才能を反映したものでもある。

シニカルな人もいれば、信頼できる人もいる。楽観的な人もいれば、悲観的な人もいる。先進的な態度もあれば、保守的な態度もある。どれが正しいとか、望ましいとかいうものではない。特定の役割で成功するのに、どれもが使える。たとえば、悲観的な人が、現状への不満を原動力に、パワフルな起業家になるかもしれない。シニカルな人は、法律や警察、調査報道など、健全な疑いを持ってのぞむことが要求される役割にぴったりかもしれない。

こうした態度はすべて、その人の思考、感情、行動パターンの一部が表れたものだ。たとえば、楽観的か悲観的かのベースラインは誰にでもあり、置かれた環境によって変動する。1〜2日程度なら、気分を変えたり、職場の雰囲気を変えたりすることもできるが、その人が常に、自然と行っている態度を変えるのは大変だ。ある大手コンサルティング会社のマネジャーであるミックは次のように言う。「もし、同じ人に『もっと明るい面を見よう』と何度も注意していることに気づいたなら、それがヒントです。その人は、明るい面より暗い面を見てしまう人なのだ。だったら、そんな注意をするのではなく、暗い面を見ることが役立つ仕事を探したらいい」

やる気

多くのマネジャーが、「才能」と「やる気」を区別している。「いいですか。あなたにはすぐれた才能があるんです。でも、それを活かさないと、宝の持ち腐れですよ」といつも言っている。

このアドバイスは、正しいように聞こえる。おそらく本人も、部下のために言っているのだろう。しかし、このアドバイスは根本的に間違っている。人の「やる気」は変えられない。彼を駆り立てられるかどうかは、その人の心のフィルター次第だ。原動力となるのは、彼の「努力する才能」なのだ。

「人と競争して勝ちたい」という才能を例に挙げて考えてみよう。競争に対する4車線の高速道路を持つ人は、スコアを見せると、すぐに同僚のスコアと比較したがる。点数が好きなのは、比べられれば、競争することができるからだ。

しかし、競争心のない人は、同じようにスコアを見てもまったく元気が出ない。競争のフィールドに立ち、ベストを尽くして戦い、勝つことは、彼らにとって何の意味もないのだ。彼らは自分の行動をこう合理化する。「競争は好きじゃない。それよりも、ウィン・ウィンのシナリオのほうが好きです」「他人とではなく、自分と戦うのが好きなんです」。しかし、これらのコメントは、彼らのフィルターが自分自身を肯定的に表現しようとしていることの表れにすぎない。

実は、競争心がないのだ。良し悪しではなく、それが彼らなのだ。そして、彼ら自身もマネジャーも、このことについてできることはあまりない。

「着実に前進したい」という4車線の高速道路をつくり上げている人もいる。彼らは勝ちたいわけではない。毎日、何かを達成していたいのだ。この「毎日」に意味がある。彼らにとっては、平日も週末も休日も毎日がゼロからのスタートなのだ。その日の終わりに、何かの数値を達成しないと気が済まない。そして、その思いは夜になると消え、翌朝になると再び燃え上がり、何か新しいことを探す。彼らは、自発的に行動する人だ。

すべての職務に、こうした自発的に努力する才能が要るわけではない。看護師なら、自発的に新しいことを始めるよりも、日々直面する緊急時に対して丁寧かつ効率的に対処することが求められる。看護師にとっては、自発的に努力するよりも、人のために努力するほうがずっと大切なのだ。しかし、保険代理人や製薬業界のMRだったら、待ちの姿勢よりも自発的に働きかけるほうが大事だ。そうした才能の持ち主を選んだほうがいい。自発的に燃える才能を持たない人を外から焚きつけることはできない。

役に立ちたい、舞台に立ちたい、有能だと見られたい、人の成長を助けたいなど、それぞれのニーズがあり、そのニーズを満たすために努力する。そうした「やる気」は、すべて才能から生まれている。心のフィルターの一部なのだ。それはその人独自のものであり、一生続くものだ。

誰かに「やる気」を吹き込むことはできない。マネジャーにできるのは、部下ひとりひとりの4車線ある高速道路を見極め、できるかぎりそれを育てていくよう支援することだ（くわしくは第5章で説明する）。

人の振る舞いについて話すときには、「スキル」「知識」「才能」の違いをよく認識しておくことが大切だ。「習慣」や「コンピテンシー」を使うときには慎重に判断してほしい。無造作に扱ったら大変だ。「態度」や「やる気」についても注意が必要だ。いずれも才能が反映したものであり、変えられないからだ。「態度を改めろ」と部下を注意してばかりいるなら、気をつけたほうがいい。「できないことを強要している」だけかもしれない。

「人は変われない」と言っているのではない。誰でも変わりうる。誰でも学び、少しずつ進歩することができる。ただし、スキルと知識、才能の違いがわかれば、大幅な変化が可能なところと、そうでないところを特定するのに役立つ。

才能が語る世界

The World According to Talent

すぐれたマネジャーが打ち破っている常識

すぐれたマネジャーは、自らの信念と科学的分析をもとに、次の2つの常識を打ち破っている。

常識I「才能とは、特別な人が持っているレアなものだよね」

才能とは、思考、感情、行動の繰り返しパターンだ。だから、何も特別な人だけが持っているものではない。誰もが、ついついしてしまう行動の繰り返しパターンを持っている。だから、才能を持っているからといって、いばれるものではない。行動生物学者のロバート・アードリーに言わせれば「遺伝子の組み合わせ」にすぎない。才能は、誰もが持って生まれたものなのだ。誰もが自分の才能を理解し、磨き続けて成果を出せるし、そうすべきだ。

部下の才能を開花させるには、その才能を発揮できる役割を与えるのが一番だ。そうした役割を見つけた部下は、特別な存在となる。彼らは、人が喜んでお金を払ってくれるようなことを自然にこなす。まさに「才能のある人」と言っていいだろう。

看護師を例にとってみよう。私たちは、大手ヘルスケア企業との共同作業で、世界でも最高レベルの看護師たちを調査する機会に恵まれた。注射をしてもらう必要がある患者100名を選び、すぐれた看護師と平均的な看護師のそれぞれに同じ患者に注射をしてもらった。注射の手順はまったく同じだったにもかかわらず、ほとんどの患者が、すぐれた看護師による注射のほうが痛くなかったと報告した。なぜか。すぐれた看護師は、痛みを軽減するために何かしたのだろうか。針を刺すときの特殊テクニックでもあるのか。消毒液を塗るとき特別に柔らかい綿棒を使ったのか。

そのような差はまったくなかった。手順も道具もまったく同じだが、針を刺す直前に看護師がかける言葉が違った。平均的な看護師は「心配いりませんよ。ちっとも痛くありませんから」と言い、効率よく針を刺す。

一方、すぐれた看護師たちは、違う方法をとっていた。針の扱い方は同じだが、雰囲気づくりが違っていたのだ。「ちょっと痛いですよ。でも、心配いりません。できるだけ痛くないようにしますからね」

すぐれた看護師は、人の気持ちがわかる共感の才能に恵まれていた。注射が痛いことはわかっているから、痛いというその気持ちをそれぞれのやり方で患者と共有しなければならないと感じていたのだ。驚いたことに、「ちょっと痛いですよ」という告白が患者の痛みを和らげていた。患者にとっては、ほんの少しでも看護師が自分たちと同じ体験をしてくれているように思えたのだ。看護師が味方になってくれている。理解してくれている。だから、針が皮膚に刺さっても、思ったほど痛く感じなかったというわけだ。

共感という才能は、特別なものではない。多くの人がそれを持っており、人生のあらゆる場面で使っている。しかし、共感の才能を活かせる「看護師」は、特別だ。患者と痛みを共有できるのは、その才能が高いからだ。

同じように、リスクに興味をそそられる人もいる。危険を冒すために努力する才能は、よいとも悪いとも言えない。だが、この才能に駆られて、面白半分に飛行機から身を投げたり、ホオジロザメと一緒に泳いだりすることがある。こういう人たちが麻酔科医や外科医になったら、彼らのリスクに対する4車線の高速道路がプラスに働くだろう。文字どおり、生死を分ける仕事はプレッシャーではなくスリルだ。彼らはまさに特別な存在、その才能が高い人たちなのだ。

同様に、顔と名前を瞬時に覚える才能が高い人もいる。彼が、ホテルのコンシェルジェに採用されれば、際立った存在になるだろう。

これらを見てわかるのは、才能だけが特別ではない、ということだ。大切なのは、才能と役割のマッチングだ。舞台芸術と同じで、名演技の秘訣はキャスティングにある。

もちろん、高度に専門化されたビジネスの世界では、人と役割のマッチングが以前より難しくなっている。「この人は自己主張できる才能があるから、営業担当者にしよう」というのでは十分ではない。具体的にどんな売り方をするのかを知っておかなければならない。たとえば、IBMの優秀な営業担当者になるには、多くの営業職と同様、契約成立までこぎつけることが好きでなければならない（努力する才能）。そして、それをいつ、どのように行うかを正確に知っていなければならない（かかわる才能）。いずれも、営業職で成功するために不可欠なものだ。

しかし、もしあなたが製薬企業大手メルクの営業担当者なら、こうした才能は持たないほうがいい。その才能を使う機会がないので、かえって失望してしまうだろう。医薬品販売のゴールは、医師やＨＭＯ（健康維持機構）とよい関係を築き、じっくりと時間をかけて、自社の医薬品をもっと処方してもらえるようにすることにある。この業界で売上をあげるには、忍耐力と影響力の才能が大きくかかわってくる。契約成立にこぎつけるためのクロージングの才能ではないのだ。

マネジャーの仕事は、部下に「才能」を教えることではない。部下の「才能」と「役割」を一致させ、「優秀だ」と褒められるようにサポートすることだ。そのためには、すぐれたマネジャーのように、それぞれの役割が要求する「微妙だが重大な違い」を慎重に見極めなければならない。

常識２「才能を必要としない、つまらない仕事もあるじゃないか」

かつて、オスカー・ワイルドはこう言った。「２人の人間が認識したとたん、それは真実ではなくなる」

まったくそのとおり。ワイルドは、経営アドバイスよりもウイットのほうで有名だ。

マネジャーは、この警句を覚えておいたほうがいい。表現は極端だが、ワイルドが言いたかったのは「真実は自分だけだ」ということだ。あなたが見ている世界は、あなただけが見ているものなのだ。何が好きで、何が嫌いか。何があなたを力づけ、何があなたを弱めるのか。それは、他の誰とも違う、あなただけのパターンなのだ。だから、ワイルドが指摘したとおり、同じ「真実」を認識できる人は2人といないのだ。

これは福音にもなれば呪いにもなる。素晴らしくユニークなフィルターに恵まれているということは、裏返せば、「他人のフィルターを理解することはできない」ということだから。個性とは、孤独なものなのだ。

これまでの常識は、こうした孤独を解消したくて、「他人も自分と同じような考え方で仕事をしている」と決めつけてきた。「あなたの野心や情熱、好き嫌いは特別なものじゃない。どれも『普通』なんだ。だから、あなたは『普通』なんだ」と。「自分の物の見方は特殊じゃない。誰もが自分と同じ考えを持っている」と思い込んでいたほうが、楽だ。

これこそが、一般化だ。とりわけ共感力が高いなら、「他人の靴をはいて歩く（意見の異なる相手を理解する）」ことができる。こうした一般化が、経営の世界で蔓延している。たとえば、管理職の多くは、ホテルの客室係やテレマーケティング担当者が担う仕事を「入門レベルの仕事」と位置づけ、「よくもまあ、こんな仕事をやりたがるものだ」と見ている。「誰もが自分と同じ物の見方をしている」と決めつけているため、誤った2つの仮説を立てている。ひとつは「適切な訓練を受ければ誰だってその仕事ができるはずだ」というもの、もうひとつは「誰もが皆、一刻も早くいまの仕事を卒業して、昇進したいと思っているはずだ」という仮説だ。だからこそ、キャリアパスの「はしご」や、優秀な人材が一刻も早くこの退屈な仕事から逃れて昇進できる制度をつくるのだ。

しかし、すぐれたマネジャーは、「自分のフィルターが他人と同じだ」とは思っていない。誰かを役割に就けるときには、その仕事で力を発揮し、うまくこなすことで永続的な満足感を得られる人をアサインすべきだと考える。私たちの調査も、この考え方を裏付けている。その実例としてホテルの客室係の話をしたい。

ホテルの客室係の仕事がどんなものか、くわしいことは誰も知らないだろう。しかし、彼らがどんな仕事を、どのくらいの頻度で行っているのかを想像してみよう。客室係になったつもりで。

そう、2つの考えが頭をよぎるかもしれない。ひとつは、「ほんのわずかな責任感のある人なら、誰にでもできる仕事だ」というもの。もうひとつは、「客室係もそうだが、誰だってその仕事は嫌いだろう」というものだ。

もしこのような考えが頭に浮かんだとしたら、それはどちらも間違いだ。

客室係を軽んじてはならない。ホテルの部屋を掃除するのは誰にでもできるが、すぐれた客室係は特別だ。毎日、部屋をきれいに整えながら、翌日には、タオルやシーツがまた散らかってしまうんだろうなとわかっている。ギリシャ神話で、落下する大岩を永久に山頂に押し上げ続ける「シーシュポスの岩」さながらだ。しかし、すぐれた客室係は疲れを知らない。かえって張り切る。絶え間なく続く仕事にめげたりしない。どころか、逆に元気をもらっているようだ。彼らの頭のなかをのぞいて見ると、この仕事に責任を持ち、クリエイティブに、日々、具体的な何かを実行したいと思っていることがわかる。だから、早く部屋に入って、仕事を始めたい。そうした挑戦が、彼らに力を与えるのだ。

すぐれた客室係にはある特別な才能があるから、そうした考え方ができるのだ。わかるだろうか。もう少し説明を続けよう。すぐれた客室係に必要な才能には、次のようなものがある。

私たちは、ある巨大なエンターテインメント企業から、いま社内にいる最高の客室係のようなすぐれた人材を採用するのを手伝ってほしいという依頼を受けた。この企業は、客室係の仕事が特別なものであることを理解していた。企業自体も世界トップクラスのサービスの質を誇り、全部で1万5000室以上あるホテルの客室は3000人以上の客室係が担当していた。競合より上のクオリティを維持し続けるためにも、何が最高の人材を最高にしているのかを知ろうとしていた。

私たちは、この会社の優秀な客室係8名を同じ部屋に集めて、インタビューをした。恥ずかしがり屋で、自分の仕事について話すように言われても黙りこくっている人もいれば、リラックスして英語やハイチクレオール語、ポルトガル語で、おしゃべりを楽しんでいる人もいる。客室係になってわずか18カ月の勤務の人もいれば、同じホテルの同じ部屋を23年間も掃除している人もいた。人種も性別も年齢も違う。でも皆が、すぐれた客室係だった。

私たちの目的は、8名のすぐれた客室係の共通点を探るために、彼らに自分の仕事について話してもらうことだった。

「部屋がきれいになったかどうか、どうやってわかるのですか」と尋ねると、「仕事を終えて客室を出る前に、ベッドの上にあおむけになって天井のファンを回すのだ」と誰もが答えた。

「なぜでしょう?」

「だって、それは、長い1日を終えて疲れて戻ってきたお客様が真っ先にすることだから。部屋に入って、ベッドに寝転んで、天井のファンを回すでしょう。そのときにファンからほこりが落ちてきたら、その他のところがどんなにきれいでも、ファンと同じように汚れていると思うでしょう」

「あなたの仕事は、お客様に直に接する仕事ですか、裏方でしょうか」と尋ねてみた(たいていのホテルでは、客室係は裏方の仕事だとされている)。

「もちろん、お客様に直に接する仕事ですよ。いつも舞台の上にいるような感じです」。英語で、ハイチ語で、ポルトガル語で一斉に「当たり前じゃないか」という答えが返ってきた。

「舞台の上にいるとは、どういうことですか」

「私たちは、お客様のために『ショー』をつくり上げているんです。お客様が触るなとおっしゃらない限り、子どもたちがベッドの上に放り出していったおもちゃを使って、毎日ちょっとしたシーンを演出しているんです。枕元にくまのプーさんとピグレットを置いて、プーの手はお菓子の箱に突っ込んでいるように、ピグレットはテレビのリモコンを持っているようにするんです。子どもたちが部屋に戻ってくると、プーとピグレットは1日中ベッドの上でくつろいで、スナックを食べたり、テレビを見たりしていたんだと想像してくれます。次の日は、ドナルドとグーフィーが窓辺でダンスをしているのを見つけます。私たちは、ショーをつくっているんです」

これら8名のすぐれた客室係は、ただ一生懸命に仕事をしているわけでも、自分の仕事に人一倍誇りを持っているわけでもない。が、彼らには才能があった。独自のフィルターを持っていたのだ。そのフィルターを通してみれば、ホテルの客室は、片付けなければならない、つまらないところではなく、お客様のための世界だったのだ。掃除をするとき、彼らは宿泊客の目を通して、その世界がどう見えるかを想像する。それぞれの世界を演出することで力を得て、自分の仕事に満足するのだ。

誰かが彼らに、そうした行動をとるように指示したわけではない。彼らの心のフィルターが、そうするように駆り立て、その結果、満足を得られるように仕向けたのだ。彼らはおそらく、世界で最もすぐれた客室係だ。

客室係のマネジャーは、客室係の「マイケル・ジョーダン」を昇進させることが最良の方法ではないことを知っていた。このスーパースターたちにスポットライトを当てるべく、ふさわしい褒め言葉や、よりよい報酬、客室係の選考基準の厳格化など、それとは別の方法を探した。「すぐれた客室係には才能がある」とわかってから、マネジャーは、すぐれた客室係が尊敬され、キャリアの選択肢として認められるように、あらゆる手段を講じたのだ。

すぐれたマネジャーの頭のなかには、「卓越した成果を出す者は、すべて尊敬に値する」という思いがある。どんな仕事だって、崇高なものなのだ。

どうやって才能を見出すか

Talent: How Great Managers Find It

すぐれたマネジャーが人の選別に長けているのは、なぜか

才能で人を選ぶことがわかっても、その才能を持つ人を見極めるのは簡単ではない。

第1に、多くの人は自分の才能が何であるかを知らない。自分の専門分野については口がなめらかでも、自分だけの才能を挙げるとなると話が止まってしまう。経営学の大家、ピーター・ドラッカーはこう言っている。

「今日でも、自分で仕事を選ぼうとするアメリカ人は極めて少ない。『自分の得意なことは何か』『自分の限界を知っているか』と聞くと、彼らは無表情になる。あるいは、専門分野の言葉で答えることが多いが、残念ながら、それは間違った答えだ」

そう、そのとおり。知識と才能をごっちゃにしてしまっている。スキルや知識なら特定しやすい。身に付ける必要があったから、それがどういうものかよくわかっている。しかし、スキルや知識はあなた自身ではない。あなたの才能は何か。才能とは、繰り返し行われるパターンであり、その人の本質だ。だから、自分自身から離れて、自分を織りなすユニークなパターンを見極めるには、客観的な目が必要だ。

第2に、求人に応募する人は当然、よい印象を与えようとする。だから、わずかでも気づいた

パターンをバラ色に見せようとする。面接では、自分のことを「攻撃的」ではなく「自己主張が強い」人間だと言うだろう。「押しつけがましい」ではなく「意欲的である」と表現する。これらは意図的な虚偽表現ではない。相手に対して自分を肯定的に見せようとする試みだ。真の動機が何であれ、面接官に好印象を与えようとする本能が、才能で人を選ぶという仕事を難しくしてしまうのだ。

こうした2つの壁が存在するのは事実だ。人の本性として、自分を知ることには苦労するし、他人には自分をよく見せようとする。しかし、すぐれたマネジャーは、こうした高い壁があっても、職務に適した才能を持つ人材を見極めることができる。彼らは、壁を打ち破り、人材と職務のマッチングを見出すための簡単なテクニックを発見していたのだ。

どんな才能がほしいのかを、まず明らかにする

1990年代初頭、私たちはアメリカの証券会社最大手2社と共同調査を始めた。ブローカー（株式仲買人）の選抜にあたって力を貸してほしい、と協力を求められたのだ。どちらの会社も、ブローカーの役割をまったく同じようにとらえていた。ブローカーは、財務分析や銘柄選定を行うファンド・マネジャーではない。彼らの仕事は、有望な見込み客を見つけ出し、投資するよう説得して資金を集めることだ。販売担当者である。

役割の定義は同じでも、会社によって組織形態は違った。1社は、きちんと組織化されてお

り、各ブローカーは何カ月もかけて綿密に、パッケージ化された商品の売り方を学び、身に付けていた。会社の指示から離れすぎないように、定期的に再教育も受けている。

対照的にもう1社は、極端に起業家的な組織だった。ここでは、「はい、これが君の電話。こっちが電話帳だ。来年のいまごろには、50万ドルの運用資金を見てみたい。期待してるよ」でおしまいだ。

どちらの会社の戦略にも強みがあり、どちらも大変うまくいっていた。が、明らかに、同じブローカーとはいえ、両社の人材のタイプは同じではない。ジョブ・ディスクリプションには同じく「資金を集めること」と書かれているが、それぞれの役割で必要とされる才能の種類はまったく異なっていた。

組織だっている会社で最も重要なのは、「何かを達成したい、終わらせたい」という才能だ。徹底して管理されている職場では、「独立独歩でやりたい」という才能は弱みになる。厳格に統制された環境下で力を発揮するには、「規律正しく秩序だってこなせる」才能が必要だ。会社が方向性を決めるので、ブローカーにとって戦略的思考はあまり重要ではない。自分で方向性を決めようとすると、すぐに会社と衝突してしまう。損をするのはブローカーのほうだ。

起業家的な会社はその逆だった。そこで必要なのは、「独立独歩でやりたい」という熱意と、電話帳の顧客リストから「正しい見込み客を選び出せる」才能だ。ここでは、こうした才能を持たないと、迷子になり、孤立していると感じるだろう。

「独立独歩でやりたいという熱意があり、正しい見込み客を選び出せるブローカー」のほうが、

「何かを達成したいという意欲があり、規律正しくこなせるブローカー」よりも成績がよいとは限らない。起業家精神にあふれた会社には前者のほうが合うし、組織化されている会社には後者のほうが向く、ということだ。このことがわかっていないと、もうひとつの会社に向いているほうのブローカーを誤って採用してしまい、悲惨な結果を招くこともあるだろう。

マネジャーは、まず、自分がどのような才能を必要としているのかを正確に把握する必要がある。そのためには、肩書や職務内容だけでは不十分だ。企業文化もよく理解しておかなければならない。パフォーマンスを測る指標を使って、最高得点をあげた人をヒーローにするような会社なら、「競争して成果をあげる」才能が必要だ。あるいは、仕事の目的を重視し、会社の価値観を忠実に実践している人にだけ名声を与える会社なら、「自分の努力は、会社のミッションの一部であると考えて努力する」才能が必要だろう。

部下に対して、どのように期待値を設定し、どのくらい密に指示や管理をしているか、振り返ってみよう。マネジャーとして自分はどういう人なのか。自分のやり方に合うのは誰なのか。もしあなたが、短期的な目標を設定して、進捗を定期的にチェックし、少しずつ進歩していくのを好む人なら、秩序だった思考や、構造化された仕組み、詳細なチェックを好む部下が合うだろう。あるいは、長期的な目標を設定するとともに、多くの責任を負わせることで、自発的にゴールに向かっていく人がほしいなら、優先順位をつけて物事を考えられる部下が合うだろう。

チームメンバーについても考えることが必要だ。新たに採用した人が溶け込む必要がある「職場環境」について考えてみよう。たとえば、真面目で手堅いメンバーばかりで、ドラマチックな興奮が必要だとする。その場合は、ちょっとした達成をしたときでも、そこにドラマを見出して刺激を与えてくれる人材が必要だ。また、チームの雰囲気はフレンドリーだが、現実を直視するのに及び腰だとする。その場合は、はっきりと自分の意見を言える人がいいだろう。そうすれば、どんなにセンシティブな問題でも、それに言及できる人をひとり確保することができる。会社に強力な人事部があり、部下ひとりひとりの強みと弱みについてくわしいフィードバックをしてくれるなら、そうした能力をマネジャーに求める必要はなくなる。人事部の支援がまったくない場合は、ひとりひとりの個性を見極めたり、人との絆を深めたりするだけでなく「人の成長を見るのが何よりの喜びだ」という、「かかわる才能」を持ったマネジャーが必要だ。

これらの変数をすべて考慮するのは大変だ。だからシンプルに考えてみよう。物事を小さくするのだ。「努力する才能（なぜそれをするのか）」「考える才能（どのようにするのか）」「かかわる才能（誰とどのような関係を築くか）」の3つのカテゴリーのなかから、それぞれのコアになる才能をひとつずつ特定するのだ。見極めたら、その3つの才能を土台にする。面接するときには、これら3つの才能に注目し、人となりを照会するときには、これら3つの才能を伝えるとよい。履歴書がどんなに魅力的でも、才能について妥協してはならない。

ベストプラクティスを研究する

自分が3つの才能を正しく選べているかどうかを確認したいなら、その役割における「ベストプラクティス」を研究するとよい。当たり前のように聞こえるかもしれないが、注意してほしい。従来の常識とはまったく反対のアドバイスをする。

従来の常識では、こうだ。「よいことは、悪いことの反対である。だから、ベストを理解したいなら、失敗を検証すべきだ」。社会通念において健康とは「病気にかかっていない状態」だ。だから学校では、薬物中毒の子どもたちに話を聞いて、子どもたちを薬物から守る方法を考えようとする。

この考え方は、ビジネスの世界にも広く蔓延している。管理職は、うまくいったことより、失敗したことについて理路整然と話すほうが得意だ。多くの人がいまだに「不良品ゼロ」を「優秀」と定義する。

しかし、才能というものを理解しはじめると、すぐれたパフォーマンスをあげるために必要なことを完全に見誤ってきたことがわかる。失敗の裏返しが成功ではない。たとえば、多くのマネジャーが、「成績の悪い営業担当者は嫌々、電話応対をしている。だから、すぐれた営業担当者は電話応対がよいに違いない」「成績の悪いウエイターは自説にこだわり頑固だ。だから、すぐれたウエイターはきっと自説を控えるに違いない」と考えている。

「失敗ばかりを見て、成功するのはその反対に違いない」という考え方は、もうやめよう。成功要因は失敗要因の裏返しではない。成功要因と失敗要因は驚くほどよく似ており、平均には意味がないのだ。

すぐれた営業担当者の調査からは、「業績のよい人も悪い人も、どちらも同じように電話に出るのが嫌だと思っている人が多い」ことがわかった。すぐれたマネジャーはこのことを知っている。電話で自分自身を売り込んでいるように感じてしまうらしい。売ることに関与していると感じ、努力できる才能がその人の説得力を高めるのだが、拒否されたときも「自分のせいだ」と受けとめてしまうわけだ。

では、すぐれた営業担当者とそうでない営業担当者の違いは何か。すぐれた営業担当者は、自分が否定されるかもしれないという恐怖心に身がすくむことはないという。それは、見込み客と論争し、相手の抵抗を克服することで大きな満足が得られるという、もうひとつの才能があるおかげだ。電話をかけるのは嫌だが、この論争好きの才能が、自分が否定されるかもしれないという恐怖を打ち消してくれるのだ。

この才能がないと恐怖を感じてしまうため、営業成績が落ち込む。平均的な営業担当者は何も感じない。電話を嫌がることもなければ、論争も好まない。教わったとおりの6段階のアプローチを黙々とこなして成果を出す。

最高の成績をあげているすぐれた部下を研究すれば、これまで常識として信じられてきたことがいかに間違っていたかがわかる。たとえば、すぐれたマネジャーは、「すぐれたウエイターもそうでないウエイターも、どちらも自説にこだわり頑固である」ことを知っている。しかし、すぐれたウエイターが、テーブルごとのお客様に合わせて自説を述べるのに対し、そうでないウエイターは、ただ無礼なだけである。平均的なウエイターは自説も持たず、どのテーブルでも同じセリフを単調に繰り返している。

また、すぐれた看護師は、一般論とは真逆で、患者と強い感情的なつながりを築いている。しかし、感情的に親しくなるのは、優秀ではない最悪の看護師も同じだ。両者の違いは何か。すぐれた看護師が、自分の感情を使って、患者の世界をできるだけ心地よいものにしようとしているのに対し、そうでない看護師は、自分がストレスを感じなくて済むようにしているだけなのだ。一方、平均的な看護師は、患者とのあいだに距離を置く。お互いの気持ちは離れたままだ。

すぐれたマネジャーは、最高の部下を研究するのに時間をかけよと言う。すぐれた部下が「なぜ最高なのか」「どう最高なのか」「誰に対して最高なのか」を学び、同じような才能を持つ人材を選ぶとよい。

つまり、才能を持った人材を見出すには、面接の技術が重要なのだ。候補者に過度なストレスを与えない、見かけだけで判断しない、性急な判断をしないといったことに気をつければ、落とし穴に落ちることなく、実りある面接の基礎を手にできるだろう。

しかし、面接の技術を磨きたいなら、これだけでは足りない。それ以上のことをする必要がある。第7章では、才能の持ち主を確実に選び出せる、すぐれたマネジャーの面接術をくわしく解説する。

すぐれたコーチからのアドバイス

A Word From the Coach

バスケットボールの名コーチ、ジョン・ウッデンが語る才能の重要性

部下の才能を見出し、育てるのが、すぐれたマネジャーの最も重要な責務だ。もし自分が求めている才能が高い人を見落としてしまうと、彼らの成長を助けるために行うすべてのことが、不毛の地に降り注ぐ太陽の光のようにムダになってしまう。カリフォルニア大学ロサンゼルス校（UCLA）を10度の全米王者に導いた伝説の名コーチ、ジョン・ウッデンが、もっと現実的な表現をしている。

「コーチという職業で成功するためには、どのようなスポーツであれ、すべてはたったひとつの要素、つまり『才能』に帰結します。バスケットボールやサッカーなど、どんなスポーツにも、名前さえ聞いたこともない『偉大なコーチ』がたくさんいるでしょう。彼らがふさわしい称賛を受けることがないのは、『才能ある選手』に恵まれなかったからです。才能ある選手をそろえればいつでも勝てるとは限りませんが、そろえていなければ、勝てるコーチにはなれません」

すぐれたマネジャーから聞いた話によると、このウッデンの言葉は正しい。が、少しばかり謙虚でもある。ウッデンが、あれだけ名声を得られたのは、彼が導いたチームに才能がそろっていたからだけではない。メンバーが持っている才能を見出し、開花させるための環境をつくる能力

が彼にあったからだろう。要するに、才能とは「可能性」なのだ。このような環境がなければ、可能性は成果にはならない。才能を発揮し、パフォーマンスに結びつけるには、「すぐれたマネジャー」が必要なのだ。

才能を選ぶことは、4つのアプローチの最初のひとつにすぎない。この後の章では、他のアプローチを紹介し、すぐれたマネジャーがどのように厳選した才能に照準を合わせ、認識し、開発していくかを解説する。

第4章

The Second Key:
Define the Right Outcomes

第2のアプローチ
成果を明確にする

リモートコントロールによる管理
「思いどおりにコントロールしたい」という誘惑
すぐれたマネジャーが遵守している経験則
何に対して給与が支払われているか

リモートコントロールによる管理

Managing by Remote Control

人をうまく管理するのは、なぜこんなに難しいのだろう

「私には、担当地域のすべての学校の教育に責任があります。でも、毎日、どの教室を見に行っても……、教室のドアが閉まっているんです」

大規模な公立学区を担当する指導監督官であるゲリーは、マネジャーの仕事の難しさを痛感している。現場に入れない状況で、どうやって自分の指示を伝えればよいのか。ゲリーは、すぐれたマネジャーなら誰もが知っていることを知っている。マネジャーになったら、以前よりもっとコントロールできると思うかもしれないが、現実はそうではない。それどころか、直属の部下たちよりも現場をコントロールできなくなっている。彼らは、何をすべきで、何をしないかを選べる。いつまでに、誰と、どうするかも決められる。内容はともかく、事を成すことができる。

ところが、マネジャーには、それができない。何も実現できない。できることといえば、部下が要求どおりに動いてくれることを期待して、影響を与えたり、動機づけしたり、叱ったり、おだてたりすることだけだ。これは「コントロール」ではない。「リモートコントロール（遠隔操作）」だ。とはいえ現実には、このリモートコントロールが、チームのパフォーマンスに対するすべての責任とつながっている。

人は厄介なものだという事実がマネジャーを苦しめる。才能のある人を選んでも、彼らには彼らなりのスタイルやニーズ、モチベーションがある。そうした多様性に問題があるわけではない。チームメンバーそれぞれが世界を違って見たほうが、現実的には有益だ。だが、この多様性がマネジャーの仕事をより複雑にする。リモートコントロールで管理しなければならないだけでなく、あなたの指示に対する部下の反応が人によって少しずつ違うことを、そして、そうした違いこそが大事だということを考慮しなければならないからだ。

慰めになるかわからないが、すぐれたマネジャーの立場はさらに難しい。彼らはさらに2つの信念の板挟みになっている。ひとつは、第2章で述べた「人はそれほど変わらない」という信念だ。同じ役割を持つ人たち全員に、まったく同じように仕事をするよう強制することはできないことを、彼らは知っている。ひとりひとり異なるスタイルやニーズ、モチベーションを抑えようとしても限界がある、とわかっているのだ。

もうひとつは、「組織は、パフォーマンスを達成するためにある」という信念だ。パフォーマンスとは、社内外の顧客が有益だと見なすあらゆる成果を指す。となると、マネジャーの最も重要な責務は、業績の達成に向けて部下たちを専念させることになる。彼らの成長を支援することや、彼らが自分は重要で特別な存在であると感じられるような環境を整えることにも意味があるのだが、それらは重要ではなくなってしまう。部下にパフォーマンスをあげさせること。これこそが最重要だ。マネジャーたるもの、このことに全責任を負うものだし、負わなければならない。だから、すぐれたマネジャーも、すべての権限を部下に委譲するのをためらってしまうのだ。部下にすべての意思決定を任せると自己実現型のチームができるが、パフォーマンスはそれほどあがらないだろう。

すぐれたマネジャーのジレンマは、こうだ。マネジャーたるもの、部下をコントロールし続け、彼らにパフォーマンスをあげさせなければならない。でも、人は違うのだから、全員が同じやり方で仕事をするように強制することはできない。さあ、どうする？

その解決策は効果的であると同時にエレガントだ。成果（期待値）を明確にすること。そして、成果をあげるためのやり方は、各自で見つけさせること。

シンプルすぎると思われるかもしれないが、よく見ると、その効果が実感できるはずだ。

第1に、この解決策によって、すぐれたマネジャーのジレンマが解消される。「人はそれほど変わらない」という信念と「パフォーマンスを達成させる」という信念が対立しなくなり、調和し、結びつく。パフォーマンスを達成させる過程で、人それぞれであることを活かせばよい。そのためには、成果を正しく定義し、その成果にこだわり抜く必要がある。期待する成果を明確にすることができれば、全員に同じやり方を強制しなくてもよい。目的を一本化すれば、そこに至るやり方をひとつに決める必要はなくなるのだ。

もし、学校の指導監督官が、管轄地域の生徒の成績や評価を重視するなら、教師がどんな授業プランを立てているかとか、教室の運営が規律正しいかどうかを評価するために時間を費やす必要はない。ホテルの場合、宿泊客のフロント係に対する評価やリピート率を把握できれば、フロント係が接客マニュアルに忠実かどうかを監視する必要はない。営業担当者に求める成果を具体的に定義できれば、彼らの顧客訪問レポートをいちいちチェックしなくてもよい。

第2に、この解決策は素晴らしく効率的である。自然界が発見したA地点からB地点への最も効率的なルートが直線であることはほとんどない。それは、最も無理のない道なのだ。人の才能を成果に結びつける最も効果的な方法は、望ましい成果に向かって、その人自身が最も無理のないやり方を見出すのを支援することだ。

正しい成果だけを見据えるようにすれば、すぐれたマネジャーは、ひとりひとりのセールスのやり方を矯正しようという誘惑に駆られずに済む。それどころか、期待された成果を出すための、その人独自のやり方に任せればいい。

同じ商品を売る営業担当者でも、得意なやり方はさまざまだ。顧客と親密な信頼関係を築くことで契約をとる者もいれば、技術的な違いや細部のこだわりを説明して契約をとる者も、あるいは説得上手な者もいる。質の高い営業がなされていれば、マネジャーが口を挟む必要はない。

第3に、この解決策は、従業員に責任感を持たせることを奨励する。

すぐれたマネジャーは、部下ひとりひとりにある種の緊張感を持たせたいと考えている。達成しなければならないという緊張感だ。それは、正しい成果を定義することで生まれる。すぐれたマネジャーは、期待値を設定し、ときおり評価することで、部下ひとりひとりがちょっとしたプレッシャーを感じ、明確な目標に向かって進んでいるという感覚を持てるような環境をつくり出す。こうした環境は、才能のある優秀な部下を発奮させ、適当にごまかそうとする部下を居づらくする。人は、こうした環境でこそ学ばなければならない。何度も試行錯誤して、自分独自の行動パターンを身に付けるのだ。プレッシャーにどう対処するのか、どうやって人と信頼関係を築くか、どうすれば集中して取り組めるのか、いつどのように休みをとるかなど、自分のやり方を見出さなければならない。自分にとって最も無理のない、独自のやり方をものにするのだ。

成果を明確にすることは、部下ひとりひとりに多くを期待することである。部下に自分自身を認識させ、自立させるには、これ以外の方法はあるまい。

「思いどおりにコントロールしたい」という誘惑

Temptations

部下をコントロールしたいと考えているマネジャーが多いのは、なぜか

「方法」よりも「期待値」を明確にしたほうが効率的でよいなら、どうして世のマネジャーたちはそうしないのだろうか。「才能を活かしてパフォーマンスをあげる」という課題に直面したとき、なぜ多くのマネジャーは、それよりも仕事の進め方を指示するほうを選ぶのだろうか。それぞれ理由はあるだろうが、結局のところ「思いどおりにコントロールしたい」という誘惑に負けてしまうからだろう。表面的には正当なことのように思えるかもしれないが、やってはならない。それがやがて、企業の生命力を奪い、企業価値を低下させることになる。

誘惑I　完璧な人をつくるためにコントロールしたい

最初の誘惑はとてもよく知られているものだ。

善意の専門家を想像してみよう。彼は、すべての従業員が、その不完全さを克服できるように力になりたいと考えている。周囲の人々の不器用で効率の悪いやり方を見るにつけ、専門家である自分が開発したシンプルなやり方を皆が学びさえすれば、世界はもっと働きやすい場所になる

だろう。そして、誰もが彼に感謝するに違いないと。

この専門家は、あらゆる役割で成果をあげられる最良の方法がひとつあると信じている。時間をかけて研究し、ベストな方法を見出して、それを従業員に教える。そうすれば、彼らはもっと効率的になり、もっと成功するようになるだろう。マネジャーは、部下たちがその方法を守っているかどうか、ひとりひとり監視するだけでいい。

多くのマネジャーは「この世には、最高のやり方がたったひとつ存在し、それは教えられるものだ」と思い込まされている。だから営業担当者を研修に送り込み、「交渉を効果的に行う10の秘訣」なるものを学ばせ、そこで学んだステップをちゃんと実行しているかどうかを評価する。チームリーダーになったばかりの者には「成功するリーダーの20のコンピテンシー」なるものを学ばせて、それをひとつひとつ実施しているかどうかで評価するのだ。悪気はないのだが、部下全員に「よい人生を送るための9つの習慣」なるものを身につけさせようとする。

分野は違えども、科学的な専門家である彼らには、共通の認識がある。それは、「ひとりひとりの独自性は、その人の欠点である」というものだ。だから、部下に成果をあげさせたいなら、完璧な方法を教え、個性や独自性を取り除き、「完璧な人」に育て上げなければならないと主張する。

悪名高き「時間動作研究」で有名なフレデリック・テイラーは、「たったひとつの最高のやり方」の父と評されているが、最近になって手ごわいライバルが現れた。最も影響力のある「たったひとつの最高のやり方」の専門家は、おそらくマデリン・ハンターという名の女性だろう。

アメリカの教育関係者なら、彼女の名を知らない者はいない。UCLA付属の小学校で効果的な授業の実践を研究してきたハンターは「効果的な授業の7ステップ」を開発した。

ステップ1　簡単な復習をする
ステップ2　手引きをする
ステップ3　説明する
ステップ4　やってみせる
ステップ5　理解度を確認する
ステップ6　質疑応答をする
ステップ7　自主学習する

彼女は、それぞれのステップにユニークな名前をつけた。たとえば、ステップ5は「オイルゲージ」、タンク内の油量を計る目盛りつきの棒だ。ステップ6を「モニター練習」と名づけた。しかし、彼女自身が認めているように、これは、すぐれた教師たちが教室でやっていることを整理しただけだ。それが悪いというわけではない。最高のものを学びたいと思う教育者にとっては、またとない分析だった。

もしそのままにしていたら、あまり注目されなかったし、批判も少なかっただろう。しかし、ハンターはそのままにしなかった。できなかったのだ。彼女は、自分が開発した7つのステップは、すぐれた教師が教室で行っていることを単に整理しただけのものではない、と思うようになった。「これは模範的モデルであり、成功できる『たったひとつ』のモデルなのだ」と言いはじめた。このモデルをじっくり学びさえすれば、誰でもすぐれた教師に変身できる。彼女はそう確信していた。

「教師というのは、生まれつきのものだと思っていました。つくられるものではないと。でも、いまはもっとよくわかっています。私は、不器用な人が天才になったのを、この目で見てきました」。彼女はロサンゼルス・タイムズのインタビューでこう答えている。

本当に見たかは疑わしいが、彼女は、自分の7つのステップを使えば、ダメな教師もすぐれた教師になれると信じていたようだ。だったら、これを使えば、教育システム全体も変えられる。教師や生徒、親にとってよりよい世界をつくり出せないか。そう、彼女の頭のなかには「できる」という思いがあり、それが使命となった。

1960年代後半から1994年に亡くなるまで、彼女は、7つのステップを本やビデオにして販売、各地で講演を行い、校長や教育長にも働きかけた。「私たちは、学校教育に不可欠な栄養素を発見しました。そして、その栄養素が何か、どうやって使えばいいかを先生方に教えたんです。その結果、非常に腕のよい料理人（教師）を育てることができました」

ご想像のとおり、耳に心地よいこの話は、現場で苦しんでいる教育者たちにとって朗報だった。何千人もの校長が信奉し、教師たちにこの7つのステップを訓練しただけでなく、決められたステップで授業を行っているかどうかで評価されるようになった。すぐれた教師が教室でしていることを紹介しただけだが、あっという間に、すべての教師が暗唱することを強いられる教義となってしまった。いまでも、この「ハンター方式」を教え込まれている教師が何十万人といる。アメリカの16の州で、いまだにこの方法が評価されているのだ。

しかし、世の中の流れは反対の方向に動いている。ハンターの調査分析は、何千人ものすぐれた教師たちではなく、自分が教えているUCLAの学校で働く数人の教師を対象としたものにすぎないから科学的とはいえない、と指摘する批評家もいる。ハンターの教えに沿った学区の生徒たちの成績には見るべきものがない、という指摘もある。長年にわたり、他の学区の生徒たちの成績より高くないか、場合によっては著しく低いというのだ。

ハンターに寛大な意見もある。「彼女はこんなことを望んでなかったと思う」というのは、指導監督官のゲリーだ。「あの7つのステップは、教師たちが自分のスタイルに取り込むといいと彼女が思っていたアイデアだ。決して皆が守らなければならないルールではない」

一方で、もっと厳しい評価を下す声もある。指導監督官のエイミーは、「われわれは彼女に騙されてきたのだ。教師というものは、数字を追ってステップごとに教えていくのが好きだ。不安を抱く教師に対し、ハンターは、教えることは科学であり本物の職業だと思わせたのだ。私たちは、教育の本質が子どもたちひとりひとりを認め、接していくことであることを忘れていたのだ。それは訓練で学べるものではない。ビリーはやって学び、サリーは読んで学ぶということを発見するのに7つのステップを踏む必要はない。見なければいけないのは、子どもの才能だ。ハンターはこの本質から目をそらさせ、教育界全体を迷わせたのだ」

批判がどのようなものであれ、ほとんどの教育者が、10年後も彼女の理論はすぐれた教え方として流布するだろうと言っている。ただし、今日のようなパワーを持つことはあるまい。

これは教育界の出来事だが、どんな職務にも当てはまるだろう。「たったひとつの最高のやり方」を押しつけようとする試みは、どんな職務であれ、失敗する運命にある。第1に、効率が悪い。ひとりひとりが持つ「4車線の高速道路」があるのに、「たったひとつのやり方」をどう当てはめるのか。第2に、自己肯定感を傷つける。「たったひとつのやり方」を押しつけることが、自分で考えて成長し、自分のスタイルに責任を持とうとする意欲を失わせる。第3に、学びを阻害する。ルールをつくればつくるほど、選択肢は奪われる。選択とは、その結果もたらされる示唆に富むものであり、学びの燃料となるものなのだ。

繁盛している2つの自動車販売店の店長であるエイドリアンはこう言う。「店長として一番頭が痛いのは、部下たちは決して、私がやってほしいやり方ではやらない、ということです。でも、慣れました。無理にやらせようとすると、ひどく憤慨して仕事を放り出し、ついには『できません』と言って、まったく受け身になってしまう。長い目で見れば、生産性はがた落ちですよ」

部下に成果をあげさせたいからといって、決して彼らを「完璧な人」にしようとしないでほしい。誘惑は強いかもしれないが、負けないでほしい。それは偽りの神だ。何でも治せる奇跡的な万能薬に見えるが、実は職務の価値を下げ、部下の自己肯定感を傷つけ、企業を弱くする。

「地獄への道は善意で敷き詰められている」。ジョージ・バーナード・ショーがこう言ったときは機嫌が悪かったのだろう。よかれと思ってしたことが悲劇的な結果を招く。しかし、よかれと思って「完璧な人」をつくりたくなるのなら、この言葉もあながち的外れではなかったのだ。

誘惑2　才能がないから、コントロールしたい

第3章で見てきたように、「簡単な仕事には才能なんか必要ない」と思われがちだ。ホテルの客室係やテレマーケティング係、病院の受付案内係などはその典型で、これまでの常識では「誰でもできる」と思われていた。

これまでの常識を信じるマネジャーは、こうした職務に活かせる才能を持った人材をわざわざ探そうとはしない。誰でもいいので、応募者のなかから選ぶだけだ。その結果、救いようのないほどにミスキャストされた何千人もの従業員が生まれることになる。彼らは、自分たちの仕事が低く見られていると感じ、できるだけ早く転職しようとする。焦ったマネジャーは、厳しい規則をつくって対応しようとする。誰にでもできるように、聖書並みの分厚いマニュアルをつくったりもする。彼らが考える理由はこうだ。「選択の余地を与えたら、間違った選択をする人がたくさんいるからだ」

このような場合、マネジャーたちの支配欲（コントロールしたいという欲求）を非難することはできない。そう、ふさわしい才能を見極めていないなら、自由裁量を与えないほうがいい。「i」にはちゃんと点が打ってあるか、「t」にはちゃんと横線が引いてあるかなど、部下が段階

ごとのガイドラインを守って仕事をしているかどうかを監視したほうがいい。しかし、このやり方は時間がかかり、残念ながらマネジャーを警察官のようにしてしまう。なぜ、才能も見ずに、応募してきた人を雇うという、運を天に任せたような慣行が続いているのか。これでは、自由裁量を与えた途端にどうなるのか、わかったものではない。

才能のある人を選ぶために、それぞれの役割を十分に尊重することから始める。それが、最も生産性を高める解決策となる。

誘惑3　信頼を獲得しなければならないから、コントロールしたい

せっかく人を選んでも、人間不信に陥ってしまうマネジャーがいる。心の深いところで自信を失っているのかもしれないし、「人は基本的に利己的な生き物だから、何の罰も受けないとわかれば、ほとんどの人が手を抜くだろう」と結論づけてしまっているのかもしれない。いずれにせよ、人を信頼できないマネジャーは、部下が自分のやり方で仕事をすることにあまりいい顔はしない。

「いつか、どこかで、つけこまれるかもしれない」という疑念に悩まされ、他人を信頼できないマネジャーがとる手段が、部下にルールを課すことだ。自分たちの世界に規則の網を張り巡らせる。規制によってのみ、部下が引き起こす悪事から身を守ることができると思っている。

他人を信頼しない人にとって、マネジャーという仕事は、とてつもないストレスになる。「彼

はいったい何をしているのか」という不安や「きっと悪いことに違いない」という疑念が、マネジャーをひどく苦しめる。残念ながら、ルールや規則をどれだけ課したところで、こうした不安や疑念が解消するわけではない。コンプライアンス（法令遵守）の文化はつくれるが、組織からは、柔軟性や対応力が、そしておそらく最も重要な善意が徐々に失われていくだろう。

あなたがフロリダ州で教師をしているとしよう。同州では生徒の成績をつけるとき、教師が自分の判断でするとと違法となる。誇張ではない。本当に違法なのだ。不信感と支配欲に駆られた州議会は、生徒のとった点数と評点のガイドラインを厳格に定めた法律を制定した。１００点満点で94点以上をとった子どもには、A以外の評点をつけてはならない。85～93点ならB以外の評点をつけられない。アーカンソー州も、同じように教師の判断を排除する法律をつくっている。アーカンソー州のほうがフロリダ州より子どもたちにはやや寛大だ。１００点満点で90点以上なら評点A、80点以上なら評点Bとなる。

すぐれた指導監督官は、教師に対して点数と評点のガイドラインを提示することは何も問題ないと言う。アメリカのほとんどの州でそうしているし、そのおかげで、地域全体の一貫性が保たれていると主張する。しかし、そのために法律までつくるのか。多くの教師が、この法律のおかげで、生徒からの信頼と好意を失ったと感じている。

「信頼は獲得しなければならない」とは、どういう意味なのか。もっともらしく聞こえるが、すぐれたマネジャーはこの考え方を否定する。根本的に人は信頼しなければならないのだ。あるとき、ある場所を境に、信頼できない人が突然、信頼できる人に変わるものではないのだから。不信感は未来にも影響する。他人の動機を疑ってかかる人は、どれだけよいことをしてもらっても、相手が自分を失望させようとしているのではない、とは決して思えないだろう。ずっと疑心暗鬼にとらわれてしまう。

ときには、期待を裏切る人もいる。しかし、本書の「はじめに」で紹介したレストラン・チェーンのマネジャー、マイケルのような「すぐれたマネジャー」は、それは例外だと考える。ベストを尽くすことを期待するなら、ベストを得られることがほとんどだと、彼らは信じている。疑ってかかることが役立つ職務もある。弁護士や調査報道などがそうだ。しかし、マネジャーにとっては致命的だ。

誘惑4　定義できない「成果」もあるので、コントロールしたい

「ひとりひとりの成果を明確に定義して、彼らのやり方を見つけさせてやりたいよ。でも、できないんだ。成果によっては、定義できないものもある」と多くのマネジャーは言う。「正しい成果を明確に定義できなければ、正しい手順を定めるしかない。それが混乱を避ける唯一の方法だ」と。

うなずける人もいるかもしれない。まず、成果には、定義が難しいものがある。売上高や利益率、生徒の成績などは簡単に測定できるが、顧客満足度や従業員のやる気などはそうはいかない。しかし、すぐれたパフォーマンスを発揮するためには、どちらも不可欠だ。

次に、顧客満足度や従業員のやる気を成果として定義できなかったとしても、顧客や従業員に注意を払い続けてもらう方法を考えなければならない。正しい手順を定めるのは、そうした方法のひとつだ。

この考え方はうなずけるかもしれないが、お薦めできない。あきらめが早すぎる。定義するのが難しいからといって、定義できないわけではない。成果が明確でないというだけだ。もう少し考えてみれば、パフォーマンスの最もつかみづらい側面でさえも、「期待値」という観点から定義できることがわかる。期待値が明確になれば、すべての人に顧客満足を与えたり、すべての従業員をまったく同じように扱ったりすることを強制するといった時間のムダをなくすことができる。

従業員のやる気について、もう少しくわしく見てみよう。第1章でも述べたように、多くの企業は、「強い企業文化を持つことが競争力を高める」ことに気づいている。競合相手よりも従業員への待遇がよければ、才能ある従業員を多数惹きつけ、その才能に照準を合わせることで、優位に立つことができる。だからこそ、「マネジャーが従業員をどう扱うか」「どういう企業文化をつくるか」が重要なのだ。偶然に任せてはならない。

「従業員たちにこう感じてほしい」という感情面から強い企業文化を定義するよりも、「マネジャーやリーダーがなすべきことはこれだ」とステップごとに文化を切り分けてしまう企業が多い。前述した「コンピテンシー」が、これだ。

コンピテンシーが定義されると、社内で起こるさまざまなことに対して、共通する視点や言語が生まれる。新米マネジャーはコンピテンシーを覚えさせられ、現行のマネジャーは、同僚や部下、上司からコンピテンシーで評価されるようになる。完璧なマネジャーとはこれらすべてを備えている人のことだ。もちろん、そんな人はいないとわかっている。が、直属の部下から「説得力のあるビジョン」「想定外のことがあっても冷静沈着」などといったコンピテンシーで低い評価を受けたら、気になるだろう。「満額のボーナスを得たいなら、来年はもっとスコアを上げるように」と上司からは言われ続ける。そう、コンピテンシーはすぐに重要視され、改善しなくてはならないものとなるのだ。

幸いなことに、すぐれたマネジャーはそうではない。彼らは、部下とどう接するべきかなどあらかじめ決めておく必要はないと考えている。文化をマニュアル化してはならない。第1に、焦点がずれてしまう。マネジャーは自分にとって最適なスタイルを見つけるべきなのに、定められた手順を守ることに注意が向いてしまう。第2に、そもそもそれは不可能だ。臨機応変な対応を左右するのはマネジャーの才能であって、コンピテンシーではない。しかも、才能は教えられないのだ。

とはいえ、「マネジャーは部下を大切にする責任を負わなくてよい」と言っているわけではない。責任を負うべきだ。そうではなく、「手順をひとつひとつ定めるべきではない」と言っているのだ。従業員に感じてほしい感情をいくつか特定し、そうした感情を生み出す責任をマネジャーに負わせるほうが効果的だろう。その感情を持ってもらえたかどうかが、マネジャーの成果となるのだ。

たとえば、〈Q12〉の最初の6項目は、職場の強さを測るものだ。

Q1　私は仕事のうえで、自分が何を期待されているかがわかっている
Q2　私は自分がきちんと仕事をするために必要なリソースや設備を持っている
Q3　私は仕事をするうえで、自分の最も得意なことをする機会が毎日ある
Q4　この1週間のあいだに、よい仕事をしていると褒められたり、認められたりした
Q5　上司あるいは職場の誰かが、自分をひとりの人間として気づかってくれていると感じる
Q6　仕事上で、自分の成長を後押ししてくれる人がいる

これらの項目は、マネジャーが部下にもたらすべき、最も重要な感情面での期待値を示している。年度末の評価では、部下たちにこれら6項目で「5＝非常にそう思う」と回答してもらいたい。そのための責任をマネジャーに負わせればよい。しかし、「部下に何を感じてほしいのか」が明らかになったからといって、マネジャー全員に同じやり方を強いる必要はない。

Q5（上司あるいは職場の誰かが、自分をひとりの人間として気づかってくれていると感じる）で測定する「信頼」という感情について考えてみよう。静かで思いやりのある関係性をつくろうとする人もいれば、率直な物言いと公平さで人間関係をつくろうとする人も、底抜けの明るさとユーモアで人間関係をつくろうとする人もいるなど、人にはそれぞれ独自のスタイルがある。すぐれたマネジャーは、部下たちがQ5に「5点」と回答する限り、その上司がどんなスタ

イルをとっているかは気にしない。だから、すぐれたマネジャーは、物静かな人を話し方教室に通わせたり、率直な人を対人関係講座に入れたりしない。時間とお金がムダなことを知っているのだ。もちろん、何をやっても、部下と信頼関係を築けない者もいる。何らかの理由で部下に信頼されていないのだ。第6章では、すぐれたマネジャーがこうした問題にどう対処しているかを説明する。

企業文化を測るために成果や期待値を定義することは、非常に困難だ。だが、それは、努力する価値がある大切なことだ。マネジャーのスタイルを揃えようとして規則やルールをつくってきた時間や努力を、部下の期待値を明確にするために費やすことができれば、誰もがより幸せになるはずだ。企業は効率的になり、人事部の評判も上がるだろう。従業員の信頼もより高まる。そして最後に、マネジャーは本当の自分になる。

すぐれたマネジャーが遵守している経験則

Rules of Thumb

いつ、どのように遵守しているか

最高のマネジャーは、これまで挙げてきた「誘惑」には動かされない。マネジャーの責務は、完璧な人をつくることではなく、ひとりひとりの個性を活かすことだと知っているのだ。そして、どんなに簡単に見える職務であっても、才能のある人を選び、その人を信頼することを第一に考える。顧客満足度とか、従業員のやる気といった無形のものでさえ、成果を明確にすることで定義できると考えている。

とはいえ、守るべき手順を軽視しているわけではない。マネジャーの責任は、部下の才能をパフォーマンスに変えることなのだ。ある種の手順が、そのパフォーマンスをあげるための基盤となることもある。私たちが行ったインタビューで、すぐれたマネジャーたちは、「いつ、どうやって、これらの手順を守ることでパフォーマンスを向上させたか」を説明してくれた。ここでは、すぐれたマネジャーも遵守している経験則を紹介する。

経験則Ⅰ　正確さや安全性にかかわる職務では手順に従う

銀行を例にしてみよう。銀行にはさまざまな機能があるが、とどのつまり、顧客の資金を正確かつ安全に扱ってこそ、銀行は顧客にとって価値あるものとなる。だから、トレーダーであれ、投資アドバイザーや窓口係であれ、銀行でのあらゆる職務の基本は、正確かつ安全に行うことである。正確さや安全性とは何かを示すため、銀行業界は厳格な手順を決めており、それぞれの銀行は独自の社内ガイドラインを設けている。銀行の従業員たちは、これらの手順を厳格に遵守しなければならない。これだけが仕事ではないが、銀行の基礎をなす部分だ。このことを忘れたり、部下に過剰な自己裁量を与えたりするマネジャーは、銀行の価値を失墜させる危険を冒すおそれがある。

そう、200年の歴史を持つイギリスの銀行、ベアリングス銀行のマネジャーたちはこのことを忘れていた。

1994年、ベアリングス銀行シンガポール支店の28歳の先物取引責任者、ニコラス・リーソンは、日本の株式市場が上昇すると見越して巨額の投資を開始した。しかし、それは間違っていた。相場は下落し続けた。リーソンは損失を一気に取り戻そうとして、投資金額を増やし続けた。11月から12月にかけて、彼は大量の資金を失った。

残念なことだが、これ自体は何も特別なことではない。先物取引で巨額の損失を出すのはよくあることだ。それが繰り返されるなら、資金の供給を止め、担当トレーダーを解雇する。損失を補塡し、ビジネスを継続するためのコスト（損金）として計上すればいい。

異例だったのは、リーソンの上司が損失の拡大に気づかなかったことだ。これは、部下への権限委譲が度を超したとんでもない事例で、彼は、シンガポール支店の顧客窓口部門と管理部門の両方を管理する権限をリーソンに与えていたのである。リーソンは「鶏小屋の狐」と化し、自分の取引を監視していた。リーソンが銀行のガイドラインに従って正確な経理を行い、安全な投資を行っているかどうかを確認するシステムはどこにもなかったのだ。そのため、相場に穴をあけて死に物狂いになった28歳がやりかねないことを比較的容易に行うことができた。架空取引の口座をつくり、膨らんだ損失を隠蔽したのだ。ロンドン本社ではリーソンの上司が何も知らずにシンガポールに資金を送り続けた。

1995年1月、リーソンは最後の賭けに出た。日経平均株価の上昇に賭けたのである。しかしリーソンは前世でとんでもない悪行をしたに違いない。1月17日、阪神・淡路大震災が発生し、株価は一気に下落した。リーソンの賭けは失敗した。

翌日、ベアリングス銀行は、損失が13億ドルを超え、手元の現金準備金を7億ドルもオーバーしていることに気づいた。1カ月後の1995年2月27日、ベアリングス銀行は破綻した。リーソンは刑務所に送られ、4000人の雇用が失われた。こうして200年の歴史を持つ銀行が破壊された。

これは銀行の話だが、ジェットエンジンの製造会社でも、テーマパークの乗り物の設計会社でも、地下鉄運行会社でも、スキューバダイビング教室を運営している会社でもありうる話だ。どの職務にも正確さと安全性が求められており、従業員は標準化された手順を遵守する必要がある。すぐれたマネジャーは、「これらの手順を知り、完璧に実行することが成果をあげることにつながる」と部下たちに理解させることが自分の責任であることを知っている。こうした基礎的な部分が個性に反していたとしても仕方あるまい。

無制限な権限委譲は、企業価値を破壊しかねないのだ。

経験則2　業界や企業が定めた手順には従わなければならない

「標準」の重要性は、いくら評価しても、しすぎることはない。ここでいう「標準」とは、モラルや倫理的な基準ではない。言語や記号、慣習、尺度のことだ。これらは文明のDNAである。標準をつくり、それを受け入れる能力がなければ、これほど複雑な社会を築くことはできなかっただろう。

コミュニケーションは、「標準」が定められているからこそ、成り立つ。それぞれの言語は、共有化された標準セットだ。文法的な標準ルールを相手と共有し、記号が持つ意味に同意できなければ、その言語を話すことはできない。コミュニケーションにおいては、媒体が何であれ、標準の共有が不可欠なのだ。Ｍａｃユーザーから送られてきたファイルをダウンロードしようとしているウィンドウズ・ユーザーに聞いてみればいい。

「標準」があるからこそ、学べる。算数のスキルを教えるには、教師だけでなく生徒も、「十進法で足し算と引き算をする」ことを知っていなければならない。標準を共有することで、スキルの伝達が可能になる。

また、「標準」が、比較を可能にする。たとえば、市場経済が機能するためには、ある企業の価値と他の企業の価値を比較するための標準的な仕組みが必要だった。15世紀の終わりまで、そうした仕組みはなかった。しかし、1949年、ベニスの僧、ルカ・パチョーリが、複式簿記の基準を詳述した最初の本で、その仕組みを定式化し、発表した。ウォールストリートでは、いまもその仕組みを使っている。

直感に反して「標準」は、創造性を刺激する。音楽を考えてみよう。音を構成するのに正しい方法はない。が、16世紀末の西ヨーロッパで、ある音階が次第に標準として広まっていった。「クロマティック・スケール（半音階）」と呼ばれるこの音階は、隣り合う音の音程がすべて半音で構成される。ピアノの鍵盤では1オクターブの7つの幹音が白鍵、そのあいだの5つの半音が黒鍵となっている。このように音階が定められたら、作曲家の自由な創造性が制限されそうにも思えるが、事実は違った。12音という制限があることで、創造性が損なわれるどころか、育まれたのだ。半音階とその記譜法は2世紀にわたって、多くの独創的な楽曲を生み出してきた。ビバルディ、マイルス・デイビス、ストラビンスキー、マドンナなど枚挙にいとまがない。さまざまな作曲家がこの標準的な半音階を用いて、心にあふれるユニークな音楽を表現してきた。

つまり、標準とは、人の協力や発見が記されたコードなのだ。すぐれたマネジャーは、協力的で創造的な組織をつくりたいなら、従業員にそれに関する規範を守らせなければならないことを知っている。弁護士なら判例を学ばなければならない。航空管制官なら航空法規を、会計士なら複式簿記のルールを学ばなければならない。そして、エンジニアなら、国立標準技術研究所の標準周波数時報局から送信される標準周波数で動作する製品を設計しなければならない。

今日重要とされる標準は、今後ますます重要となるだろう。「次の10年がどうなるか」を雑誌『WIRED』のケヴィン・ケリーはこう述べている。

「大いなる皮肉のようだが、われわれの時代で、コンピューターの時代は終わった。スタンドアローン型コンピューターの行きつく先は、すでに終焉を迎えている。コンピューターはわれわれの生活を少しスピードアップさせてくれたが、ただそれだけだ。それに対して、いまデビューしようとしている最も有望な技術はすべて、コンピューター間のコミュニケーションによるものである。つまり、『計算』ではなく『つながり』だ」

「つながり」とは、ネットワークのことだ。ネットワークは「標準」を必要とする。ネットワーク化された世界が広がってくると、新しい言語やプラットフォーム、スケール、規約などの標準（デファクト・スタンダード）を有する企業は、後発組に対して圧倒的な優位性を得る。彼らは、自分たちがつくり上げた新しいコミュニティのニーズを完全に満たせるゲートキーパーになれるのだ。

自社の標準を「ユニバーサル仕様」にすることも、競争上の優位性となる。ビデオテープの世界でVHSがベータマックスに勝ち、パソコンのOSでマイクロソフトがアップルに勝ったのはこのためだ。今後数年のあいだに、従来のビジネスのルールを打ち破り、ネットワークを構築しようとする企業が続々と出てくるだろう。ブラウザーを無料で配布したり、携帯電話を無料で販売したりするのも、サン・マイクロシステムズ社（現オラクル）がＪＡＶＡを市場にあふれさせようとしたのも、同じ理由だ。絶対多数を獲得して自分たちの標準を「世界標準」にしようとしているのだ。

ネットワーク構築は最重要なため、そこで働く従業員はその一部にならなければならない。スイスの時計メーカーは、「時間」という標準に基づいて時計をつくっている。そのため、そこで働く従業員たちに独自の時間単位を考案するよう奨励したりしない。当時、サン・マイクロシステムズと熾烈な競争をしていたマイクロソフトのプログラマーが、ＪＡＶＡを使って新しいソフトウエアを書くこともまずなかった。ハイテクではない世界も同じだ。全国で行われている学力テストでは、国がその標準を定めている。このため、教師が自分の好みでカリキュラムを再設計することは許されない。

「企業の管理体制が硬直化し、押しつけがましくなる」と言っているわけではない。これからは、標準的な規格を通して、自分たちの創造性や個性を表現することになる、ということだ。ここでもまた、行きすぎた権限委譲が、企業価値を破壊することになる。

経験則３　手順を守るのは、本来の趣旨を妨げないときに限る

大手コンサルティング会社でマネジャーをしているマークは、ニューヨークからシカゴに向か

う午後4時の便に乗っていた。飛行機がゲートを離れ、滑走路に向かい出したちょうどそのとき、機長からのアナウンスが入った。「シカゴのオヘア空港は、現在悪天候のため滑走路が閉鎖され、離発着ともに行われておりません。当機は地上待機となります。運航に遅れが生じる可能性があります。情報が入り次第、お知らせします」

乗客にとっては気の滅入るアナウンスだ。地上待機は欠航よりも始末が悪い。欠航の場合は自分で対策をとれるが、悪天候による地上待機となると自分で状況をコントロールできない。5分遅れかもしれないし、2時間遅れかもしれない。天気の神様は気まぐれだ。

マークの乗った飛行機はまだ滑走路に入っていない。そこでマークは客室乗務員を呼び、こう尋ねた。「ゲートに戻って、飛行機を降りられないでしょうか」

客室乗務員は、こうした懇願を何度も聞いたことがあるのだろう。首を振りながら、答えた。「申し訳ございませんが、待機の順番を変えることはできません。地上待機はいつ解除されるかもわかりません」

マークは苦笑し、何かできることはないか考えた。コンピューターは使用禁止で、機内電話には100人以上が殺到している。窓の外をぼんやり眺めていたら、3時間が経過した。何機もの飛行機が飛び立つのを見たが、そのどれもがシカゴ行きではないようだった。これだけ時間が経ったのだから、客室乗務員の態度も変わるかもしれないと思い、手招きして、より説得力のある方法を試した。

「もう夜ですよ。なぜ、ゲートに引き返してくれないのですか。そのほうが乗客はハッピーですよ。乗客の苛立ちから解放されれば、あなた方もハッピーでしょう。降りた乗客が空港のお店やレストランを使ってくれるのだから、空港だってハッピーだ。だから、ゲートに戻ってくださいよ」

客室乗務員は同情したのか、ひざまずきながらささやいた。「お客様、航空会社の業績は定時運航率で計測されております。残念ですが、定時運航率はゲートを離れた時刻が基準となっておりまして、離陸の時間ではありません。ですから、いったんゲートを離れた機のお客様をゲートにお戻しできないのです」

これにはマークも泣き崩れた。いや、実際に泣いたわけではないが、納得するには程遠かった。

これは、「ある特定の成果（この場合は顧客満足）をあげるための手順が、実際にはその成果の達成を妨げていた」という典型例だ。この状況をさらにくわしく調べてみると、ゲートに戻らないもっともな理由が他にもあることがわかる。飛行機がゲートを離れたら、客室乗務員に高い賃金、つまり乗務手当が支払われる仕組みになっているのだ。

もちろん、機長のなかには、定時運航率や自分の給与よりも、乗客の不快感のほうが重要だと考える人も多くいるだろう。しかし、滑走路にとどまることを選択した機長を責めることはできない。すべてのシグナルが、最も重要な成果であるはずの顧客満足を無視するように告げているのだから。

このように、成果を達成するために考案された手順が、まさにその成果を妨げてしまっている事例をよく見かける。ホテル予約センターは、「ベルが3回鳴るまでのあいだに電話に出てほしい」というお客様のニーズがあるだろうと判断した。そこで職務を見直し、組織を変更し、給与システムを変え、予約係が着信音3回までに電話をとれるようにした。しかし、本当は、すぐに電話に出てもらうことではなく、電話がつながったときにどんな質問にも答えてもらいたかったのだ。予約係が一刻も早く電話を切り、次の電話に出ようとしているのを感じると、顧客はせかされた気分になる。「電話はベル3回までにとる」という手順こそが、顧客満足という成果を台無しにしてしまったのだ。

典型例は、「マニュアル化された決まり文句」かもしれない。従業員に一貫したレベルのサービスを提供してもらうには、マニュアル化された決まり文句を唱えること以外に方法はないと考えているマネジャーも多くいる。

次のようなセリフを聞いたことがあるはずだ。

「ニューヨークへようこそ。現地時間は午後8時6分です。皆様の安全確保のため、ゲートに着くまで座席からお立ちにならないようにお願いします。頭上の荷物入れを開ける際には、飛行中に中身が移動しているおそれがありますので十分にご注意ください。ニューヨークでお降りのお客様、お帰りなさいませ。乗り継ぎのお客様、目的地まで、どうぞ快適な旅をお続けになりますようお祈りいたします。またのご搭乗を心からお待ち申し上げております」

連邦航空局（FAA）が客室乗務員にこのセリフを言うように指示していると思うかもしれないが、そうではない。FAAが要求しているのは、シートベルト、酸素マスク、非常口、水上不時着時の脱出手順に関してだけだ。それ以外は、航空会社のマネジャーが書いたものである。従業員に一字一句そのまま読み上げるように指示している航空会社もあれば、単にガイドラインとして渡しているだけの会社もある。強制度合いはさまざまだが、客室乗務員は、このセリフを使って乗客への配慮や温かさを示すように奨励されているのだ。

これは一種のごまかしだ。配慮や温かさを伝えるなら、本物の気持ちが必要だ。マニュアル化された決まり文句を読むだけでは、乗客に伝わらないだろう。問題は何か。マネジャーがマニュアルを用意していることではない。新入社員にとってマニュアルは有難いものである。問題は、乗客への配慮ではなく台本に従うことが、よいパフォーマンスの定義になってしまったことだ。信条がメッセージの陰に隠れてしまっている。

サウスウエスト航空は、最も少ない苦情、最もすぐれた手荷物の取り扱い、最もすぐれた定時運航という、業界の「三冠王」を過去に6年間受賞している。顧客満足にフォーカスし続けている数少ない航空会社のひとつだ。同社の客室乗務員の訓練担当ディレクター、エレンは次のように語っている。

「サウスウエスト航空では、すべてが「楽しさ（fun）」にフォーカスされています。もちろん、安全性は重要です。私たち客室乗務員は皆FAAの規則に従います。しかし、私たちの会社の目標は、お客様に楽しんでいただくことなのです。そのためにどうするかは各自に任せています。全員に同じセリフを言わせるつもりはありません。訓練では、アイデアやツールを提供しますが、それを自分に合ったやり方で使うのです。たとえば、客室乗務員には「ファン・ブック」を配布しています。これには、ジョーク集や、5分間で楽しめるゲーム、20分間のゲームや、歌集が載っています。これを使って乗客を楽しませてもらいたいのですが、自分のスタイルに合わなければ、無理に使わなくてもいいのです。簡単なようですが、ここでは、『あなたらしさ』を最大限に発揮してお客様に接するにはどうしたらよいかを日々訓練しているのです。サウスウエスト航空はクローンを求めてはいません」

乗客を楽しませることを第一とするサウスウエスト航空なら、客室乗務員ひとりひとりが「自分らしい」道を切り開くことができる。エレンは言う。「サウスウエスト航空では、塗り絵の線の外にも色を塗っていいんですよ」

経験則4　顧客満足に手順はない——不満は防げても、満足は得られない

あらゆる種類のビジネスにおいて、顧客満足度は最も重要な要素だ。皆さんも、なんとかして上得意の顧客を増やそうとしているだろう。自社の製品やサービスを使ったことのない見込み客を、ファンにしたい。積極的に製品を支持する上得意になってもらう。競合に逃げようとせず、積極的に宣伝してくれる。ファンは無給の販売担当者だ。ときには、マーケティングやプロモーション、価格以上に、持続的な成長を支えるエネルギーとなる。

では、どうすれば、このようなファンをつくれるのか。

これまで私たちは10億人以上の顧客にインタビューを行い、「彼らが本当に望んでいることは

何か」を明らかにしようとしてきた。業界によって顧客ニーズが異なるのは当然だ。医者とケーブルテレビ修理業者に対しては、それぞれ異なる種類の関係を望んでいる。会計士や近所の食料品店に対しては、より親密な関係を築くことを望んでいる。

もうひとつ、驚くべき発見があった。さまざまな違いがあるにもかかわらず、驚くほど共通する顧客ニーズが4つ存在することがわかった。この4つは階層構造になっていて、まずは「レベル1」を満たさなければ、上位のニーズに目を向けられない。これら4つの顧客ニーズは、見込み客をファンに変えるためには何をすべきかを示している。

レベル1　正確さ　最も基本のレベルは「正確さ」だ。ホテルなら、予約した部屋を提供してくれること。銀行なら、預金残高が正確に反映されていること。レストランなら、注文したものをウエイターが出してくれること。このレベルでは、従業員が親しみやすいかどうかは関係ない。が、常に正確でないと、顧客は離れていく。

レベル2　利用しやすさ　次のレベルは「利用しやすさ」だ。ホテルなら、自分の好きなホテルチェーンが、あちこちの都市にあることを期待する。銀行なら、足を運びやすい時間帯に店舗が営業していて、並ばずに済むように多くの窓口があることを期待する。レストランなら、近所にあって、いつも駐車場が使えて、「すぐテーブルに来て」という表情に気づいてくれるウエイターがいることを期待する。アクセスしやすい場所にある企業は、その企業のサービスを試してみようと思う顧客の数を増やすことができる。だから、ドライブスルー窓口やATM、ウェブサイトが普及しているのだ。

「レベル1」と「レベル2」のニーズを見てみよう。これらのニーズに応えるのは非常に簡単だ。どちらもスキルであり、手順を守ればよい。

しかし、その反面、これらはスキルや手順であるからこそ、簡単にまねされやすい。立地のよさで繁盛しているレストランは、すぐに競合に取り囲まれてしまうだろう。フェデラル・エクスプレスの画期的な貨物追跡システムは、UPSやエアボーン、郵便局がすぐに追随する。レベル1と2を満たす方法は、当初はどんなにユニークでも、当たり前のものになってしまうのだ。

もうひとつ、これが最も重要なのだが、たとえレベル1とレベル2のニーズを満たしたとしても顧客の不満を防ぐことしかできない。正確な明細書が送られてきたからといって、顧客は笑顔で感心したりはしない。彼らは「正確さ」を求めており、隣のアパートのガス使用量が請求金額に紛れ込んでいるような場合にのみ、反応する。また、ケーブルテレビの修理が、都合のよい時間に来てくれたからといって、嬉々として友達に電話し、それを伝えようとはしない。人生において避けられないフラストレーションを抱えずに済み、ほっとするだけだ。

「正確さ」と「利用しやすさ」は、誰にとっても大事な要素なので、これらを満たさない企業は衰退する。が、これだけでは十分とは言えない。見込み客をファンにするための道のりの、まだ半分にしか到達していないのだ。

次の2つのニーズを満たして、旅は完成する。これから挙げる2つは、不満を防ぐだけでなく、満足感というポジティブな感情を生み出してくれる。そして、気まぐれな顧客を、最も声高に宣伝してくれるファンに変えてくれる。

レベル3　パートナーシップ　レベル3では「パートナーシップ」が求められる。顧客は企業に対し、自分たちの話に耳を傾け、応えてほしい、自分たちと同じ側にいると感じさせてほしいと願う。

サービス業は、この「パートナーシップ」のニーズの重要性にずっと気づいていた。だから、ウォルマートでは、元気なシニア従業員を入り口に配置し、笑顔で歓迎し、名前を覚えてもらっている。航空会社は、頻繁に飛行機を利用する顧客のための優待クラブをつくる。ビデオショップが「スタッフのお薦め」コーナーを設けるのもそのためだ。「お客様と同じく、私たちもビデオを楽しんでいます」とアピールする。

最近では、サービス業以外の業種も、顧客目線で世界を見ることとの重要性に着目している。リーバイスでは、パートナーシップの精神に基づき、オーダーメイドのジーンズを購入する機会を提供している。小売店が工場に寸法を伝えると、あなたにぴったりのサイズに裁断してくれるのだ。

ドクターペッパー・スナッププル・グループも、「パートナーシップ」の力を活用している。ターゲットである大学生にもっと「スナッププル」を飲んでもらおうと、キャップの裏にマークが付いたボトルを買ったお客様には賞金が出る仕組みにした。しかも、ただ現金を払うのではなく、若者が最も望むものを提供したのだ。1等賞は「1年間の家賃をスナップルに払ってもらおう。1000ドル×12回」、2等賞は「自動車ローンの支払いを1年間、スナップルに任せてください。300ドル×12回分」だ。下位の賞金も彼らが望むものだ。100ドルの賞品は「1カ月分の電話代をスナップルに払ってもらおう」。実際に当選するのはほんの一握りの顧客だが、こうした賞品を提示することで、若い顧客にこんなメッセージを伝えている。「私たちは、皆さんの気持ちを理解しています」

業種を問わず、多くの企業が、「理解されていると感じる顧客こそが、熱心なファンに近づく」ことを理解している。

レベル4　アドバイス　最高レベルの顧客のニーズは「アドバイス」だ。彼らは、自分が学ぶのを助けてくれた組織に対して強い絆を感じる。多くの大学が強い同窓会に支えられているのはこのためだ。しかも、この「学びたい」という気持ちは、あらゆるビジネスに当てはまる。大手会計事務所は「より効率的な財務管理ができるように指導しますよ」と強調している。ホームセンター大手のホーム・デポは、「植木の手入れからモルタル詰めまで、現場の専門家が教えてくれます」と盛んに宣伝する。アマゾンは、同じ本を買った他の人たちが読んでいる本をもとに「あなたへのお薦め本」を挙げる。あらゆるところで、受付案内係や営業担当者、店員たちを「コンサルタント」にしようとしている。企業は、「学ぶことでファンが生まれる」ことを知っているのだ。

「レベル3」と「レベル4」は、顧客が望む最高レベルのニーズだ。これらに一貫して応えられれば、見込み客をファンに変えられるだろう。

ただ、ひとつ疑問がある。より高いレベルのニーズに応えるには、どうすればよいのか。スキルや手順だけでは応えられない。たとえば、顧客が「パートナーシップ」を感じるのは、従業員がきちんと応対したときだけだからだ。このニーズを満たすには、お客様ひとりひとりに対して適切な言い方と口調で応対できる従業員が最前線に配置されていなければならない。それは、あらかじめ定義しておけるものではない。パートナーシップは、顧客と接した瞬間につくり上げられるものなのだ。それは従業員の手に委ねられていると言ってよい。

「アドバイス」も同様だ。アマゾンはテクノロジーによって「あなたへのお薦め」を開発したが、本来「教える／学ぶ」という行為は、ひとりの従業員とひとりの顧客のあいだでなされる非常に繊細なやりとりだ。このことを正しく認識していれば、マネジャーは部下に、お客様ひとりひとりに新しいことを学ぶ手助けをするよう促すことができる。ただし、非常に繊細なやりとりなので、適切なタイミングと方法がわかっている窓口係や店員が必要となる。テクノロジーはそれをサポートできるし、手順を定めておけば行動指針として役立つ。しかし、教えたり学んだりする行為は、従業員と顧客のあいだの一瞬のやりとりのなかで決まるのだ。

私たちの調査は、すぐれたマネジャーが本能的に知っていることを裏づけている。スキルや手順は大事だが、それだけでは、顧客が不満に陥るのを防ぐことしかできない。顧客が本当に満足し、ファンになってほしいのなら、手順をステップ・バイ・ステップで実行するだけではダメだ。人の話に耳を傾ける才能、うまく教えることができる才能を選び、「パートナーシップ」や「アドバイス」という感情的な成果をあげるよう集中させなければならない。簡単なことではないが、ひとつだけいいことがある。他社にまねされることはない。

これらの経験則は、すぐれたマネジャーが、仕事のどの部分を規定し、どの部分を従業員の裁量に任せるのかを決めるのに役立つ。仕事には遵守すべき手順や仕様があるが、すぐれたマネジャーは成果を重視している。成果が何かを明確にし、そこに部下を向かわせることで、彼らを鼓舞し、方向づけ、評価する。成果こそが重要なのだ。

何に対して給与が支払われているか

What Do You Get Paid to Do?

成果が適切かどうかを見極める3つのガイドライン

成果に専念することと、どの成果が適切かを見極めることは、まったく別の課題だ。適切な成果を定義するには、どうすればよいのか。部下が取り組めることのうち、どれが「なすべきこと」なのか。

すでにおわかりのとおり、ステップ・バイ・ステップで示せる解決策はない。部下が取り組めることのなかから、その部下に必要な「適切な成果」を選び出すのは、喧噪のなかでサイレンの音を聞き分けるように、ある種の才能が必要だ。たとえその才能があったとしても、その才能を発揮する方法は人それぞれだ。

私たちが提供できるのは、すぐれたマネジャーたちによる、驚くほどシンプルなガイドラインだ。

ガイドライン1　顧客にとって何が正しいか

これは、あなたが最初に問うべき質問だ。あなたがどう思おうと、顧客が価値を認めないなら

「成果」とはならない。これは資本主義の基本的な考え方であり、かなりわかりやすいガイドラインだ。にもかかわらず、多くの企業が、従来からの慣習や専門知識のせいだろうか、「顧客が最終価値を決める」という事実を忘れてしまっているようだ。

決して非難するわけではないが、航空業界はそのよい例だ。ほとんどの航空会社が客室乗務員に安全第一を求めている。だから、機長のアナウンスがある。「当機の客室乗務員は、お客様の安全が第一と心得ております。皆様の快適な空の旅にお役に立てることがございましたら、何なりとご遠慮なくお申し付けください」。客室乗務員は、食事や飲み物の給仕係ではなく、安全のプロなのだ。親切で気の利いたサービスは、どんなものであれ、オプションのようなものなのだ。

これらの航空会社は、「顧客が、安全運航記録を比較して、航空会社を選んでいるわけではない」ことを忘れている。どの航空会社だろうと、無事に目的地に着くのは当然のニーズなのだ。安全を求めるが、安全であるからその航空会社が素晴らしいとは思わない。航空会社にとって安全性は、乗客に強調すべき成果ではないのだ。

その点においてサウスウエスト航空は、またしても例外だ。同社の客室乗務員は安全対策のエキスパートだが、彼らの仕事にとって重要なのは安全性だけではない。中心にあるのは「楽しさ」だ。仕事に情熱を傾けているCEOのハーブ・ケレハーは、「乗客が飛行機の旅にストレスを感じている」ことを本能的に理解している。しかし、すべての乗客のストレスを取り除くことはできない。そこで彼は、従業員ひとりひとりを励まし、乗客たちの旅を楽しいものにしようと考えた。だから、歌やジョーク、ゲームなどを用意した。塗り絵の線の外に色を塗ってもいいのだ。全従業員が「顧客を楽しませる」という正しい成果に集中してほしい。ケレハーはそう考えている。

こうした直感は強力だが、顧客の目線を通して世界を見る、より実践的な方法がある。2つのカーディーラーを経営するエイドリアンは、2カ月に1回、最近クルマを購入した人たちを集めたコミュニティを運営している。ウォルト・ディズニーの「イマジニア」は、同社のテーマパークを設計・建設する最高のクリエイターたちだ。彼らは常に現場で行列に並んだり、ゲストと交流したり、アトラクションに乗ったりしている。

顧客アンケートは、顧客の心を深く掘り下げて調べられる、洗練された方法だ。時間と意思があるなら、あらゆる角度から顧客体験について尋ねるサーベイを設計してみるとよい。最も重要な点をとらえるには、「どの質問が、総合的な満足度や推薦する可能性、再購入の可能性と最も深く結びついているか」を明らかにする必要がある。私たちはこの方法を用いて、企業が、顧客にとって最も重要な感情面での期待値（成果）を見つけるのを支援してきた。

ある大手保険会社は、患者への医療サービスの質について、医師たちに責任を持たせたいと考えていた。理由はさまざまだが、不幸な患者ほど入院期間が長く、訴訟を起こす確率や死亡率が高かったのだ。保険会社にとっては考慮すべき重要な事実だ。保険会社が医師たちに分厚い診療サービスマニュアルを渡し、それに従って診療すべしとしても、まあ許されたかもしれない。しかし、この保険会社は、マニュアルに頼ることに抵抗した。その代わりに「患者が本当に求めている価値は何か」を調べるよう、私たちに調査を依頼したのだ。調査からは、担当する医師への基本的な信頼を持てたなら、診療の際に医師に求めるのは次の4つだけだということがわかった。

- 待ち時間は20分以内にしてほしい（利用しやすさ）
- 「自分を気づかってくれている」という感情を持ちたい。医師でなくてもいい。受付案内係でも看護師でも、誰かひとりには必ず気を使ってほしい（パートナーシップ）
- 医師からは、自分にもわかる言葉で説明してほしい（パートナーシップ）
- 体調を管理できるよう、自宅でもできることを教えてほしい（アドバイス）

これら4つについて尋ねる質問にすべて「はい」と答えることができれば、提訴したり、すぐに死亡したりしない。むしろ、誰かに医師を勧めたり、また戻ってきたりする可能性が高い。保険会社は、この4つの感情面での期待値を「診療サービスの尺度」として使うことで、どのように診療すべきかをマニュアル化することなく、診療サービスの質について医師たちに責任を持ってもらうことができた。

ガイドライン2　企業にとって何が正しいか

部下に何を成果として期待しているかを明確にするときには、必ず企業の戦略と方向性を一致させなければならない。疑う余地などないと思うかもしれないが、目まぐるしいスピードで変化しているビジネス環境において、マネジャーがそれを把握するのが困難なこともある。

ここで重要なのは、「ミッション」と「戦略」を区別することだ。企業のミッションは不変であり、何世代にもわたって従業員に意義と目的を示すものだ。一方、企業の戦略は、ミッションを達成するための最も効果的な方法だ。ビジネス環境の変化に応じて、変化すべきものである。

ウォルト・ディズニーのミッションは、素晴らしい物語を伝えることで、人々の想像力を解放することだ。それを実現するための戦略はかつて、映画とテーマパークの2つに大別されていた。しかし、競争の激化に伴い、外洋航海のクルーズ船やブロードウェイでのショー、テレビゲーム、ディズニーショップなどへと戦略の幅を広げている。ウォルト・ディズニー・イマジニアリングの研究開発部長、ブラン・フェレンはこう言う。「活気ある会社は、5年計画を必ず立てている。しかし、毎年、それを見直さなければならない。それ以外に、生き残れる方法はありませんから」

企業の活力を維持するには、毎年、戦略を見直す必要があるが、マネジャーは困難を強いられる。新しい戦略を従業員に説明し、それをひとりひとりの期待値に落とし込まなければならないからだ。

もちろん、たやすい場合もある。たとえば、利益よりシェアを伸ばすことを重視する戦略に変わったなら、「利益率より売上高に注目するように」と営業担当者に伝えればよい。

しかし、戦略ががらりと変わることもある。その場合は大急ぎで、新しい戦略下の期待値へと部下たちの焦点を変えなければならない。マネジャーにとっては相当なプレッシャーとなるだろう。たとえば、ハイテク企業にとって最も効果的な戦略は、イノベーションだった。それにより多額の研究開発費が組まれ、乱雑だが創造的なエンジニアが大勢採用され、予測不可能で少し集中力に欠ける職場環境が出現した。が、いまでは戦略が変わりつつある。市場を支配する企業にとっては、イノベーションより、クリティカルマス（商品やサービスが標準になること）のほうが重要なのだ。イノベーションは、小さなベンチャーから買い取ることもできる。大手ハイテク企業は、新しい言語やプラットフォーム、製品を売り込むことに人材を投入する戦略に切り替えている。これによりマネジャーは、部下の期待値を再定義し、新しい成功の定義を見出さなければならなくなった。新しい戦略では、ユーザー当たりの売上高よりもユーザー数のほうが重要かもしれない。

もちろん、戦略の変更があまりに急激なため、期待値を再定義しても、部下たちが成果をあげられないこともある。脳の配線を組み直せないように、ソフトウエア・エンジニアをマーケティング担当にしたり、窓口係を営業担当者にしたりすることはできない。こうした状況に直面したとき、マネジャーにできるのは、新しい戦略のなかで部下が才能を発揮できる役割を見つけることだ。そうした役割がないなら、打つ手はない。働く場所を変えてもらうしかないだろう。

ガイドライン3　ひとりひとりにとって何が正しいか

ＮＢＡ史上最高のリバウンダーであるデニス・ロッドマン。彼は型破りの選手だ。髪の色を毎週変えるし、女装趣味を隠さない、被害妄想が強く、気性が激しい、奔放で予測がつかない。こういう選手に、自分の才能を発揮する気にさせ、感情が爆発するのを抑えさせるには、どうすればよいか。

それまでの3シーズン、シカゴ・ブルズは、1シーズン当たり12試合でロッドマンを出場させられなかった。さまざまな違反行為を彼がしたためだ。そこで、１９９７～98年のシーズンは別の戦略をとることにした。ロッドマンの才能と彼への要求を念頭に置き、ある特定の成果を盛り込んだ契約書を作成したのだ。それは、ＮＢＡ史上、最もインセンティブに偏った契約だった。ロッドマンが保証された契約金額は４５０万ドルだが、シーズン中にトラブルを起こさなければ５００万ドル。７年連続リバウンド王となれば50万ドル、ＡＳＴ／ＴＯ（アシストとターンオーバーの比率）を１・０以上にすれば10万ドルがさらに支払われるというものだった。

金額が天文学的なのはさておき、この契約の考え方は、誰にでも応用可能だろう。まず、部下の強みを見出す。その強みを活かせるような期待値（成果）を定義する。成果を測定し、評価する方法を見つける。あとは、力を発揮してもらえばいい。

この契約は、ロッドマンとシカゴ・ブルズの双方によい結果をもたらした。シーズン終了までに、ロッドマンが懲戒処分で退場したのは、わずか1試合だった。7年連続リバウンド王にもなった。ターンオーバー147に対して、アシスト230。1・0をはるかに超えている。こうしてシカゴ・ブルズは優勝を果たした。

全員が同じ仕事をする大企業のマネジャーなら、部下ひとりひとりに合った期待値を設定するのは難しいかもしれない。が、チームの人数が少なく、さまざまな才能を持つメンバーがいるなら、ひとりひとりの期待値を設定する際に、その人の才能を理解し、期待値と結びつけなければならない。ナショナルフットボールのミネソタ・バイキングスで殿堂入りした名コーチ、バド・グラントは、こう言う。

「台本を書いて、そこに役者を当てはめても無理でしょう。どんなにうまい脚本家でも、役者がどんな演技をするのか知らずには書けません。私がコーチとして台本を書くときには、まず、選手がどんなプレーができるのかから入ります。そのメンバーを見て台本が決まるのです」

期待値（成果）を定義するとき、すぐれたマネジャーは同じことをする。まずは役者がどんな演技ができるかを理解する。その後で台本なのだ。

第5章

The Third Key:
Focus on Strengths

第3のアプローチ
強みにフォーカスする

個性をもっととがらせる
変身物語
配役こそ、すべて
誰もが例外
最高の部下に最も多くの時間をかける
弱みに対処する

個性をもっととがらせる

Let Them Become More of Who They Already Are

すぐれたマネジャーはどのようにして、ひとりひとりの可能性を引き出しているのか

第1のアプローチで、才能ある人材を選び、第2のアプローチで、成果を明確に定義した。あなたにはいま部下がいて、それぞれに達成すべき期待値がある。では、次に何をすべきか。ひとりひとりのパフォーマンスを向上させるために何をすればよいのか。

すぐれたマネジャーなら、こうアドバイスするはずだ。部下ひとりひとりの「強み」に照準を合わせ、「弱み」に対処しろ。弱みを直そうとするな。完璧な人間にしようとしてはならない。その代わり、ひとりひとりの才能を開花させるために、全力を尽くせ。ひとりひとりがその人らしさを発揮できる手助けをするのだ。

この革新的なアプローチは、「人はそれぞれ違う」というシンプルな洞察によって支えられている。誰もが、独自の思考、感情、行動パターン、すなわち「才能」を持っている。ひとりひとりの才能の組み合わせは永続的なもので、変えようがない。だから、誰もが独自の運命をたどるのだ。

しかし、残念なことに、多くのマネジャーが、このシンプルな洞察を見失っている。「人はそれぞれ違う」ことに馴染めず、不安なので、大雑把に一般論で片づけようとしてきた。たとえ

ば、「営業担当者はエゴが強い」とか「経理担当者はシャイだ」というように。

これに対し、すぐれたマネジャーは、一般論で片づけることをもどかしく感じる。真実を覆い隠してしまうからだ。営業担当者であれ、経理担当者であれ、いろいろな人がいる。どんな仕事であれ、その人は、たったひとりのユニークな存在なのだ。確かに営業担当者には共通する才能があるが、それでも人それぞれの違いのほうが大きい。ひとりひとり、独自のモチベーションの源泉を持ち、相手を説得するときのスタイルも違うのだ。

すぐれたマネジャーが魅力を感じるのは、ひとりひとりが持つ強烈な個性だ。同じような仕事をしている部下たちの、わずかだが重要な違いに惹きつけられる。人のアイデンティティや独自性は、「どんな仕事に就いているか」ではなく「どんなやり方をしているか」にあることを知っているのだ。

建物や機械などの資本設備レンタル会社の創業者であるピーターは、2人の部下について語ってくれた。ひとりは、近隣にネットワークを張り巡らせ、地域の事業やコミュニティに参加して顧客を呼び込む凄腕の営業担当者だ。もうひとりは、最も効率的に機械を動かし、寿命の限界まで使い切ることができる、たぐいまれなアセットマネジャーだ。どちらもそれぞれの役割で抜群の成果をあげている。

学校の指導監督官であるガイは、2人の模範的な学校長を指導している。ひとりは、彼が「思慮深い実践者」と呼ぶ学校長だ。彼は、専門書を読み、最新の教育理論を学び、自分が学んだことを他の人たちにも教えるのが好きだ。もうひとりの学校長は、使命感と教えることの天賦の才だけで学校を運営している。教育用語はなく、ただ無限のエネルギーと学び続ける情熱があるだけだ。それでもうまくいっている。

すぐれたマネジャーには、部下ひとりひとりのユニークな才能（何が彼らを動機づけ、どう考え、どう人間関係を構築するのか）を詳細に描写する能力があるようだ。ある意味、すぐれたマネジャーは、すぐれた小説家に近い。どちらも「登場人物」を生き生きと表現し、個性豊かに描き分ける。人にはそれぞれ際立った特長があり、欠点もある。すぐれたマネジャーの目標は、部下である「登場人物」が、その役割で最大限の力を発揮できるように支援することである。

すぐれたマネジャーは、人種や性別ですら一般化しない。もちろん、生まれ育った文化の影響を受けている部分もある。コネチカット州グリニッジに住んでいる白人女性のほうが、カリフォルニア州コンプトンに住んでいるヒスパニック系男性よりも、世界を穏やかに見ているかもしれない。しかし、このような一般化した違いは役に立たない。それよりも、この白人女性の努力する才能や、このヒスパニック系男性の人間関係力を理解するほうが、はるかに役立つ。それぞれの才能を発揮させる方法がわかるからだ。こうして、ひとりひとりが自分の才能を発揮できるようになる。

すぐれたマネジャーにとって最も興味深く、最もパワフルな違いは、ひとりひとりに存在する。集団にではない。

これは将来にわたって影響を及ぼす広い着眼点だが、至極当然のことだろう。25名の部下を抱える、デザイン部門のマネジャーであるマンディーはこう語る。「私は、ひとりひとりが持つ特別なものを見つけようとしている。その人が持っている特別なものを見つけ、気づかせてあげることができれば、彼らはもっと掘り下げてくれるはずです」

医療機器メーカーの営業担当役員であるゲリーは、より現実的な言葉でこう表現している。

「私は、部下ひとりひとりの『好きになれるところ』を注意深く探します。その人のユーモアのセンスを好きになることもあれば、子どものことを話しているのが好きになったり、プレッシャーがかかっても頑張り抜くところが気に入ったりすることもあります。もちろん、イライラすることだってたくさんあります。だからこそ、こうして好きなところを見つけておかないと。真っ先に悪いところが浮かんでしまうかもしれません」

マンディーやゲリーのようなすぐれたマネジャーにとって、部下ひとりひとりの強みを見出し、照準を合わせることは最も重要な責務だ。それは、人が目標を達成するのを助ける、最も効率的な方法である。本当の自分になってもらうためには、これが一番だ。そして、部下ひとりひとりに敬意を示す唯一の方法でもある。部下の強みに照準を合わせることこそ、すぐれたマネジャーとしてのすべての努力を説明するストーリーラインなのだ。

変身物語

Tales of Transformation

部下の欠点を矯正したくなるのは、なぜか

従来の常識は、180度違った話をする。まずは、こんな物語だ。「夢を持ち続け、精一杯努力すれば、なりたい自分になれる。日々、自分だと思っているのは、本当の自分ではない。本当の自分は、心の奥深くに眠っていて、恐怖心と弱気に阻まれているのだ。恐怖心を乗り越え、本当の自分を信じられるなら、本当のあなたが解き放たれる。潜在能力が開花して、巨人が目覚める」

こうした変身物語には誰もが喜ぶ。わくわくして希望が湧いてくる。自分の心の弱さに立ち向かい、自分がなれると信じていたものに変身するヒーローを応援しない人はいない。だから、映画「摩天楼はバラ色に」のマイケル・J・フォックスや「ワーキング・ガール」のメラニー・グリフィス、「フェノミナン」のジョン・トラボルタに拍手を送るのだ。変身物語は皆、大好きだ。自分にも同じ可能性があるからだ。厳しい訓練や意志の強さ、幸運がありさえすれば、自分だっていつかはそうなれるかもしれない。

こうした物語にぐらつかされると、もうひとつの物語にも簡単に納得してしまう。それは、こんな物語だ。「あなたの潜在能力を開花させるには、自分の弱点を明らかにして、それを矯正しなければならない」。弱点改造計画は、最初の業績評価で叩き込まれる。「昇進するにはスキルの幅を広げなければならない。何でもできる存在にならなければならない」と叱咤される。その後の面談では、昨年度のよかったことについて少しは褒めてくれるかもしれないが、大方は、核心的な会話、つまり、「いまできていないこと、伸びしろがあるところをどうやって改善するか」という会話になる。上司が面談中に持ち出すのは、あなたができなかったこと、いつもうまくいかないことばかりだ。そしてまた新たな弱点改造計画をつくり、あなたの弱点を徹底的に補強しようとする。こうして、キャリアの終盤に差しかかるころには、自分の弱点を直すために膨大な時間を費やし、ほぼ完璧な人間になっているに違いない。

すぐれたマネジャーは、こうした物語を嫌う。ヒーロー物語は、感傷的な物語と同様に励みとなり、親しまれるが、なぜ満足できないのか。映画のなかのヒーローたちは、自分の粗削りな部分を熱心にそぎ落とす。その頑張りに共感を覚え、気高く見えるのだが、どこか現実離れしている。この物語について聞けば聞くほど、彼らの批判はより鮮明になり、この物語に隠された不吉なメッセージが浮かび上がってくる。すぐれたマネジャーはこう反証する。

第1に、「努力すれば何にでもなれる」という常識は、極めて殺伐とした約束だ。誰もが皆なりたいものになれるなら、私たち全員が同じ潜在能力を持っていることになる。もしそうなら、個性など存在しなくなる。ユニークな目標や能力、成果を通して自分自身を表現する、ユニークな才能の持ち主ではなくなってしまう。誰もが同じ。アイデンティティや運命にも違いがない。これではまるで、準備万端、待機しているものの、まったく特徴のない真っ白なキャンバスじゃないか、と。

第2に、「才能がなくても、一生懸命努力すれば、最後には報われる」という常識は、良識的で言い古されたように見えるが、実に堅実なアドバイスだ。「最初はうまくいかないかもしれないが、何度でもやってみる」。しかし、すぐれたマネジャーは、これを否定する。たとえば、共感する才能や戦略的に考える才能、説得する才能を持っていない人に、むりやりそうした才能を持たせようとするのは、なんとも絶望的で、苛立たしい人生だからだ。才能は教えることができない。

新しいスキルを身につけたり、特別な知識を習得したりする際には、粘り強さが役立つ。前出した脳のなかのネットワークで、あまり使われてこなかった「荒野」に新しく細い道を切り開こうとするときにも、粘り強さが役立つ。たとえば、共感する才能がないことで、その他の才能を損ないかねないため、少しは共感する才能のネットワークをつくろうとするような場合だ。しかし、むりやり才能を持とうと粘り強く頑張っても、自滅が待っている。どれだけ決意しようと、「荒野」に4車線の高速道路はつくれないのだ。不可能なことを可能にするために自分を叱責し、ののしり、あらゆる方法で自分を追い込むことになる。

すぐれたマネジャーの視点から見ると、従来の常識が紡ぐ物語は、どれだけ楽観的に見えても、実際には実りのない自己否定と無駄な努力にすぎないのだ。

第3に、この物語は人間関係を破壊する。従来のマネジャーは、部下の能力を引き出すために、彼らの弱点を矯正しようとする。たくさんの強みを持っているのに、わざわざその人が苦労している分野で評価するのだ。これは、壊れた人間関係の多くに共通する要因だ。

人間関係がうまくいかず、苦しんだ経験があるだろうか。そのために、日々プレッシャーでエネルギーが奪われ、自分自身を見失ってしまうような経験だ。もし耐えられるなら、そのときの気持ちを思い出してほしい。人間関係が壊れるとき、「相手があなたのことをよく知らないから」ということはまずない。むしろ、相手があなたのことをよく知っていて、「あなたに変わってほしい」と願うから、関係が壊れてしまうのだ。あなたを完璧にしたかったのかもしれない。単に相性が悪く、お互いの弱点にイライラしていたのかもしれない。他人の欠点をあげつらうのが好きな人だったのかもしれない。理由はどうであれ、自分がしたことではなく、しなかったこと、できなかったことで判断されているように感じただろう。ひどい話だ。

これは、常識に従っている多くのマネジャーが、知らず知らずに部下たちのなかにつくり出している感覚と同じだ。最も生産性の高い部下にさえ、その人が才能を持っていない分野を指摘し、どうしたらその弱点を根絶やしにできるかを延々と説く。どんなに部下のためを思っていたとしても、弱点で頭がいっぱいの関係は決してうまくいかない。

最後に、この物語の核心には、最も寒々としたテーマが潜んでいる。究極的には「部下が悪い」と言っているのに等しいのだ。常識に従うマネジャーたちは、メンターの役割を演じている。頑張れば獲得できる「スキル」や「知識」と、頑張っても得られない「才能」の区別もわからないまま、才能を持っていない分野ばかりを指摘して、弱点を直せば、何でもできるようになると信じ込んでいる。「頑張れば、より説得力のある人に、戦略的な考え方ができる人に、共感力のある人になれる」つまり、「努力することで、結果をコントロールできる」と部下たちに言っているのだ。研修を受け、態度を改め、自らを検閲する責任は彼らにある。だから、できないことを克服できなければ、つまり、才能がない分野で才能を持てなければ、部下たちが非難される。「あなたには、粘り強さがなかった。自分の力を発揮できなかった。それは、あなたのせいなのだ」

そう、常識に従うマネジャーたちは、「弱点は克服でき、人は何にでもなれる」と言うことで、部下を失敗させ、「うまくいかないのは、すべて彼らのせいだ」と言う。まったく不条理な話だ。

これらの理由から、すぐれたマネジャーは、従来の常識的な物語を否定する。それは、「粘り強さは無駄だ」と言っているのではない。「才能を持たない分野で粘り強い努力を続けるのが無駄だ」と言っているのだ。また、「弱点を無視しろ」と言っているのではない。部下にはそれぞれ苦手な分野があり、それにはきちんと対処しなければならない。すぐれたマネジャーがどのようにその人の弱点に対処しているかについては、この章の後半で説明する。

すぐれたマネジャーは、一般的な常識にとらわれず、積極的にひとりひとりの部下の才能を見出し、その才能を開花させようとする。

これこそが、すぐれたマネジャーの物語だ。つまり、「配役こそ、すべてだ」と信じている。一般的な常識だからといって、すぐにそれには従わない。そして、最高の部下に最も多くの時間を割いているのだ。

配役こそ、すべて

Casting Is Everything

すぐれたマネジャーはどのようにして、素晴らしい成果をあげる部下を育てているのか

いままで何度も述べてきたように、誰もが「才能」を持っている。才能とは、生産的に応用できる、思考、感情、行動の繰り返しパターンだ。簡単に言えば、誰にでも、他の人よりうまくできることが少なくともひとつはある。しかし、すべての人が、その才能を発揮できる立場にあるとは限らない。最初は才能で選ばれたとしても、人事異動を繰り返すうちに、いまは不適切な配役をあてがわれているかもしれない。

才能を成果に結びつけたいなら、その人が持っている才能を自然と発揮できるように、ひとりひとりを配置しなければならない。適切な役割を与える必要がある。

スポーツの世界のほうが、わかりやすいだろう。彼の強靭な肉体と好戦的な性格を考えると、デニス・ロッドマンは、ドリブルしてコートを走るよりも、積極的にリバウンドを取りに行ったほうがいい。映画の世界でもキャスティングは重要だ。映画「明日に向かって撃て！」の当初の配役は、ポール・ニューマンがサンダンス・キッド役、ロバート・レッドフォードがブッチ・キャシディ役だった。しかし、リハーサルを繰り返すうちに、この配役では2人の強みを活かしきれていないことが明らかになった。そこで、配役を交換したところ、2人の個性がたちどころに

姿を現したのだ。ニューマンは、口が達者な自信家、ブッチ・キャシディ役を大いに楽しみ、レッドフォードは、浮かない顔をして慇懃なサンダンス・キッド役にぴったりはまった。それぞれの強みを活かしたこの2人の演技が、この名作に他の作品にはない魅力を与えている。

ビジネスの世界では、キャスティングが少し難しくなる。まず、大切なものは「才能」であり、その人の身体的能力や外見ではない。外見からは、その人の本当の才能を見抜けないマネジャーもいる。また、マネジャーはしばしば、その人のスキルや知識に気をとられがちだ。そのため、マーケティングの学位を持っている人はマーケティング部門に配属され、会計学の知識がある人は財務部門に吸い上げられる。配役のチェックリストにスキルや知識が入っていることが問題なのではない。そのリストの一番上に「才能」が書かれていないことが問題なのだ。部下の才能を一番に考えなければ、平凡な成果しかあげられないだろう。

すぐれたマネジャーの成功の秘訣は、部下の才能を活かした「配役」にある。たとえば、積極的で自信たっぷりの営業担当者には、盛り上げる必要のある地域を担当させる。反対に、忍耐強く、人付き合いがうまい営業担当者には、注意深く関係を築かなければならない地域を担当させるべきだ。多くの場合、こうした配役には、より繊細な目が必要とされる。

たとえば、あなたが昇進してチームを管理することになったとしよう。部下たちに才能があるかどうかはわからないし、あなたが彼らを選んだわけではない。しかし、彼らは、あなたの手に委ねられたのだ。彼らのパフォーマンスはあなたの責任だ。部下を「ダメな人」と「使える人」の2つに分け、「ダメな人」を一掃して、その穴を埋めるために採用しようとするマネジャーもいる。

すぐれたマネジャーは、もっと慎重だ。強みや弱み、目標や夢などについて、ひとりひとりと話す時間をとる。それぞれの仕事ぶりを注意深く見て、どんな判断をしたか、どんなふうに人と関係を築くか、誰が誰を助け、それはどうしてか、などをメモしていく。そうして、さまざまなことに気づく。すぐれたマネジャーは、時間をかけて行動を観察することが、その人の才能を見極める最もよい方法だということを知っているのだ。

そして、観察が終わると、「チームに残すべき人」と「他の役割を探したほうがいい人」に分ける。このときに重要なのは、「配役を間違えた人たち」という第3のカテゴリーを追加することだ。貴重な才能があるのは明らかだが、それを活かせる立場にない人たちだ。ミスキャストである。すぐれたマネジャーは、それぞれの役割を微調整して配置し直すことで、部下ひとりひとりの強みに照準を合わせ、才能をパフォーマンスに結びつけている。

前述したデザインチームのマネジャーであるマンディーは、こんな話をしてくれた。最近、デザイン部門の責任者に昇進したマンディーは、ジョンという部下を引き受けることになった。ジョンは、クライアントに対してコンセプトのアドバイスをすることで報酬を得る、戦略的な役割に就いていた。そのチームは、一匹狼的なハードワーカーたちの集まりで、最も創意に富んだ解決策をクライアントに提案するためにメンバー同士で互いに競い合っていた。ジョンは苦戦していた。ジョンが優秀であることは誰もが知っていたが、成果があがらない。ジョンはやる気を失い、会社を辞めようとしていた。自分から会社を辞めなくても、解雇されていたかもしれない。

しかし、すぐれたマネジャーであるマンディーは何かを見出していた。昇進する2カ月前、自分の仕事に関心を持ってくれる上司（マンディー）がいたときには、ジョンは大いに輝いていたではないか。2人の関係は深まり、ジョンは確かに輝いていた。しかし、マンディーが昇進し異動してしまうと、ジョンは輝きを失ったのだ。

マンディーは、ジョンを「配役を間違えた人たち」のカテゴリーに入れた。ジョンは、仕事で認められることより、人とのつながりを必要としていたのだ。そこでマンディーはジョンを、人とつながりたいという欲求を満たせて、かつ、会社にとって大きな価値がある役割、ビジネス開発チームに異動させた。

ジョンは、そこで「セールスマシン」になった。彼は、顧客の名前や特徴を覚え、自然と人々とつながりはじめた。大勢のクライアントや見込み客と本物の信頼関係を築き上げたのだ。こうした関係のおかげで、クライアントは長期的な顧客となり、見込み客はクライアントになった。ジョンは持って生まれた才能を活かして、皆に利益をもたらしたのである。

この話をするとき、マンディーは泣きそうになる。多くのすぐれたマネジャーがそうであるように、彼女も、自分の才能を存分に発揮している人を見て大喜びしているのだ。自分のなかにある特別な才能を活かせる役割に就けるのは本当に稀なことだと、彼女は知っている。自分を活かせる仕事、最も輝かせる役割は本当に稀なのだ。面白い仕事が少ないということではない。すぐれた成果をあげた仕事は、誰かしらにとって面白いものなのだ。しかし、自分の才能が何かわかっている人は少なく、多くのマネジャーがその手がかりに気づいていない。マンディーだって、別の日あるいは別の会社で、ジョンの才能を見落としていたかもしれない。もしそうなら、彼は成功せず、失敗から学べることもほとんどなかっただろう。

しかし、マンディーはそれを見逃さなかった。ジョンの潜在的な可能性に気づいたのだ。そして、注意深く配置換えを行い、ジョンの才能に照準を合わせて、才能をパフォーマンスに変えることができたのだ。

誰にでも、すぐれた才能はある。それを見つけること、そして、活かせるように配役を見直すこと。成功の秘訣は「配役」にある。

誰もが例外

Manage by Exception

なぜ、すぐれたマネジャーは「黄金律」を破るのか

「誰もが特別な存在である」という言葉には、もうひとつの意味がある。それは、「誰もが例外として扱われるべきだ」という意味だ。どの従業員にも、独自のフィルターがあり、自分のまわりの世界を独自に解釈している。そのため、上司であるあなたには、それぞれ異なることを要求してくるのだ。

採用されたその瞬間から「あまりかまってくれるな」という部下もいる。逆に、毎日ちゃんとチェックしないと「上司に無視された」と思う部下もいる。上司に認めてもらいたい人もいれば、同僚からの承認を求める人もいる。大勢の前で褒められたい人もいれば、人前でなく、こっそりと静かに感謝されたいという人もいる。ひとりひとりが、まったく異なる「心理的酸素」を吸っているのだ。

製薬会社の営業部長であるカークは、このことをすぐに理解した。カークは、マイクという営業担当者の話をしてくれた。マイクは、150名いる営業担当者のなかで常にトップ10に入る素晴らしい成果をあげていたが、カークは「まだまだだ。もっと力があるはずだ」と感じていた。

「最初のうちは、マイクがどんな人かわかりませんでした。彼はプロのアメフト選手で8年もラ

ンニングバックをしていたので、きっと私と同じように、負けず嫌いに違いないと思い込んでいたのです。私は、他の営業担当者がその月にどれだけの成績を残したかを話して、彼も奮い立たせようとしたんです。でも、その話をすると、マイクはすぐに退屈そうな顔をしました。やる気にまったく火がつかない。うんざりだ、という感じでした。アメフトの素晴らしい経験にもかかわらず、マイクには競争心がないことがわかりました。マイクは努力家ですが、ただ自分に勝ちたいだけで、他人のことは気にしません。彼のなかでは、他人との競争などどうでもいいのです。このことに気づいたので、『よりよい自分になるために、今月は何をする？』と聞きました。すると、マイクから言葉があふれ出し、止まらなくなったのです。次々にアイデアが出てきました。そして、一緒にそれを実現したのです。マイクは6年連続で社内ナンバーワンの営業担当者になりました」

世間でよく言われる黄金律がある。「己の欲するところを人に施せ」だ。すぐれたマネジャーは、この黄金律を毎日、打ち破っている。彼らはこう言うだろう。「己が欲するように人にしてはいけない」。世間で言われる黄金律は、誰もが同じ心理的酸素を吸っていることを前提にしている。あなたが人と競争するのが好きなら、皆も同じように、人と競争するのが好きでなければならない。あなたが大勢の前で褒められるのが好きなら、皆もそうでなければならない。あなたがマイクロマネジメントを嫌うなら、皆も同じだ。

「己の欲するところを人に施せ」は善意からつくられたのだろうが、あまりに単純だ。4歳児の男の子がお母さんの誕生日プレゼントに、「ぼくがほしいから」と赤いトラックのおもちゃを大いばりでプレゼントするようなものだ。すぐれたマネジャーは、この黄金律を否定する。その代わりに、「その人が誰であるかを念頭に置いて、その人がされたいと思うように接しなさい」と言う。もちろん、従業員は、決められた行動基準やルールに従わなくてはならない。だが、そのルールの範囲内で、それぞれのニーズに合わせて、それぞれ違った扱いをするのだ。

「いったい、どうやって、部下ひとりひとりのニーズを把握するんだ？」と反発するマネジャーもいる。うなずく人も多いのではないか。外見からは、その人のニーズを読み取るのが難しいからだ。それは、駒の動かし方もわからないまま、チェスをするようなものだ。

しかし、すぐれたマネジャーには解決策がある。部下に聞くのだ。部下に目標を聞いてみよう。いまの仕事で何を目指しているのか。どのようなキャリアを目指しているのか。上司と共有しておきたい個人的な目標は何か。どのくらいの頻度で自分の進捗の話を聞いてもらいたいか。

褒められるのが好きかどうかも聞いておこう。大勢の前で褒められるのと、ひとりのときに褒められるのではどちらがいいか。書面にしたほうがいいか、口頭で言ってもらったほうがいいか。一番にそれを知らせたいのは誰か。これまでで最も記憶に残った褒められ方がどんなものだったのかを聞いておくと非常に役立つ。その際には、なぜそれが記憶に残ったのか、理由も聞くとよい。そして、上司である自分とはどういった関係が望ましいのかも聞いてみよう。どう学んでいるかについても、教えてくれるだろうか。これまで、頼れるメンターやパートナーがいたかどうかを尋ねるのもよい。彼らはあなたを、どう支援してくれたのか。

部下ひとりひとりについて覚えておかなければならない情報は膨大で、すぐれたマネジャーは、それをすべて書きとめておくことが大事だとわかっている。部下ひとりひとりの専用フォルダがあるファイリングシステムを使っているマネジャーもいる。部下との「チェックイン」が一巡すると、それを知らせてくれる。また、小さな手帳にメモ書きして、いつもそれをポケットに入れて持ち歩くマネジャーもいる。部下たちはそれを「カンニングペーパー」と呼んでいるらしい。

どんな方法でもいい。部下ひとりひとりの情報を正しくつかめる方法はひとつではない。大事なのは、それを把握しておくこと。そうしないと、部下のことを何もわかっていない上司となってしまい、固定観念や一般化、そして「公平＝自分と同じ」という見当違いの考えに振り回されることになる。しかし、こうした情報を把握しておけば、部下に照準を合わせることができる。ひとりひとりの強みに照準を合わせ、その才能を活かしてパフォーマンスをあげることができるのだ。誰もが例外、すなわち特別な存在として部下をマネジメントすることができる。

最高の部下に最も多くの時間をかける

Spend the Most Time With Your Best People

すぐれたマネジャーは、それこそが公平だと考える

あなたがマネジャーなら、こんなエクササイズをしてみてほしい。真っ白な紙を用意して、縦に半分に折ってみよう。そして左側に、あなたの部下の名前を生産性の高い順に書く。最も生産性の高い人が一番上、最も生産性の低い人が一番下だ。右側にも部下の名前を書くが、今度は一緒に過ごす時間が長い順だ。最も長い時間を過ごした人が一番上、最も短い時間を過ごした人が一番下になる。次に、左側と右側にある同じ人の名前を線で結んでみよう。

線が交差してしまうだろうか。たいていはそうなるようだ。このエクササイズを行うと、たいていは最も生産性の低い部下に最も多くの時間をかけており、最も生産性の高い部下にはわずかな時間しかかけていないことがわかる。表面的には、極めて当たり前なマネジャーの時間の使い方のように見える。なぜなら、優秀な部下は、放っておいても仕事をしてくれる。上司がいなくても大丈夫だ。しかし、そうでない部下は、上司の助けを必要としている。上司の助けがなければ、彼が失敗するだけでなく、チーム全体の足を引っ張るかもしれない。

「できない部下に時間を投資するのは当然だ」と言う人が多い。が、すぐれたマネジャーは、これに真っ向から反対する。彼らがこのエクササイズを行うと、左側と右側の部下の名前を結んだ

線が平行になる。つまり、彼らは、最も生産性の高い部下に、最も多くの時間を割いているのだ。できる部下ほど投資するのは、なぜか。

すぐれたマネジャーは自分の役割について、他の多くのマネジャーとはまったく異なる見方をしている。多くのマネジャーは、部下をコントロールしたり指示を出したりすることが自分の役割だと考えている。コントロールすることがマネジャーの役割だと考えれば、できない部下に最も多くの時間をかけることは正しい。指示することがマネジメントの本質なら、まだ学ぶべきことがたくさんある部下に最も多くの時間をかけることは理にかなっている。

しかし、すぐれたマネジャーは、コントロールすることにも、指示することにも重点を置いていない。新入社員の場合はどちらも必要だが、彼らはまだ会社を支えるコアメンバーではない。彼らに必要なのは初歩的なことだし、及ぼす影響も小さい。

すぐれたマネジャーが自分の役割の中心に置いているのは、「触媒」として機能することだ。部下の才能に対し「触媒」として働くことで、彼らが成果をあげられるようにする。すぐれたマネジャーが部下と過ごす時間は、「部下たちの弱点を矯正する」ためではなく、「部下たちの才能を解き放つにはどうしたらよいかを懸命に考える」ためにあるのだ。

- **能力開発ができそうな成果は何か、何を期待すればよいか。部下ひとりひとりに照準を合わせ、個別の目標をつくることに精力を注ぐ。** 前述したロッドマンのユニークな契約を思い出してほしい。ブルズは、その他の選手たちとも、同じようにユニークな目標をあてがった契約をしている。

- **部下ひとりひとりの独自のやり方に光を当て、それを完璧にすることに精力を注ぐ。**部下本人にも、自分のユニークなスタイル、自分らしいやり方に注意を向けさせる。なぜそのやり方だと成功できるのか、どうすればもっと成果をあげられるのかを理解する手助けをする。マンディーがジョンにしていたのは、そういうことだ。マネジャーは部下全員にこれをすべきだ。
- **部下がより自由に才能を発揮できるように、マネジャーとして何ができるかを考える。**大手証券会社の支店長であるロバートは、こう言う。「ブローカーである部下たちが私のために働いているのではない。私が彼らのために働いているのだ。彼らのために新しいアイデアを思いつかないなら、せめて事務処理を円滑にして邪魔をしないようにします」

もしあなたが、マネジャーの役割とはこのようなものだと考え、部下たちとの時間を彼らの個別の目標をつくり、彼ら独自のやり方に光を当て、彼らのために何ができるか考えることに費やすのなら、最も生産性の高い部下に最も多くの時間を割かずにはいられないだろう。才能は「掛け算」だ。マネジャーがエネルギーと時間を注ぐほど、彼らの生産性は倍増する。優秀な部下と過ごす時間こそ、最も生産的な時間なのだ。

「便りがないのはよい知らせ」ではない

それどころか、優秀な部下に時間をかけないことは、驚くほど破壊的だ。「便りがないのはよい知らせ」をモットーとするタフなＭＢＡ卒業生は、その破壊力に驚くだろう。

簡単にいえば、マネジャーの仕事とは、部下たちの生産的な活動を増やし、非生産的な活動を減らすように促すことである。人に関心がないタフなマネジャーは、自分の反応が部下たちにどれほどの影響を与えているのか（どの行動を促し、どの行動を妨げているのか）に気づいていない。マネジャーは日々、舞台の真ん中に立ち、好むと好まざるとにかかわらず、部下全員に何らかのシグナルを送っているということを忘れているのだ。

すぐれたマネジャーは、このことを決して忘れない。自分たちは舞台の真ん中に立っているのだ。とりわけ、スーパースターの生産的な振る舞いに何の関心も払わなくなったら、彼らの生産性が劇的に下がってしまうことを忘れることはない。人は誰かの関心を必要とするようにできているのだ。もし注目されなければ、意識的にせよ無意識的にせよ、注目されるまで行動を変えようとするのが、人というものだ。

したがって、マネジャーが、仕事のできない部下ばかりに注意を払い、最も生産性の高い人を無視すると、生産性の高い人の振る舞いを変えてしまいかねない。何の便りもなく、明らかに無関心だとわかると、できる部下は、生産性の高いこれまでの行動を捨て、上司の注意を引く行動をとりはじめるだろう（よくも悪くも）。優秀な部下の態度の異変に気づいたら、それは、あなたが間違った人や行動に注意を向けているというサインだ。

だから、心に留めておこう。マネジャーは常に舞台の真ん中にいるのだ。見当違いな時間の使い方や注意の仕方は、決して中立的な行為ではない（それどころか、破壊的な影響を及ぼす）。また、「便りがないのはよい知らせ」ではない。便りがないと、あなたが増やしたいと思っている模範的な活動を、むしろ抹殺することになる。

すぐれたマネジャーは、優秀な部下に最も多くの時間を投資している。そうすることが極めて生産的であり、そうしないことが極めて破壊的であることを知っているのだ。彼らにインタビューした際、こんな言葉で語ってくれた。「優秀な部下に最も多く投資するのは、最も公平な方法であり、最も学べる方法だ。それは、他を抜きんでた素晴らしい点に照準を合わせられる唯一の方法なのだ」

最高の部下に投資することが、最も公平

すぐれたマネジャーも「公平」を大切にしているが、公平性の定義は他のマネジャーたちとかなり違う。すぐれたマネジャーが考える「公平」とは、すべての人を同じように扱うことではない。彼らは、「人を公平に扱うには、その人が成し遂げたことを念頭に置いて、その人にふさわしい扱いをすることだ」と言うだろう。

コーチとしてダラス・カウボーイズを2度、スーパーボウルに導き、マイアミ・ドルフィンズ

の監督をしているジミー・ジョンソンは、すぐれたマネジャーが「公平」な態度でいることの意味を教えてくれた。彼は、ドン・シューラから監督を引き継いだ直後、マイアミ・ドルフィンズの選手たちに向けたスピーチでこう語っている。

「私は選手全員に一貫した姿勢で接している。ひとりひとりに違った対応をするだろう。こういうことだ。一生懸命頑張れば成果があがり、私のガイドラインに忠実なら自由度も増していく。裏返せば、一生懸命やらず、いい加減なら、それほど長くこのチームにはいられないだろう」

このような発言をビジネスの世界でしたら、ずけずけ言いすぎているように聞こえるかもしれないが、すぐれたマネジャーにはこのコンセプトが当てはまる。彼らは、まったく自然に、最も生産性の高い部下に最も多くの時間を費やしている。

「人は自分に関心を持ってもらいたいものだ」ということを知っているからだ。関心の中身は人それぞれ違うかもしれないが、無視されるのは嫌なのだ。「好き」の反対は「嫌い」ではない。「好き」の反対は「無関心」だ。「嫌い」の反対も「無関心」だ。もし、最も成績の悪い部下に最も多くの時間を割いているなら、あなたが部下たちに送っているメッセージはこうだ。「成績が上がるほど、マネジャーである私との時間は減り、関心も低くなる」。どう考えても、このメッセージはおかしいだろう。

だからこそ、最もよい成果をあげた部下と、最も多くの時間を過ごすことだ。彼らに注意を払い、ふさわしい扱いをしよう。

本書を読んだ後にできる最も強力なことのひとつは、最高の部下たちを「再雇用」することだ。つまり、オフィスに戻り、なぜ彼らがそんなに優秀なのかを伝えよう。どうやって彼らがチームの成功の礎となっているかを改めて話すのだ。自分に合った方法でかまわないが、昇進を約束するような会話にならないように。昇進は、別の機会に話すことだ。ここでは、あなたの貢献がどれほど価値あるものかを伝えるだけでよい。本人はそんなふうに思っていないかもしれないのだから。

最高の部下に投資することは、最高の学び

できの悪い部下と時間を過ごせば、いろいろなことを学べる。あのシステムがうまく動かないのはなぜか。あの取り組みがうまくいかないのはなぜか。顧客が満足していないのは何が原因か。そして、時間をかけるにつれ、いろいろなことがさらにわかってくる。そう、こうしてマネジャーたちは、失敗の原因と解決策について自信を持って語れるようになるのだ。

しかし、いくら失敗の原因と解決策に習熟しても、それは、卓越した成果とはどういうものかを理解する役には立たない。失敗を研究しても、卓越した成果についてはあまり学べないのだ。ある仕事を達成するには数え切れないやり方があるが、そのほとんどは間違ったやり方だ。正しいやり方は、ほんのわずかしかない。が、間違った方法を削除していっても、正しい方法には近づけない。卓越性は、失敗の裏返しではないのだ。まったく別物だ。卓越性には独自の構成要素がある。行動だけを見たとき、失敗した人の振る舞いと、成功した人の振る舞いに、それほど大

きな差が見られないことだってあるのだ。

たとえば、前述したように、ホテルのすぐれた客室係は、掃除が終わった後、ベッドの上に仰向けに寝て、天井のファンを回し、ほこりが落ちてこないかを確認する。もしあなたが失敗の研究ばかりをしていたら、このことに気づかなかっただろう。同様に、レストランのすぐれたテーブル係も自分のおすすめをはっきり言うこと、すぐれた営業担当者も電話をかけるのに気が進まないこと、すぐれた看護師も患者と感情的なつながりをつくることは発見できないだろう。それどころか、できの悪い客室係や、できの悪いテーブル係、できの悪い営業担当者、できの悪い看護師とまったく同じ行動を発見したあなたは、こうした行動を封じ込めるための規則や方針をつくるが、結果として「卓越性」も封じ込めてしまうのだ。

私たちは、ヨーロッパ最大の医療機関のひとつと協力して、すぐれた看護師を見つけようとした。上司の評価を参考にしながら、すぐれた看護師100名と、平均的な看護師100名を選んだ。そして、ひとりひとりに個別インタビューを行い、すぐれた看護師に共通する才能が何かを見極めようとした。

すぐれた看護師に共通する才能はたくさんあったが、特出すべきは「患者からの反応が報酬になる」というものだった。すぐれた看護師は「気づかい」を必要としていた。ケアしないではいられないのだ。そのフィルターのおかげで、彼らはケアする機会を容易に見出す。そして、患者が反応してくれると、ケアすることの喜びを感じる。少しずつでもよくなっていくことが、彼らの動力源であり、心理的な報酬となるのだ。患者の反応を嬉しいと思える才能があるから、看護という仕事で悲しくて、つらいことがあっても、気持ちが落ち込まずに済む。この仕事に強みと満足感を見出せるようにする才能なのだ。

そのことをマネジャーたちに伝えると、こんな答えが返ってきた。「われわれは、そのようなやり方をする組織ではありません。看護師たちが患者と親密になってほしくはありません」。だから、患者は常に移動させられるのだそうだ。看護師が休暇をとって戻ってくると自分の患者はいない。別の病室に移ったか、別の病院に移ったか、退院しているという。「ベッドを空けなければいけないというプレッシャーは大きいです。だから、看護師が特定の患者を長くケアする体制にはできないのです。自分の患者がいなくなって怒る看護師もいましたよ。だから、看護師には距離を置くように言っています。患者が移動するとき、がっかりしてほしくないからです」

そうした意図があるにもかかわらず、あらゆるところで動揺が生じていた。患者と親しくなるなという制度のせいで、最も強力な満足感の源泉を失い、苦しんでいる看護師たちがいた。一方で、患者も苦しんでいた。「関係を築いた看護師にケアされると回復が早まる」という多数の研究結果がある。そして、マネジャーも苦しんでいた。孤独感を感じている患者と、やる気を失った看護師の双方に対処しなくてはならなくなったから。

病院はどうあるべきか。これは難しい問題だ。医療費を抑えるために、どの病院も患者を早く退院させて、ベッドを空けなければならないというプレッシャーを感じているのは事実だ。私たちは、この苦境に対する即効性のある答えは提示できなかったが、解決に至る最良の方法を提案した。すぐれた看護師を集めて、「患者や看護師仲間、その他の関係者のニーズをどのようにバランスさせているのか」について話してもらうのだ。どんな解決策になろうとも、患者を苦しませ、すぐれた看護師が必要とする「心理的酸素」の供給を止めてしまう、これまでの流れ作業的な仕組みよりはずっとよくなるに違いない。

ところが残念なことに、この組織は、すぐれた看護師の声を無視することを選んだ。効率的に見えるが、欠陥のある仕組みを変える理由や意志を見出せなかったのだ。そしていま、患者の不満や看護師の士気の低下、コスト増に、これまで以上に苦しんでいる。

幸いにも、すぐれた従業員から「何が卓越性を生み出すのか」を学ぼうとする企業も多くある。サウスウエスト航空やリッツカールトンにその仕組みを学ぼうとする見学ツアーの予約は1年先までいっぱいだ。ウォルト・ディズニーは、その秘密を「ディズニー・ウェイ」としてセミナーを開催しているほどだ。

たしかに、これらの企業の実践からはたくさんのことを学べるだろう。だが、自社以外のベストプラクティスに目を向けるだけでは、最も大事なことを見失う。それは、自分たちの会社のなかにいる最も生産性の高い部下を研究することだ。ディズニーやサウスウエスト航空、GE、リッツカールトンがそうだ。彼らは、見学ツアーやセミナー資料をつくるために、実際に最高の成果をあげている従業員たちにインタビューし、仕事をしている様子を観察して記録におさめ、その成果を称えている。彼らは、自社で日々生まれている卓越性を研究し、最高の実践者たちから学んだのだ。

マネジャーの皆さん、同じことをしよう。最も優秀な部下と一緒に時間を過ごす。彼らのやり方を観察し、彼らから学ぶ。失敗だけでなく、卓越性についても同じくらい語れるようになる。他社のベストプラクティスも参考になるが、自社内のベストプラクティスを研究したほうが、他社との違いを生み出せる。

もう一度言う。社内のトップパフォーマーと多くの時間を過ごすことが、卓越性を学ぶ最良の方法なのだ。もっとも、彼ら自身はあまりに自然に成功できてしまっているため、どうすればうまくいくのかを適切に説明できないかもしれない。

すぐれたマネジャーたちはインタビューのなかで、「優秀な部下たちを観察するのに多くの時間を割いている」と言う。毎月必ず1〜2名のトップパフォーマーと一緒に出張しているというセールスマネジャーもいた。すぐれた教師の授業をいくつか見て回っている校長もいた。カスタマーサービス部門のマネジャーは、すぐれた担当者の電話応対に定期的に耳を傾けている。このようにマネジャーが時間をかけ、注意を払う目的は、部下たちを評価したり監視したりするためではない。あるセールスマネジャーはこう述べている。「トップパフォーマーが行っていたことを記憶し、オフィスに戻ってからそれを再生する。どういう行動をして、なぜそれがうまくいったのかを詳細に分析し、理解しようとしている」

すぐれたマネジャーと同じように、テープレコーダーを回し続ける必要がある。

最高の部下に投資することは、卓越を極める唯一の方法

「平均」という言葉は、どこにでもある。予約センターでは、カスタマーサービス担当者が1時間に平均して何本の電話を受けているかを算出している。レストラン・チェーンでは、平均的な店舗に何人のスタッフが必要かを見積もることで、全店舗で必要な人数を算出している。営業部門では、1人当たりの平均見込み客数から担当するエリアを決めている。このように「平均」はどこにでもある。

すぐれたマネジャーも、こうした平均を重視する考え方には必ずしも反対しない。効率的に経営するには、社内で日々起きていることを近似的に把握する方法が必要だ。しかし、こうした平均を重視する考え方を部下のマネジメントに導入することには猛反対する。残念ながら、よくあることなのだ。

しかし、多くのマネジャーが、こうした平均を重視する思考にどっぷりはまっている。彼らの頭のなかには、自分たちが許容できるレベルのパフォーマンス、つまり営業組織でよく言われる「ノルマ」が明確にある。このノルマ＝業績平均が、各個人の業績を評価するバロメーターとなっているのだ。上司は、部下の売上が平均よりどれだけ上か下かで評価すればよい。平均的なボーナスの金額を決めれば、部下のボーナスもすぐに計算できる。上司は平均以下の部下を助けようとほとんどの時間を費やし、平均以上の部下は放っておく。これが、平均重視の思考の明確な症状だろう。

このように、平均的思考はとても魅力的だ。安全で、実際的に見える。できない部下に集中して指導すれば、彼らがとんでもないミスをして上司や会社を傷つけることから守ることができる。しかし、すぐれたマネジャーはそれに賛同しない。

その理由は2つある。ひとつは、部下ひとりひとりの成果を評価するバロメーターとして平均的なノルマを用いない。彼らは、卓越しているかどうかを見る。彼らの視点に立てば、平均と優秀さは無関係なのだ。

もうひとつは、卓越した従業員は平均値をはるかに超えたものだとわかっているからだ。彼らには、その役割をこなすために持って生まれた力がある。才能だ。直感に反するようだが、平均以上のパフォーマンスを発揮している従業員は、これからも成長する余地がずっと大きいのだ。すぐれたマネジャーは、才能のある人が才能を磨くのを助けるのは大変な仕事だとわかっている。もし、できない部下をなんとか平均値まで持ってこさせようと時間を費やしているのなら、できる部下の才能をさらに磨いて卓越性に導くという本当に難しい仕事に割く時間はほとんど残ってはいないだろう。

ジーンの話を聞けば、平均値の無意味さと、才能が持つ潜在的な成長力がわかるだろう。データ入力の仕事では、全国平均で月38万回。1日1万9000回のキーパンチが行われている。多くの企業は、この平均値を用いて、データ入力の従業員を何人雇う必要があるかを算出する。そうした人材を採用した場合、そこそこのマネジャーなら、この全国平均を超える水準まで彼らのパフォーマンスをあげられるはずだ。それはどのくらいか。25％超か、35％超か、50％超か。仮に50％超の場合、月50万回を超える入力となる。事実、トップレベルのデータ入力者だと、平均値をあざ笑うかのような成果をあげている。全国平均を10倍近くも上回っているのだ。

ジーンは、そんなトップパフォーマーのひとりだ。最初は月平均56万回だった。この時点ですでに全国平均を50％上回っている。その高い成果を褒められると、ジーンと上司は、さらにパフォーマンスをあげるための個人目標を設定し、記録することにした。3カ月後、ジーンのデータ入力数は100万回を超えた。その数週間後には1日の入力数が11万2000回になった。ジーンは上司に言った。「毎日11万回以上打てば、1カ月で200万回の大台に乗りますよ」。そこでジーンと上司は、どうやったらもっとパフォーマンスが伸びるかプランを立てた。6カ月後、本当に彼女は月200万回を突破した。

ジーンは、この仕事のロールモデルとなった。彼女の上司は、時間をかけて彼女の仕事ぶりを観察し、なぜこんなにこの仕事が好きなのか、尋ねた。ジーンは答えた。「負けず嫌いで、数を数えるのが好きなんです」。なぜ、キーを打つほどミスが減るのか。「熟練度が上がるからでしょう」。ジーンの上司は、ジーンのような才能の持ち主を見つけるための「才能プロファイル」をつくり、すぐれた業績に報いる給与の仕組みをつくった。現在、ジーンの自己ベストは、月352万6000回だ。そして、彼女のまわりで働くデータ入力者も、月平均100万回を超えている。全国平均を軽く凌駕しているのだ。

ジーンの話から得られる教訓は、どんな仕事にも当てはまる。卓越した仕事をしている人の限界を、平均値で測ってはいけない。才能が持つ可能性を極端に過小評価してしまうことになるからだ。最高の成果をあげている部下に照準を合わせ、正規分布のベルカーブの右端に押し続けよう。直感に反するようだが、ジーンのようなトップパフォーマーは、最も成長する可能性を秘めているのだ。

天井を突き破れ

平均を重視する思考は、マネジャーの意識を、卓越した成果やトップパフォーマーから遠ざけてしまうだけでない。最も有害なダメージを与え、マネジャーが行う最善の努力を破壊する。平均を重視する思考のせいで、「もうここまででいいや」とパフォーマンスを制限してしまうのだ。ソフトウエア会社のセールスマネジャーであるジェフは、この破壊的な効果について次のように語っている。

「私が働いている会社にはひとつの目標があります。それは、売上と利益を前年比20%増にすることです。20%の成長が会社としての成功だと入社直後から叩き込まれました。12年連続でそれを達成し、ウォールストリートからも高い評価を受けています。なぜ会社が毎年この数字を目指さなければならないのか、私にはわかりますし、市場がそうした予測を好む理由も理解できます。しかし、ひとりのマネジャーとして、その達成は困難です」

「私の立場になって考えてみてください。この4年間、私たちがナンバーワンの地域です。毎年、第3四半期の終わりになると、部下たちは皆、20%の成長目標を達成しています。年度末までは、まだ3カ月残っているのに、すでに目標を達成しているのです。そこで、残り3カ月に全力投球しようという気にさせるにはどうしたらいいでしょうか。彼らからすれば、来年1月まで売上を全部とっておいたほうが、はるかに意味があるわけですよ。1月から勢いよくダッシュできますからね。ノルマがそれを助長するんです。だから毎年、私は、私たち全員が優秀になるように設計された仕組みそのものと戦わなければなりません。皆を奮い立たせるために、他の方法を探さなければいけないんですよ」

ジェフはどうしたか。彼は、意志が強く、コンセプトを話すのが好きなので、部下全員に心のこもった手紙を書くことにした。自分の内面を見つめ、最後の力を振り絞るようにと。これがその手紙だ。

10月29日

みなさん

年度末まで、あと2カ月となりました。今年度の目標達成に照準を合わせ、頑張りましょう。今年もここまで長いレースをうまく戦ってきました。すでに目標を達成してしまって、残りの期間をのんびり過ごす人もいるでしょう。決断するのは私ではなく、皆さんです。もっと頑張れと怒鳴るつもりもなければ、強制するつもりもありません。

ただ、私たちが望む最高の成果をあげ、あなたが自分の能力を最大限に伸ばしたいと思うならば、それは、終わりなき目標です。成功するためには、さらなる向上を目指した、果てしない努力が必要です。個人として、プロフェッショナルとして、報酬面でも精神面でも努力することが求められるのです。好むと好まざるとにかかわらず、ベストを尽くすと決めたなら、とことんそうしなければなりません。

照準を合わせ続けましょう。自分で決めたベストへのコミットメントを失ってはなりません。毎日少しずつでも時間をかければ、大きなものが得られるのです。

ジェフ

追伸　皆さんは、会社のなかで最高の人材であり、私がマネジャーになってから与えられた最高の部下たちです。

幸いなことに、ジェフの心のこもった手紙と「毎日少しずつでも時間をかければ、大きなものが得られる」という信念が、ノルマという名の束縛を突き破った。部下たちが、卓越した成果に照準を合わせ続ける方法を見つけたのだ。ノルマに縛られることなく、ジェフは4年連続で地域をトップに導いている。

他のすぐれたマネジャーも、それぞれ独自の才能とやり方で卓越した道を切り開くだろう。しかし、成功したにもかかわらず、知らず知らずのうちに業績に上限を設けてしまう評価制度を回避するために多くの創造性を浪費しなければならなかったことは残念だ。平均的な考え方に反発するために多くのエネルギーを費やさなければならないとしたら、もったいない話だ。マネジャーのエネルギーと創造性は、卓越した成果を追求することに費やしてほしい。

平均を重視する思考にぶつかったら、元気よく反論しよう。卓越した成果とはどういうものかを定量的に定義しよう。最も生産性の高い部下にとって、卓越性とはどのようなものかを絵に描かせるのだ。そして、正規分布のベルカーブの右端を目指すよう、ひとりひとりに努力を続けさせる。そうすれば、より公平に、より生産的になる。そして何より大事なことだが、そのほうがマネジャーにとって、はるかに楽しい。

弱みに対処する

How to Manage Around a Weakness

すぐれたマネジャーは、部下の弱みにどう対処しているのか

すぐれたマネジャーは部下の強みに照準を合わせるが、これは「弱みを無視しろ」という意味ではない。彼らは弱みを無視しない。「強みに照準を合わせる」とは、ポジティブシンキングをすることではない。悪い結果もあれば、失敗するときもある。業績のあがらない部下もいるし、トップパフォーマーですら欠点を抱えている。生産性の低い危険な状況に陥らないようにするためには、業績不振と真正面から、迅速に向き合わなければならない。進行性の病と同じで、先送りにするのは、誤った治療法だ。

従業員のパフォーマンスが低下する直接的な原因は「仕組み」によるものだ。たとえば、従業員が必要とするツールや情報を会社が与えていないかもしれない。そして、「個人」的な原因もある。家族の誰かが亡くなって、まだ悲しんでいるかもしれない。パフォーマンスが悪い部下がいたら、まずはこの2つの原因を探してみよう。どちらも特定しやすいが、解決するのはかなり難しい。前者なら、役割を慎重に見直し、メンバー同士あるいは部門間の協力のあり方を見直す必要がある。後者なら、理解と忍耐が必要だ。いずれにせよ、これら2つが原因なら、業績不振の理由もわかる。

業績不振の多くは、その原因を特定するのがより難しいが、幸いなことに、正しい考え方をすれば、マネジャーが対処できる解決策がある。すぐれたマネジャーは、まず、次の2つの質問をすることから始める。

質問1　お粗末なパフォーマンスは、トレーニングで直せるか

もしその部下が必要なスキルや知識を持っていないために業績があがらないなら、それはほぼ間違いなくトレーニングすることで対処できる。広告代理店のマネジャーであるジャンは、シンプルな例を教えてくれた。

「私の手書きのメモを渡して、素晴らしいプレゼン資料をつくるよう、部下に指示したときのことです。でも、まったくお粗末でした。仕事は遅く、資料のできはひどかった。そこで私は彼女と本音の話をしました。彼女は、パワーポイントの使い方を習ったことがなかったんです。優秀な美術学校出身者でしたが、その才能をコンピューターで活かす方法を誰も教えてくれなかったのです。これなら解決は簡単ですよね。ただちにパワーポイントの使い方集中講座に参加してもらいました。いまでは、プレゼン資料を作成するスターですよ」

石油化学会社のマネジャーであるローリーは、知識を学ばせるための、もう少し手の込んだ方法を語ってくれた。

「ジムは、とても才能のある若者ですが、遅刻常習者でした。そのことを話したら、『どうしても時間どおりに来ることができません。毎朝、思いがけないことが起こるんです。でも、そのぶ

ん、夜遅くまで残ってきちんと仕事を片づけるので心配しないでください』と言います。しかし、私は心配だと言いました。他のメンバーが彼をどう見ているかが心配だったんです。『他のメンバーは、君のことをどう見ているだろうか』と彼に尋ねました。するとジムは、『遅刻するのは怠け者で、責任感に欠けていて、チームワークが悪いと思っているでしょう。でも、私はそういう人間じゃないですよ』と言う。だから、私はこう言いました。『君がそういう人じゃないのは、マネジャーの私にはわかる。でも、メンバーにはわからないだろう。今後は時間どおりに来るように、と言っているんじゃない。チームメンバーがどう思うかを考え、もっとよく思ってもらえるようにしなさい、と言っているんだ。でないと、メンバーが君のことを信頼しなくなり、チームの足を引っ張ることになる。そうなったら私は、君に辞めてほしいと言わなければならなくなるんだ』って」

「ジムは、いまでは95％は定時に来ますよ。ジムの行動を変えたのは、私じゃない。彼の行動を変えたのは、メンバーが自分をいかに否定的に受け止めているかを知り、それが嫌だと自覚したからです」

皆さんにも同じような経験があるだろう。製品のことをあまりよく知らない販売員や、経費の処理方法を知らない事務員、実際のビジネスシーンで使う報告書の書き方を知らないビジネススクールを卒業したばかりの新入社員なら、足りないスキルや知識を埋めてやればいい。コンピュータの操作方法を習うといった単純なことでも、自分自身をどう見つめ直すかといった繊細なことでも同じだ。お粗末なパフォーマンスの原因がスキルや知識なら、トレーニングをすれば直せるのだ。

質問2　お粗末なパフォーマンスは、マネジャーが間違った引き金を引いたからか

従業員のモチベーションは、人によってさまざまだ。前述したが、他人と競争したい気持ちが強くない部下をコンテストに出して勝たせるように無理強いしたり、シャイな部下を大勢の前で褒めたりしているなら、そのお粗末なパフォーマンスの原因は、マネジャーの采配のまずさにある。マネジャーがそれに気づいて、適切な引き金を引くことができれば、部下の才能が引き出されるかもしれないのだ。

総合保険会社のマネジャーであるジョンは、よくある過ちを犯して、ようやくこのことに気づいた。マークは、年間最優秀エージェント賞を何度も受賞しているが、ありふれた賞状はもういらないと公言していた。褒められるなら、引き出しにすぐしまわれてしまうような賞状ではなく、何か他のものがいいと。ジョンはマークの話を聞いてはいたが、それでも自分が正しいと思っていた。「営業担当者なら誰だって賞状が好きなはずだ」と。

次にマークが最優秀エージェント賞を獲得したとき、ジョンは、今度は違うやり方をしようと考えた。マークを壇上に呼び、そこで高々と褒め上げ、賞状を渡したのだ。マークは一瞥すると、皆のほうに向き直って訳のわからない仕草をし、足音荒く壇上から降り、「こんな会社なんか辞めてやる」と叫んだ。最悪の授賞式となってしまった。

ジョンは、この状況を打開するにはどうしたらいいかとマークの同僚たちに相談した。どうや

ら、クルマに乗っているとき、ランチのときなど、社外での生活に話が及ぶと、マークは2人の娘のことを話題にするようだ。マーク夫妻は、自分たちには子どもができないとあきらめかけていたので、まさに大事な宝物だという。マークは、娘たちがこんなことを話した、こんなすごいことをした、こんなに可愛いことをしたという話をよくするらしい。彼は彼女たちを誇りに思っていた。彼の人生そのものだった。

ジョンは、すぐさまマークの奥さんに電話をかけ、事情を話した。夫人にひとつのアイデアが浮かんだ。2人の娘たちを写真スタジオに連れていき、可愛らしいポートレート写真に仕上げて、それをマークに贈呈しようというのだ。

2週間後、ジョンは昼食会を開いた。仲間のエージェントや招待客、マークの奥さん、娘さんたちの前でジョンは、娘さんたちのポートレート写真をお披露目し、マークに贈呈した。すると、以前は足音荒く壇上から降りたマークが、今度は泣き出したのだ。引き金は、2人の娘さんたちだった。

ジョンが自分のことを心から心配してくれているとマークが感じられなかったら、うまくいかなかっただろう。しかし、幸いなことに、何年も一緒に仕事をしているうちに2人のあいだには信頼関係が生まれていた。ただひとつ足りなかったのは、マークが最も大切にしていることをジョンが十分に理解していなかったことだ。ジョンは、マークの同僚たちから得た情報をヒントにようやく理解した。これからは、マークならではのモチベーションを尊重し、うまく活かしていくことができるだろう。

マネジャーなら、ジョンのケースから得るものがあるはずだ。部下の仕事がうまくいっていない場合、彼のモチベーションを読み違えている可能性がある。別の引き金を引けば、真の才能が再び発揮されるかもしれない。もしかしたら、彼の業績不振は、あなたのせいかもしれない。何かする前に、この可能性を考えてみてほしい。

しかし、部下の業績不振が、スキルや知識の問題でも、間違った引き金のせいでもないなら、それは「才能」の問題だ。その人が苦労しているのは、パフォーマンスを発揮するための才能がないからだ。この場合、トレーニングをしても意味がない。才能が永続的なものであることを考えると、必要な才能を新たに身に付けられる可能性は極めて低い。部下に任せておくだけでは、才能がないために苦しむことになるだろう。

こうなると、陰鬱な未来しかないが、実際にはよくある話だ。つまるところ、完璧な人はいない。特定の役割をこなすためにふさわしい才能をすべて持っている人はいない。私たちは皆、才能のカードを何枚か持っているだけなのだ。

高い才能がないことは、弱みではない

すぐれたマネジャーは、「高い才能がないこと」と「弱み」がまったく別物であることを知っている。高い才能がない分野は、先述したように、頭のなかの「荒れ地」である。そこでの行動はいつも苦労しているように見える。意欲も湧かないし、物事の本質を理解することもない。と

はいえ、才能がないだけなら、何の害もない。人の名前を覚えたり、他人の気持ちに共感したり、戦略的に考えたりする才能がなくても、それを気にする人はいない。人は、高い才能より、高くない才能のほうをたくさん持っているが、それは問題ではない。放っておいてかまわないのだ。

しかし、高くない才能が「弱点」になってしまうときがある。仕事とのミスマッチだ。高い才能がない分野の仕事を任されたとき、その分野で優秀かどうかが成功を左右するため、弱点となってしまう。レストランのサービス係なら、常連客の名前を覚えたほうがいいが、それが苦手なら弱点となる。営業担当者なら、見込み客が自分のことを理解してくれていると感じる必要があるため、共感する才能がないことが弱点となる。会社を経営しているなら、戦略的に考える才能がないことが弱点となる。会社経営においては、この先、どんな落とし穴やチャンスが隠れているかを知る必要がある。このような場合、自分の弱点を放っておいてはいけない。

すぐれたマネジャーは、弱みを無視したりはしない。弱点が業績不振の原因になっていることに気づいたら、ただちにアプローチを変える。彼らは、人を成功に導くには次の3つの方法しかないことを知っているのだ。

1　サポートシステムを整える
2　補完できるパートナーを見つける
3　別の役割を見つける

すぐれたマネジャーは、これらの選択肢のなかから最適なアプローチを見出し、ただちに全力でその人にあてがうのだ。

サポートシステムを整える

アメリカ人のほとんどが、視力に問題を抱えている。700年前なら、遠視や近視、乱視の人は、深刻なハンディキャップを背負っていたはずだ。だが、光学技術の進歩により、視力矯正レンズが開発されるようになった。矯正レンズをはめたメガネができたおかげで、物がよく見えないという弱点がカバーされたのだ。いまだに何百万人ものアメリカ人が視力に悩まされているが、メガネやコンタクトレンズというサポートシステムのおかげで、誰も気にしなくなった。

弱点が悪化する前に、最も素早く対処できるのが、サポートシステムだ。人の名前を覚えるのが苦手なら、名刺管理用のグッズを与えればよい。誤字脱字が多いなら、印刷の前に必ずスペルチェックをするようにする。デザイン部門のマネジャーであるマンディーは、いつも流行のカバーオールを着ているせいで信用を落としている優秀なコンサルタントの話をしてくれた。マンディーは彼女を連れ出し、クライアントの前に着て行けるようなスーツを購入させたのだ。ソフトウエア会社のセールスマネジャーであるジェフは、部下のひとりが家庭内のトラブルで業績不振に陥っていることに気づいた。自宅の電話に仕事の電話が頻繁にかかってくるため、彼の妻が苛立っていたのだ。だからジェフは、部下の自宅に2本目の電話線を引き、自宅の一室をオフィスとして指定した。さらには、その仕事部屋のドアを閉める時間を決め、その時間帯は着信音が鳴らないようにした。

総合保険代理店を営むマリーは、業績は抜群ながら、うぬぼれが強く、オフィスに戻ってくるたびにネガティブな話題をまき散らすエージェントに困っていた。で、どうしたか。彼の部屋に新しいドアをとりつけ、エレベーターから直接入れるようにした。さらには、ドアに、クラッシックな金色の文字で彼の名前を書いたプレートを貼った。これだけで、彼のうぬぼれを満たし、ネガティブな雰囲気をまき散らすのをやめさせたのだ。

少し極端に見えるかもしれないが、名刺管理グッズを与えるにしても、壁にドアをとりつけるにしても、マネジャーたちは皆、同じことをしている。弱点を補い、強みに照準を合わそうとしているのだ。サポートシステムを整えることは、弱点を直すよりも生産的で、楽しいことなのだ。

サポートシステムには、こういう使い方もある。ある大手レストラン・チェーンは、知的障がい者の従業員を一定数雇用すると公言していた。彼らには簡単だが有意義な仕事が必ず見つかると信じていた。しかし、現実にはなかなかうまくいかない。社長は、ジャニスという従業員の話をしてくれた。ジャニスの仕事は、チキンを箱から取り出し、ひとつひとつ丁寧にフライヤーのなかに入れ、タイマーが鳴ったら全部取り出すというものだ。彼女にはその役割をこなす力も責任感も十分にあったし、機械の操作も完璧だった。が、ジャニスは数を数えられなかった。フライヤーにはチキンが6個しか入らないが、ジャニスは入れすぎてしまい、生焼けのチキンにしてしまうことが何度かあった。

会社は、数を数えられないことを理由に、彼女を解雇することもできた。が、そうしなかった。代わりに、彼女の弱点を克服するためのサポートシステムを考案した。チキンの納入業者に、1パック6個入りで納品するように頼んだのだ。そうすれば、数を数える必要がない。1パックずつフライヤーに入れれば、完璧なチキンが焼ける。しかし、チキン納入業者は、手間が増えることを理由に、このパック詰めを断ってきた。

そこで会社は、その納入業者との取引を打ち切り、1パック6個入りのチキンを出荷してくれる別の業者を探し出した。おかげで、いまでは、ジャニスが数を数えられないのを誰も気にしない。彼女の弱点は、サポートシステムによって「問題なし」に変わったのだ。

2 補完できるパートナーを見つける

毎年、何万人もの新米経営者たちが、「リーダーとは生まれつきのものではなく、育てられるものだ」という希望に胸を膨らませて、リーダーシップ開発研修に足を踏み入れている。そこで彼らは、模範的なリーダーを構成するたくさんの特性や能力を教え込まれる。同僚や上司からのフィードバックを受け、自分だけのリーダーシップ像が見えてくる。そして、学習と内省が終わると、いよいよ難関が始まる。参加者は、「自分の欠点をいかに矯正するか」「どうやったら何でもできる模範的なリーダーになれるか」のアクションプランをつくらされるのだ。

すぐれたマネジャーによると、この最後の難関は、残念な間違いだ。リーダーたるもの、なすべき役割をすべて理解するのはよい。鏡を見るように、同僚や部下からどう見られているかを知るべきだ。しかし、「何でもできる人間になるための計画を立てる」という最後の難関は、とんでもない。大勢の前で話すのが苦手な人は、話し方矯正クラスに入っても、人前で話すのが不得意のまま、クラスから去ることになる。対立が苦手な人は、常に戦いを避けたがる。非現実的な人は、自分のアイデアを実現するのに苦労し続けるだろう。研修では、なぜその才能が必要なのか、それはどう作用するのかを学ぶことができるが、どんなに頑張っても、その才能を身に付けることはできない。

これは、憂慮すべき事実ではない。アメリカ企業の歴史上、最も有名なリーダーたちは、常にこのことを知っていた。彼らは、成功を目指して奮闘しているときでさえ、完璧な人間になろうとはしなかった。自分の欠点に気づいていたが、誰ひとり、その欠点を矯正して長所に変えようとはしなかった。そんなことをしても無駄だということが、わかっていたからだ。だから、それに代わる方法をとった。「補完的なパートナー」を見つけたのだ。

ウォルト・ディズニーは、遠くまで探しに行かなくてもよかった。弟のロイが補完的パートナーとなった。ウィリアム・ヒューレットは、スタンフォード大教授の好意により、デビッド・パッカードと出会った。ビル・ゲイツとポール・アレンは、高校のコンピュータークラブで知り合った。これらの並外れたリーダーたちには、誰ひとりとして「完璧な人」はいない。しかも、彼らは、総合的な才能を持っていたわけではない。それぞれのビジネスについて幅広い知識を持っていたかもしれないが、才能という点では、1つか2つの重要な分野で突出しているものの、それ他の分野ではそれほどでもない。このように、ひとりが不得意でも、もうひとりが得意なので、パートナーシップはうまく機能していた。個人ではなく、パートナーシップが充実していたのだ。

独立志向のリーダーも、補完し合えるパートナーを見つけて、バランスをとろうとしている。ディズニーでは、巨大な知性と飽くなき競争心を持ったマイケル・アイズナーが、より現実的で地に足の着いたフランク・ウェルズから恩恵を受けた。また、エレクトロニック・データ・システムズでは、衝動的でインスピレーションに満ちたロス・ペローの背後に、ミッチ・ハートという賢明な指導力があったはずだ。

これらのリーダーから得た教訓は、極めて明確だ。自分が持っているものを活かす方法を見つけることで成功するのであって、持っていないものを直そうとする必要はない。もし、重要な分野であるにもかかわらず不得意なら、自分の「谷」と一致する「山」を持つパートナーを見つけるとよい。その相手とバランスをとることで、自分の才能をより研ぎ澄ますことができる。

この教訓は、あらゆる職業や役割で応用できる。役割を完璧にこなせる人はほとんどいないので、すぐれたマネジャーは常に、ある部下の「谷」と別の部下の「山」を組み合わせる方法を探している。

広告代理店のマネジャーであるジャンは、あふれるほどの才能に恵まれた調査員のダイアンを抱えていた。ただ、彼女はどうしても期限内に経費伝票を提出できない。ジャンは、毎回提出が遅れることをなじって時間を無駄にするようなことはせず、ダイアンにこう伝えた。「出張から戻ったら、経費のレシートを全部、封筒に入れて、ラリーに渡してくれ。ラリーが計算してくれるから」

ラリーは、アシスタントではなく、ダイアンと同じ調査員だ。しかし、ラリーは、このチームのなかで最も整理する力があるので、ダイアンの経費伝票までカバーすることにしたのだ。型破りな方法かもしれない。ラリーとダイアンのあいだに信頼と尊敬がなければ、成り立たないだろう。だが、ジャンにとっては、このやり方が、ラリーの才能を活かしつつ、同時にダイアンを弱みから解放する唯一の方法だったのだ。

ソフトウエア会社の営業担当マネジャーであるジェフは、誠実な人柄で仕事熱心、コンセプトを正しくとらえられる人物だが、計画立案が得意ではなかった。「戦術を考えるのが苦手なんです」と彼は告白する。「私は、ゼロから始めて1対1で信頼関係を築いていくのが得意です。大局的な視点でパターンを見つけ、計画を最後まで実行することもできます。でも、その途中が苦手なんです。でも、そこは、トニーがカバーしてくれます。同じ状況を見てもトニーと私とでは、尋ねる質問が違うのです。私は「もし」「なぜ」と聞きますが、トニーは「いくつ」「いつまで」「根拠は何？」と聞くのです。私が生半可なアイデアを持って役員会に出たら、間違いなく討ち死にです。でも2人で一緒に考えると、うまくまとまるので、役員会で却下されたことがありません。よくトニーに言うんです。1人ではたいしたことがないけど、2人でやると百人力だなって」

すぐれたマネジャーにインタビューすると、こうした話がたくさん出てくる。彼らが語るパートナーシップはどれも典型的なものだ。創造的だが実行力に乏しい考えるタイプは、ビジネスに精通したやり手とパートナーを組む。管理能力に欠ける営業担当者は、細かなことは気にしない事務方と組む。生意気な野心家には、タフなベテランの師匠を見つける。こういうことは、どれも必然なのか。

いや、現実は違う。これは、すぐれたマネジャーがしていることであって、世の中の常識ではない。必然性はまったくなく、どのパートナーシップも例外だ。すぐれたマネジャーが、既存のやり方に逆らい、ユニークだが不完全な人々を最大限に活用する方法を考え出したのだ。すぐれたマネジャーがこうしたパートナーシップについてあまりにも平然と話すので、現実の世界でそれを築くことがいかに難しいかをうっかり忘れてしまうほどだ。

健全なパートナーシップを築く

健全なパートナーシップは、ひとつの重要な理解を前提にしている。それは、「人は誰もが不完全な生き物である」だ。だから、自分の欠点を認めなかったり、あるいは完全な人になるために弱点を矯正しようとしたり、他人に協力を求めるのを嫌がったりしたら、生産的なパートナーは見つからないだろう。こうした人たちは、たくさんの欠点を口にするのをためらい、パートナーが申し出ても疑いの眼で見てしまうだろう。

おかしなことに、ビジネスの世界では、協力関係を妨げ、パートナーシップをつくらないようにするための制度があるようだ。職務記述書は、最も単純な作業でさえ、2〜3ページもある。完璧な人材ならできるはずの細かな仕事まで網羅しようとしているのだろう。研修や能力開発計画ではいつも、うまくできない仕事をターゲットにしている。誰もが自分のスキルの幅を広げる必要性を口にする。

協力関係をつくるのを妨げる最も大きな壁は、チームとチームワークに関する「常識」にある。それは、「team にIはない」だ。チーム（team）のなかに私（I）はいない。チームには協力と相互支援が必要だと言いたいのだろう。たしかに、個人よりもチーム全体のほうが重要だ。一見すると、この言葉は正しいように思える。実際、多くの企業が、自己管理できるチームづくりに取り組んでいる。チーム内のさまざまな役割をローテーションでこなすのだ。実際に経験して学んだ役割が多いほど、給料が上がる仕組みだ。誰もが、自分の目標ではなく、チームの目標に照準を合わせている。

しかし、従来の常識にとらわれたチームワークの考え方は、恐ろしく誤解を招きやすい。すぐれたマネジャーは、「生産性の高いチームには仲間意識があり、全員がすべての役割をこなせる」などとは考えていない。それどころか、生産性が高いチームとは、「ひとりひとりが、自分はどの役割を最もうまく演じられるかを知っていて、ほとんどの時間、その役割を割り当てられているチーム」だと定義している。

すぐれたマネジャーの基本理念はこうだ。「すぐれたチームは、ひとりひとりの卓越性によって築かれる」。だからこそ、まずはメンバーを、それぞれのふさわしい役割に配置する。次に、各人の強みと弱みをバランスよく補い合えるようにする。これがマネジャーの責任だ。そのうえで、仲間意識やチームスピリットなど、より広い範囲の概念に目を向けるのだ。ひとりのメンバーが、他のメンバーを支援するために自分の役割から外れることもあるかもしれない。しかしそれは、すぐれたチームでは稀なことであり、本質ではない。

ジムは陸軍の大佐だ。陸軍では、個人の優秀さより、柔軟性や仲間意識が重視されるに違いない。彼は、そんな陸軍におけるチーム・ビルディングについて語ってくれた。

「小隊を編制するとき、どの任務に一番魅力を感じているか、ひとりひとりに尋ねます。射撃と答える者もいれば、無線、あるいは爆弾と答える者もいます。兵士全員の話をメモにとります。そして、小隊を編制するときには、魅力を感じると言っていた任務を割り当てるように努力します。もちろん、完璧に一致するわけではありません。戦場で人を失うかもしれないので、どの兵士もすべての任務をこなせるように訓練します。誰かを失ったら、他の兵士がその任務を遂行しなければなりません。しかし、まずは適切な任務に割り当てることが重要です。ここを間違えると、戦闘で力を発揮できません」

従来の常識では、ひとりひとりの独自性は、チームワークを阻害するものとしてとらえている。これに対し、すぐれたマネジャーは、「個人の独自性こそが、チームをつくる基礎である」ととらえている。

すぐれたマネジャーの考え方によると、すぐれたチームの中心には「I（ひとりひとりの人間）」がなければならない。強い個人（I）が、たくさんいなければならない。自分のことをよく知っていて、適切な役割を選び、その役割を常に心地よくこなせる人がいなければならないのだ。もし、自分の強みや弱みを理解しないままチームに加わったら、パフォーマンスが低下したり、他の役割もやってみたいといういい加減な気持ちを抱いたりして、チーム全体の足を引っ張ることになるだろう。自分の強みと弱みがわかっている、強い個人こそが、すぐれたチームの構成要素なのだ。

3　別の役割を見つける

何をやっても、うまくいかない人たちがいる。考え得る限りの引き金を引いてもダメ。訓練し、パートナーを探し、名刺管理グッズを与え、スペルチェックの技術を教え、オフィスの壁にドアをつけても、ダメ。

こういった状況に直面したとき、あなたにはほとんど選択肢はない。この部下には、別の仕事を与えなければならない。悪い関係を直すには、その関係から離れるしかないこと、すなわち、業績不振を解消する唯一の方法が「配役ミスからの解放」であることもあるのだ。

そういうケースかどうかを、どうやって判断すればよいか。確実なことは言えないが、すぐれたマネジャーはこんなアドバイスをしてくれた。

「ひとりひとりの弱点を無視してはいけません。なんとか対処してやる必要があります。でも、あなたが、ある特定の部下に対して、彼の弱点を克服するためにほとんどの時間を費やしているなら、『配役を間違えたのだ』と気づくことです。もうそれ以上、その人の弱点を矯正しようとするのはやめましょう」

第6章

The Fourth Key:
Find the Right Fit

第4のアプローチ
強みを活かせる場所を探す

わき目もふらず、息もつがずに、ひたすら登る

上の段でも成功するとは限らない

あらゆる職務にヒーローをつくる

新しいキャリアへの3つのストーリー

仕事はタフに、部下にはひとりの人間として接する

わき目もふらず、息もつがずに、ひたすら登る

The Blind, Breathless Climb

「一本のはしご」的キャリアパスの問題点

遅かれ早かれ、マネジャーは部下から、「私のキャリアパスはどうなっていくのでしょうか」と問われることになる。今日、従業員の多くが、仕事で成長することを望んでいる。昇進や昇格も待ち望んでいる。力を存分に発揮できず退屈している、もっと責任のある仕事がしたいと言う人もいる。理由は何であれ、部下はキャリアアップを目指していて、上司であるあなたが後押ししてくれるよう期待している。

部下に何と答えるべきか。昇進するのを助けるべきか。「人事部に相談しろ」と言うべきか。「私にできるのは言葉をかけることだけだ」と言うべきか。正しい答えは何か。

実は、正解はない。というより、状況によりけりだろう。だが、「正しい方法」なら、ある。それは、ひとりひとりが自分に合った仕事を見つける手助けをすることだ。その人が持っている力をさらに発揮できるような役割を見つけるのを助ける。その人が持っている才能とスキル、知識の組み合わせを活かせるような役割を見つけるのを助けるのだ。

人によっては、スーパーバイザーへの昇進を意味するかもしれないし、職場を変えることかもしれない。あるいは、いまの役割でさらに成果をあげることかもしれない。以前の役割に戻るこ

ともある。答えは実にさまざまであり、なかには、不評を買うようなものもあるだろう。しかし、すぐれたマネジャーは、どんなに口に苦い薬であっても、自分の目標は変えない。「部下が何と言おうと、マネジャーの責任は、部下が最も成功する可能性の高い職務に就くように導くことだ」とわかっているからだ。

とはいえ、それは極めて難しい課題だ。だからこそ、従来の常識では、「私のキャリアパスはどうなっていくのでしょうか」と問われたら、ひたすら「昇進せよ」と言うのだ。ほとんどの人が、そう思い込んでいる。

従来の常識では、キャリアとは、1本のはしごをひたすら上まで登っていくことである。最初は、ひとりの貢献者としてスタートする。専門知識を身に付けたら少し背伸びをして、小さなグループの責任を負う。次に、人を管理する立場に昇進する。そして、業績と運、人脈に恵まれると、さらに昇進し、平社員が何をしているかを思い出せなくなるまで、高みに登り詰める。

1969年、ローレンス・ピーターは著書『ピーターの法則』のなかで、「もしすべての人がこの1本のキャリアパスに何の疑いもなく従ったら、ふさわしくない人にまで役職につけてしまう恐れがある」と警告した。この警告は正しかった。時を経た、いまでも真実だ。残念ながら、この間、私たちはあまり大きな変革をしてこなかった。いまだに、「すぐれた業績をあげた部下に報いる一番よい方法は、その人を昇進させることだ」と思われている。給与や特典、肩書は、いまだに1本のはしごと結びついている。はしごを上に登るほど、給与は上がり、特典は充実し、肩書は大きくなる。この仕組みが放つメッセージは、こうだ。「もっと前進しろ。上を目指せ。いまの位置に長くとどまると、履歴書の印象が悪くなる。次のステップに進むために、懸命に努力せよ。それが前進する唯一の方法だ。尊敬を勝ち取るには、これしかない」

もちろん、悪気はないが、このメッセージは従業員を不安定な立場に追いやる。尊敬を得るには、はしごを登らなければならないのか。キャリアのはしごを一段一段登るにつれ、会社は、はしごの下の段を燃やしてしまうので、もう後戻りはできない。失敗者の烙印を押されない限り、元いたところには戻れないのだ。こんな状況では、わき目もふらず、息もつかずに、ひたすら登り続けるしかない。そして、遅かれ早かれ、限界を超え、間違えた役割に足を踏み入れることになる。そして、窮地に陥り、会社から突き落とされる。

遠くへの一撃

某テレビ局の優秀な特派員、マークは、そうやって突き落とされた。ペンシルベニア通りに立ち、ホワイトハウスを見上げながら、何が起こったのかを頭のなかで整理しようとした。

ほんの2年前、彼は、スーツケースを持って世界中を飛び回る生活をしていた。ヨーロッパのテレビ局の特派員として、ザイールの独裁者の失脚を取材したり、チェチェン共和国で反乱軍の撤退を取材したりしていた。どこへ行っても、マークは、最高の特派員として知られていた。怒りや混乱、狂気の本質を見極め、そのなかに潜む意味を見出す力にすぐれていた。軍隊が街を砲撃しても、狙撃者が出勤途中の市民に銃口を向けても、マークは現場にいて、何が起きたのか、なぜ起きたのか、それが何を意味するのかを解説できる。視聴者にとって、マークは、冷静で、信頼できる特派員だった。視聴者は彼を信頼していた。だから、彼がエルサレムに特派員として派遣されたときも、誰も驚かなかった。

海外特派員のはしごの頂上は、ワシントンだ。最も地位が高く、最も報酬が高い。そして最も大事なことだが、放映時間が最も長い。誰もが望むポストだ。そして、ワシントンが1番なら、エルサレムが僅差で2番だ。欧州議会があるブリュッセルより興味深く、冷戦後のモスクワより重要なエルサレムは、その地でのローカルな紛争が世界中に影響を及ぼす重要な要衝のひとつだ。エルサレムも、海外特派員の夢である。

エルサレムで、マークは、その才能に磨きをかけた。イスラエルは国土が狭いので、どこで紛争が起きても、ただちに現場からリアルタイムで報道できた。マークは、和平合意に抗議するイスラエルの入植者たちと一緒に行進し、群衆の騒ぎに紛れてレポートし続けた。イスラエル軍に敷石を投げつけているパレスチナの若者たちを前に、群衆の怒りの理由をわかりやすく解説した。過熱する中東情勢のなかで、マークは冷静な理性の声となった。

1年後、ヨーロッパにいる彼の上司は、マークに最も高いキャリアのはしごを提示した。高い報酬と地位、そしてワシントンだ。イスラエル特派員の仕事も続けたかったが、ワシントンを断る理由にはならなかった。すべての特派員が望む、最高の仕事だ。マークはスーツケースを下ろし、新任のワシントン支局長となった。が、そこから一転して、崩壊が始まった。

たまに起こる興味本位のスキャンダルを除けば、ワシントンではあまり事件は起きない。少なくとも彼の就任以前はそうだった。大統領の拒否権が発動されたり、議事妨害があったりしたが、マークの放送局があるヨーロッパでは、この手の話題に関心を持つ人は少ない。たいていの出来事は無味乾燥で同じことの繰り返し、重大だが面白みに欠ける。ワシントン支局長の役割は、政治という退屈な仕事に英雄や悪人を登場させ、大胆な勝利を祝い、敗者を叩く。いわばスパイスをきかせるのが、彼の仕事なのだ。

しかし、マークにはそれができなかった。群衆に交じって現実のドラマに政治的な文脈を与えるのは極めて得意だったが、政治にスパイスをきかせて人生のドラマ並みに仕立てる手腕はひどいものだった。迫撃砲の攻撃を受けてもマークの足取りは確かなものだったが、連邦議会演説が大きなニュースとなるこの街で、彼は何をすべきかわからなかった。ネタがない。報道は淡々としたものになり、彼は途方に暮れた。

ヨーロッパでは視聴者がそっぽを向いていた。ヨーロッパの上司は、その原因を突き止めることはできなかったが、異変が起きていることに気づいた。しばらくのあいだはマークをかばっていた。これまでの業績から、彼はそれに値する人物だった。しかし、とうとう引導を渡すことにした。赴任から6カ月、エルサレムの英雄は、ワシントンでその威力を失い、途方に暮れていた。そして、解雇されたのだ。

マークは海外特派員だし、その職務はかなり特殊かもしれない。が、これと同じ運命はどこにでもある。成長したい、上司を喜ばせたいという思いから、マークはひたすらはしごを登った。そしてあるとき、自分の力が及ばないはしごに登ってしまったのだ。残念だが、これはよくあることだ。教師なら、お金と肩書、敬意を手にするためには、教育行政官にならなくてはならない。企業のマネジャーなら、トップマネジメントにならなくてはならない。看護師なら看護師長に、熟練工なら親方に、報道記者なら支局長になるしかあるまい。多くの企業で、マークを襲った運命がわれわれを待ち構えているのだ。

ローレンス・ピーターは正しかった。ほとんどの従業員が、実力以上、無能なレベルまで登り詰めている。それは避けられないことだ。企業の仕組みに組み込まれてしまっているのだ。

こんなはずじゃなかった

しかし、この仕組みは間違っている。3つの誤った仮定のうえに成り立っているからだ。

第1の誤りは、「キャリアのはしごは、一段上に上がるごとに、前の段を少し複雑にしたものだ」という仮定だ。だから、いまの段で優秀なら、少し訓練しただけで、上の段でも同じように成功できるに違いないと考えてしまうのだ。しかし、すぐれたマネジャーは、この仮定を否定する。「ある段が、必ずしも次の段につながらない」ことを知っているからだ。

第2の誤りは、「上を目指すのは、生存競争だ」という仮定だ。キャリアのはしごを登り上層部に行くほどポストが少ないため、誰もが「はしごを登らなければ」という誘惑に駆られる。どの段でも競争がつきまとい、ポストの数のほうが従業員数より少ないので、勝者よりも多くの敗者が生まれる。しかし、すぐれたマネジャーは、もっとよいアイデアを持っている。到達できる地位をもっと増やしたらどうか。1本ではなく複数のキャリアパスをつくり、すぐれた業績をあげたすべての役割に名声を与えてはどうか。なぜ、すべての役割にヒーローをつくらないのか。

最も破壊的な間違いである第3の誤りは、「さまざまな経験を積めば積むほど、魅力的な人間になれる」という仮定だ。このため、従業員は、さまざまなスキルを身に付け、経験を積もうとする。そして、これらたくさんのスキルと経験を誇らしげに履歴書に記入し、ひとつ上の段を与えられるのをおとなしく待つか、積極的に働きかける。従業員は「お願いする側」であり、マネジャーは、押し寄せる希望者のなかから魅力的な人材を選別する「門番」だ。そして、スキルと経験を持っているかどうかで、昇進させてしまう。しかし、すぐれたマネジャーは、こうしたシナリオが間違っていることを知っている。さまざまなスキルを身に付け、経験を積んだからといって、それがキャリアを推進させる力ではないと考えているのだ。彼らは、まったく違ったシナリオ、新しいキャリアのかたちを思い描いている。

上の段でも成功するとは限らない

One Rung Doesn't Necessarily Lead to Another

なぜ、部下を実力以上に昇進させてしまうのか

なぜ、私たちは、キャリアのはしごのある段で成功したら、その上の段でも間違いなく成功すると決めつけてしまうのか。おそらく、訓練で身に付けられるスキルや知識と、そうでない才能との違いを、しっかりと区別してこなかったせいだろう。スキルと知識、才能を区別しないと、こんな的外れなことを言い出すはめになる。「ジョンは優秀な営業担当者だから、訓練すれば、きっと優秀な営業部門のマネジャーになるだろう」「ジャンは堅実なマネジャーだ。戦略的思考やビジョンを教えれば、きっとすぐれたリーダーになるだろう」

前述したとおり、どんな仕事でも、卓越した成果を出すには際立った才能が必要だ。そして、才能は、スキルや知識とは違って、訓練すれば身に付くものではない。このことがわかると、長期間にわたるキャリアパスのいくつかを廃止できると思う。セールスに活かせる才能と、マネジメントに活かせる才能は、まったく別のものだ。どちらかの才能に秀でているからといって、もう片方でもすぐれているかどうかはわからない。マネジャーに必要な才能と、リーダーに必要な才能も、違うものだ。実は、すべての役割で同じことがいえる。非常に似ているように見える仕事でも、活かせる才能は異なるのだ。

たとえば、情報技術者のキャリアパスを考えてみよう。一般的には、まずはコードを書くコンピューター・プログラマーからキャリアをスタートする。そして、情報システム開発に関する分析や評価を行うシステム・アナリストに進むことが多いようだ。プログラマーからアナリストへ。これが、キャリアパスの1段目と2段目だ。両者はよく似ているので、理にかなったキャリアパスのように見える。

しかし、この2つの職種はまったく異なるものだ。すぐれたプログラマーには、「問題解決思考」の才能を持っている人が多い。すぐれたプログラマーは、パズルのピースを一度に全部渡してほしいと願う。すべてのピースがあれば、それを並び替えて完璧に組み合わせることができるというのが、彼らの特技だ。だから、プログラマーのなかには、クロスワードパズルや頭の体操クイズを趣味にしている人も多い。職場では、何千行ものコードを書き、それを最も効果的かつ効率的な順序に並べることができる。

システム・アナリストの場合、この才能を持っているに越したことはないが、それが仕事上の成功要因となるわけではない。アナリストにとって重要なのは、「システム思考」と呼ばれる才能だ。アナリストは、むしろ不完全なデータに直面したときに喜びを感じる。重要なファクターが欠けていても、代替シナリオを考えたり、仮説を立てて検証したりすることができるのだ。仕事では、この才能を活かして高度に複雑なシステムを構築し、バグがないかどうかを検証することができる。システムに不具合があれば、「何を」「どこで」「なぜ」変える必要があるのかを明確にして解決策を絞り込んでいくのだ。

問題解決思考の才能と、システム思考の才能は、相反するものではない。だから、両方の才能を持っている人がいてもおかしくない。ただし、一般的には、問題解決思考が得意ならシステム思考も得意だとは限らない。このため、プログラマーからシステム・アナリストになるのは、従来のキャリアパスがそうさせているだけで、サイコロを振っているようなものなのだ。すぐれたシステム・アナリストが生まれるのと同じ確率で、不適格なシステム・アナリストが生まれてしまう可能性がある。

部下を昇進させる前に、その役割で秀でるために必要な才能をよく見ておくことだ。成功するには、どのような「努力する才能」「考える才能」「かかわる才能」が必要か。昇進させたい部下本人と役割の双方を入念に精査したうえで、昇進させるかどうかを決めてほしい。人というのは複雑な生き物で、あえて苦労するポジションに昇進させることもある。いつも完璧に適材を適所に配置できるとは限らない。しかし、それでも、その役割が要求する才能と、候補者である部下が持っている才能を、じっくりと時間をかけて比べてほしい。

もし、海外特派員のマークの上司がこのことを考えてくれる人だったら、「ワシントン支局長の仕事は彼には合わない」と、その相性の悪さに気づいたはずだ。

あらゆる職務にヒーローをつくる

Create Heroes in Every Role

複数のキャリアパスでリスペクトを維持するために

従業員と役割のマッチングを真剣に吟味したとしても、まだひとつ問題が残っている。マネジャーが理解したとしても、従業員たちは昇進を望んでいる。会社が送るシグナルはどれも、「地位は高いほうがいい」と伝えているからだ。昇進すれば給与は増えるし、印象のよい肩書がつくし、豊富なストックオプションの権利、ソファとコーヒーテーブルがある広々とした個人オフィスなどが待っている。はしごを上に登りたいと考えるのは、当然のことだろう。

こうしたネオンのような輝きが、破壊的なダメージを生み出すのだ。そのせいで、ある段では優秀な従業員が、次の段ではまったくの凡人なのに、昇進の誘惑に駆られる。それだけならまだいい。数少ない地位をめぐって大勢が殺到し、ボトルネックが生まれる。対立と失望は避けられない。従業員の意欲をより生産的な方向に向ける方法はないだろうか。

ある。「あらゆる職務に、ヒーローをつくればよい」。すべての役割で、卓越した成果をあげた従業員が、まわりから尊敬される専門職となるのだ。これまでの「1本のキャリアのはしご」を選ぶ者もいるだろう。マネジメントやリーダーシップの才能があるなら、その選択は正しい。しかし、それ以外に「専門職」というキャリアパスがあり、そこでのインセンティブが高いなら、いまの役割でさらに成長し、成果をあげようとする従業員も増えてくるだろう。すぐれたマネジャーは、こうした複数のキャリアパスで尊敬と名声を得られる職場を思い描いている。そこでは、最高の秘書が「副社長」の肩書を持ち、最高の客室係が上司の2倍は稼いでいる。卓越した成果をあげた者は、誰もが社内で認められる。そんな職場だ。

この話が夢物語に聞こえる人のために、すぐれたマネジャーが、こうした職場をつくるために実際に活用しているテクニックを示そう。

達成レベルを段階的に定義する

ある分野で卓越した成果を出せるようになるには、どのくらいの時間がかかるだろうか。ノースウエスタン大学のベンジャミン・ブルーム博士は、「能力開発プロジェクト」という研究で、世界的に有名な彫刻家やピアニスト、チェスの名人、テニスプレーヤー、競泳選手、数学者、神経科医の仕事ぶりを精査した。その結果、分野は違っても、世界的レベルに達するまでに10〜18年必要だということを発見した。もっと詳細なデータもとっている。たとえば、ヴァン・クライバーン国際ピアノコンクールやチャイコフスキー国際コンクール、ショパン国際ピアノコンクールで優勝するには、初めてピアノを習ってから17・14年かかるという。やや細かすぎる数字だが、ブルーム博士の主張はもっともである。人によって、あるいは職業によって差はあるが、教師であれ、看護師であれ、営業担当者であれ、エンジニアであれ、パイロットやウエイター、神経外科医であれ、世界的なレベルに達するには何年もかかるのである。哲学者であり近代医学の父であるヒポクラテスはこう述べている。「技術を習得するには時間がかかり、それを学ぶには、人の一生といえども短い」

もし、従業員のレベルを世界的な成果レベルに引き上げたいなら、専門能力の開発に専念し続けられる仕組みをつくらなければならない。それぞれの役割で、達成度を段階的に定義することは、まさにそのための極めて効果的な方法だ。

弁護士たちは、昔からこのことに気づいていた。ロースクールを卒業して弁護士になったら、会社法や刑法、税法などのなかから自分の専門分野を決める。そして弁護士事務所に応募して、ジュニア・アソシエイトとなる。4~5年すると、アソシエイトに昇進し、さらにシニア・アソシエイトとなる。シニアになっても自分が選んだ法律分野が専門だ。これだけ年数がかかると、その分野の専門性がとても高くなる。次の5年で、うまくいけば事務所の経営を担うジュニア・パートナーとなる。年数を経て、パートナーとなり、シニア・パートナーとなる。法律事務所のシニア・パートナーともなれば、人一倍の尊敬を受け、高額の報酬を得る。専門領域は相変わらず同じ法律分野だ。仕事は複雑なものが増えるが、自分が最も興味を持てて、報酬の大きな仕事を選べるようになる。ここまでくると、自分の専門分野では、押しも押されもせぬ世界的なエキスパートとなっているだろう。

法律事務所は最先端の組織形態ではないが、段階的な「達成レベル」をつくっているという点では、多くの企業のはるか先を行っている。弁護士は誰でも一般的なキャリアパス、つまり、他の弁護士を管理監督したり、企業の法律顧問になったりすることを選択する自由がある。この達成レベルがあることで、同じように尊敬され、成長できるキャリアパスが提供される。それは、専門家になる機会を提供する道であり、自分がどれだけのレベルに到達したかを確認できるスマートな方法ともいえる。

達成レベルを定義する方法を用いているのは、弁護士だけではない。医療の分野なら、インターンに始まり、シニア・コンサルタントのレベルになるまでに最低でも15年間は必要だ。プロスポーツの分野なら、ルーキーから始まり、控え選手となり、先発メンバーとなり、オールスターのメンバーに選ばれるという達成レベルがある。セールスの分野なら、「ミリオンダラー・クラブ」が初級レベルだ。新入りの営業担当者にとっては、最も重要なステップだろう。頂点は「プレジデント・クラブ」だ。売上高で1000万ドル以上、顧客満足度で満点をとらなければならない。音楽の世界では、ヴァイオリニストから指揮者に抜擢されることはない。一番下の第3ヴァイオリニストから、コンサートマスターもしくは第1ヴァイオリン首席奏者になるまでが、自身の進歩の証となる。

実際に、個人の卓越性を高く評価したいところには、このような段階的な「達成レベル」がすでにあるのだ。逆に、それがないなら、わざとつくっていないのか、うっかり失念しているのかはともかく、その企業は、役割における卓越性をあまり評価していないのかもしれない。だとすると、その企業では、ほとんどの仕事で優秀か否かを評価していないことになる。

すぐれたマネジャーは、こうした企業の姿勢に反対する。あらゆる役割で、卓越した成果を出すことに価値があると信じている。つまり、どんな仕事にも、高度な「名人芸」のレベルがあると信じている。だからこそ、すぐれたマネジャーは、どんなに地味な仕事でも有意義な基準をつくり、従業員の達成度を測り、世界水準にまで到達させようと尽力しているのだ。

- AT&Tは、ヘルプデスク・ソリューションを何百もの企業に提供している。同社のマネジャーは、クライアントからの質問の複雑さに応じて、次の3つのレベルで各ヘルプデスクを組織化することにした。レベル1は、「パソコンの電源を入れるにはどうしたらいいですか」といった簡単な質問だ。レベル2は、もう少し難しい問題を扱う。レベル3は、「イントラネットを壊しちゃったみたいなんだ。どうしたらいい?」といったパニック的な問い合わせだ。このように3つのレベルに分けることで、各レベルのヘルプデスクの業務を効率よくこなせるようにした。レベルごとに処理するペースも、対応する電話の数も違う。だが、それだけではない。ヘルプデスクの担当者が、マネジャーに昇格する道を選ばなくても、最上級の技術者としてレベル1から3まで上がっていけるキャリアパスを提供したのだ。
- フィリップ・ペトロリアムでは、尊敬を受けられるエンジニア専門のキャリアパスが用意されている。必要な技能を身に付けたら、その上のレベルに上がっていける。一番上は部長レベルで、ここまで到達すると、社内で最高のエンジニアという評価を受ける。
- 1980年代半ば、私たちはアライド・ブリュワリーと共同で、パブのバーテンダーのパフォーマンスを調査した。バーテンダーとしての評価は、お客様の名前だけでなく、その人の好みのドリンクを覚えているかどうかで測定される。そこで私たちは、「ワン・ハンドレッド・クラブ」というプログラムを考案した。100人の名前と好みのドリンクを覚えていることが証明されたバーテンダーには、賞金とバッジが贈られるのだ。さらにレベルが上がり、世界水準の「ファイブ・ハンドレッド・クラブ」になったら、もっとよい賞品と多額のボーナスが与えられる。

このプログラムをつくったときには、まさか、「ファイブ・ハンドレッド・クラブ」のレバルに達するバーテンダーが現れるとは思っていなかった。が、1990年、イングランド北部のパブで働くバーテンダーのジャニスが、なんと「スリー・サウザンド・クラブ」の最初のメンバーとなった。彼女は3000人のお客様の名前と好みのドリンクを覚えてしまったのだ。この基準で見ると、ジャニスは世界最高のバーテンダーといえよう。

それが何であれ、測定して報酬を与えれば、人はさらによい結果を出そうと頑張るものだ。

ここに挙げたのは、マネジャーが、世界水準のパフォーマンスにつながる段階的なレベルを設定することで、部下が成長していった実例だ。達成レベルを段階的に設定しておくことは、マネジャーにとって計り知れない価値をもたらす。「私のキャリアパスはどうなっていくのでしょうか」という質問を受けたとき、すぐれたマネジャーは、1本のキャリアのはしごに代わる新しいキャリアパス、すなわち、専門職でありながらも、尊敬に値する達成レベルを備えた、ジャングルジムのようなキャリアパスを示すことができる。

給与帯を広げ、役割間で重ね合わせる――ブロードバンド化

達成レベルを段階的に設けることで、従業員の意識を世界水準へと向かわせることができる。しかし、「もっと上に登らないと給与が増えない」という仕組みのままでは、マネジャーがいくら別のキャリアパスを示しても、うまくいかない。

お金に対するモチベーションは人それぞれだが、お金を嫌う人はほとんどいない。ということは、別のキャリアパスに進んでも昇給する仕組みがあれば、マネジャーは格段に従業員を新しいキャリアパスに向かわせやすくなる。

理想的な給与システムは、その人が現在の職務で示した専門知識の量に比例して報酬が支払われる、つまり、優秀であればあるほど報酬も増える仕組みだ。しかし、役割ごとに重要度が異なるため、複雑になる。たとえば、客室乗務員の役割よりパイロットの役割のほうが重要だろう。教師よりも校長、ウエイターよりも店長のほうがより重要な役割といえる。給与システムでは、こうした重要度の違いを考慮しなければならない。

この「ねじれ現象」について、考えておかなければならないことがある。すぐれた役割を果たした場合、それよりも上位にある役割の平均よりも、貢献度が高いことがある。パイロットのほうが客室乗務員より重要だとしても、すぐれた客室乗務員のほうが、並のパイロットよりずっと貢献度が高いはずだ。同じように、すぐれた教師のほうが新米の校長よりも、客に大人気のウエイターのほうが平凡な店長よりも貢献度が高い。給与システムを設計する際には、役割ごとに給

与の上限と下限の幅を決め、役割ごとに給与帯が重なるように設計することが必要だ。

こうした方法は「ブロードバンド化」と呼ばれている。それぞれの役割で給与帯の幅を広くし、「下位の役割の上限」が「上位の役割の下限」と重なるように、広い帯域で給与を設計するのだ。

たとえばメリルリンチでは、財務コンサルタントの年収の上限は50万ドルを超えるが、支店長の年収の下限は15万ドルだ。つまり、成功した財務コンサルタントであるあなたがマネジャー職（支店長）に就きたいなら、70％の減給に耐えなければならない。しかし、支店長の年収の上限は数百万ドルにのぼる。したがって、最初は70％の減給に耐える必要があるかもしれないが、支店長として成果をあげれば、高額の報酬を得ることができる。

ウォルト・ディズニーも、よく似た給与システムをとっている。同社が経営する高級レストランですぐれた顧客サービス係になれば、年収が6万ドルを超えることもある。しかし、サービス係からマネジャーになろうとした場合、マネジャーの初任給は2万5000ドルだから、年収が半分以下になることを覚悟しなければならない。ただし、マネジャーの給与帯は広く、マネジャーとして成功すれば、6万ドルをはるかに上回る年収となる。

伝統的な階層型組織でも、給与帯を幅広くとろうとするブロードバンド化の試みが始まっている。中西部の州の警察署長であるマーティンが、署内のキャリアパスについて語ってくれた。警察官は巡査から巡査長（現場の監督官）になり、警部（数年前に警部補は廃止）になる。そして、副所長になり、警察署長になる。「以前は、昇級するには、巡査長、つまり管理職になるしかなかったんです。いまでは、すべての給与帯が重なっています。優秀な警察官であれば、巡査長に昇格しなくても給料は上がります。実際、本署の優秀な警察官の収入は、警部よりも多いんです」

しかし、給与帯を幅広く設定してブロードバンド化を進めると、混乱を招かないだろうか。第一線の社員が上司の2～3倍の給料をもらうのは、逆さまではないか。だが、よく調べると、案外理にかなっていることがわかってきた。

●**給与帯の幅が広いので、世界水準のパフォーマンスも正しく評価できる**　個人の卓越性が高く評価される職業では、以前から、幅広い給与帯が見られた。たとえば、プロスポーツの世界ではどんなポジションでも、スーパースターは、同じポジションの平均的な選手の何倍もの収入を得ている。これは、俳優やミュージシャン、アーティスト、作家なども同じだ。どの職業でも、報酬の幅が広いからこそ、自分の才能に磨きをかけ、世界水準にまで己を高めようとする。すぐれたマネジャーは、この発想をすべての役割に応用すればよいと考えている。

●**役割間で給与帯が重なり合うので、ひとつのはしごを登り詰めなくてもよい**　ブロードバンド化には、「なぜ私は昇進したいのか」「なぜ私は、はしごを登るために悪戦苦闘しているのか」と従業員に自問させる効果がある。給与帯が狭く、重なり合っていなければ、自問しないだろう。ブロードバンド化によって従業員は、役割の内容を吟味し、その責任と自分の強みが一致するかどうかを見極めることができる。より正直で、より正確な判断ができるだろう。報酬も大事だが、それと同じくらいに、自分の才能に合っているかどうかで次のキャリアを選択するようになる。

ブロードバンド化を限界まで活用する企業もある。売上高200億ドルの医療機器メーカー、ストライカーでは、営業担当者の給与帯が4万～25万ドルと幅広い。最高の営業担当者が地区マネジャーに昇格すると、給与は60％ダウンだ。新任の地区マネジャーの給与の下限は10万ドル程度である。しかも、地区マネジャーの給与の上限は20万ドルなので、営業担当者の上限よりも低い。最高の地区マネジャーは、最高の営業担当者ほどは稼げないのだ。なぜストライカーはこのような仕組みにしたのか。理由はいくつも考えられる。たとえば、優秀な営業担当者にはできるだけ長く顧客と親密な関係でいてほしいので、安易にマネジャー職に移ろうとせず、じっくり考えてもらいたいから。いまのところ、この給与システムは大成功を収めている。優秀な営業担当者と優秀なマネジャーに牽引されて、過去20年間、売上高と利益で20％の成長を続けている。

ブロードバンド化は、すぐれたマネジャーの重要な武器である。「どんな役割でも卓越した成果を出せば、その価値を認める」というコミットメントを表しているからだ。ストライカーの例は少々極端だとしても、これだけは覚えていてほしい。すぐれたマネジャーとのインタビューで私たちが目にしたのは、結果的に自分たちよりはるかに高収入を得る可能性のある従業員を、積極的に喜んで採用し続けているマネジャーたちの姿だった。

融通のきかない世界で、頭を使ってうまく立ち回る

すぐれたマネジャーは、おそらく社内にあまり味方がいないなかで生き延びなければならない。卓越した成果をあげたことを評価しない会社も多い。新しい複数のキャリアパスを用意している会社もまだ少ない。達成レベルを段階的に定義し、給与帯を幅広くし、役割間で重ね合わせる仕組みをつくるための権限を、マネジャーに与えてはいない。こんな融通のきかない世界で、すぐれたマネジャーたちはどうやっているのか。

大手メディア企業でアーティストのマネジャーをしているブライアンのアドバイスは、こうだ。「反乱を起こすんだ。静かに。頭を使って」。彼の会社は、30以上の給与等級からなる複雑な階層を構築し、それぞれに、明確に定義された手当や特典を用意している。そのルールのひとつに、「部下を持つマネジャーにならないと、ディレクターにはなれない」というものがある。また、「ストックオプションや出張時のファーストクラスなどの特典は、ディレクターにしか与えない」というものもある。

ブライアンは言う。「まったくのがんじがらめ状態です。最高のデザインアーティストたちに『あなたたちがどれだけ重要か』を伝えたかったのですが、規則は規則でして、彼らをマネジャーにしないとディレクターのような特典を与えられないんです。でも、アーティストたちにそん

なことは言えません。その代わり、ひとりひとりに『ジュニア・アーティストのメンターをしてくれ』と頼みました。『管理するのでなく、自分たちのノウハウを伝えて、後進の指導をしてほしい』と。で、私は人事部門に行って、『後進の指導は人をマネジメントすることだから、彼らにはディレクターレベルに昇進する資格があるはずだ』と主張したのです。人事部を説得する必要がありましたが、結局は希望したとおりになりました」

航空会社で応用技術部門を担当しているガースも、同じような話をしてくれた。同社の製造部門では何百人ものエンジニアを雇っている。

「私のところにいた最高のエンジニアは、マイケルといいます。うちの組織はとても融通がきかないので、マイケルに報いるには、昇進させるしか手がなかったのです。しかし、10年も昇進を繰り返すと、彼が好きなエンジニアリングの仕事が減り、人を管理する仕事が増えていったのです。正直にいって、苦労していました。そこで私たちは、『マスター・エンジニア』という新しい役職をつくろうとしました。マイケルはいろんなことができる天才です。困難なプロジェクトに参加し、彼が中心になって複雑な問題を解決していく。そして、マネジャーとしての責任からは解放される。私は、『マスター・エンジニアの仕事は、副社長級の仕事だ』と宣言して人事からOKをもらい、彼を昇進させました。これほど幸せな社員はいませんよ」

テキサスが本拠地の石油化学会社の幹部であるローラも、同じような状況に直面したが、少し違った方法で解決した。

「わが社には、成長したい人や能力を認めるにふさわしい人がたくさんいますが、業績が伸び悩んでいるため、新しいポジションを増やせる状況ではないのです。そこで私は、最高のパフォーマンスをあげた人たちを集め、『特別プロジェクト』を任すことにしました。このプロジェクトは、具体的な目的があり、タイムラインも決まっています。目的を達成したら解散します。このやり方は、とてもうまくいっています。優秀な社員に成長の機会を与えると同時に、彼らをひとりひとり評価する機会にもなるからです。人事部門の許可を得て、目的を達成したチームには、週末にダラス・カウボーイズの試合を観戦するチケットを贈呈しました。本当にわずかな褒賞ですが、わが社のような昔からの石油化学会社にとっては、まったく新しいやり方なのです」

すぐれたマネジャーは、それぞれ独自のやり方で、成長と地位の両方を目指せる新しいキャリアパスを提供している。融通のきかない世界で、頭を使ってうまく立ち回り、卓越した成果をあげた従業員に報いようとしている。報いることは、いまの役割から引き離し、昇進させることではない。すぐれたマネジャーは、あらゆる役割にヒーローをつくろうとしているのだ。

新しいキャリアへの3つのストーリー

Three Stories and a New Career

健全なキャリアを目指す原動力とは？

今日の予測不可能なビジネス環境は間違いなく、雇用する側と雇用される側の関係に変化をもたらしている。スピーディな対応が求められる企業にとって、終身雇用を保障できるような状態ではない。雇用主が提供できるのは、ずっと働き続ける能力を身に付けさせることだ。「万一、人件費削減を余儀なくされても、皆さんが他の職場で働ける能力を身に付けられるような経験（エンプロイー・エクスペリエンス）は提供できるだろう」。これは20世紀末から始まっている変化だ。しかし、すぐれたマネジャーは、「それは表面的な変化であり、実質的な変化はほとんどない」と言う。「キャリアの核心部分はまったく変わっていないどころか、従来の常識のせいで、間違ったままだ」と指摘する。

これまでの常識では、自分の高めたい、魅力的な経験で自分を満たしたいからキャリアを積む。だから、ひとつの仕事を何年も続けるのではなく、2～3年ごとに仕事を変えて、履歴書を豊かなものにする。同じ会社に勤めていても、社内でたくさんの経験を積んでいる人のほうが、キャリアのはしごの次の段に抜擢されやすい。履歴書にたくさんの経歴が書かれている人ほど、引き抜かれて転職する可能性が高いのだ。場所は違っても、前提は同じ。さまざまな役割を積むことで、人は魅力的になる。つまり、「キャリアとは、市場価値のある、興味深い経験を積むこと」というのが、従来の考え方である。

すぐれたマネジャーは、そうは思わない。さまざまな経験を積むことは重要だが、健全なキャリアにとって周辺的なものだ。アクセサリーのようなものであって、キャリアを追求するための原動力にはならない。健全なキャリアを目指すエネルギー源は別のところにあると、彼らは主張する。それが何かは、すぐれたマネジャーの話からつかめるだろう。まず行動し、自分を鏡に映してみて、何かを自分のなかに発見した人たちの話だ。自ら自分を鏡に映し出そうとした人もいれば、なんとか自分をなだめすかして鏡に向かわせた人もいる。いまの役割で頑張り続ける人もいれば、方向転換した人もいる。細かなところはどうであれ、基本的には同じ話だ。

すぐれたマネジャーの話を聞いていると、「自分自身を発見することこそが、健全なキャリアを生み出す原動力であり、指針だ」ということがわかる。健全なキャリアを生み出す原動力は、市場価値を高める経験を積むことではない。自分のなかにある才能に気づき、認識し、活かすことによって生み出されるものである。それは長い道のりで、生涯続く旅路だ。しかし、彼らは、自分が持っている才能とそうでない才能を理解しようとすることが、健全なキャリアを求める原動力であることを知っている。以下3つの話を紹介しよう。

Ｉ 「ドクター・Ｎｏ」の物語

ジョージは、ある大手不動産会社で開発担当の副社長をしていた。プロジェクト・マネジャーとして出世しキャリアを積んできた彼は、ハワードという、リスクを恐れない積極的な社長の下で、その役割を完璧にこなしていた。ハワードが複雑でお金のかかる計画を立てると、ジョージが、その計画の妨げとなるものや落とし穴をひとつ残らず指摘する。そんなジョージについたあだ名が、「ドクター・Ｎｏ」だった。

ドクター・Ｎｏは、尊敬され、称賛されていた。高潔で勇気があり、細部にもよく気がつく。どんな計画であれ、ドクター・Ｎｏの厳しい分析にさらされて、より強化されることを会社全体が知っていた。極めて貢献度の高い副社長だった。

ところが、ハワードが退任し、ジョージが新しく社長に就くと、そうした称賛の声は一瞬で消えてしまった。ドクター・Ｎｏの強みは、全体から部分を切り出せることだった。だからこそ、ハワードが無茶苦茶な夢物語を描いても、実行可能なプロジェクトに分解し、それぞれのコストや収益、リスクを分析することができた。ところが、この才能は、材料となる大きなビジョンや夢、とんでもないアイデアがないと役に立たないのだ。夢想家のハワードは退任してしまった。

エベレストのような大きなアイデアを出しても、ドクター・Ｎｏはすぐにそれを切り分けて、リスクのない小さなプロジェクトにしてしまう。ジョージが手を加えるほど、そのアイデアからはインパクトある魅力が消えていき、取り組む価値のないものになってしまう。社長に就任して半年、ドクター・Ｎｏは、すべてのプロジェクトに「Ｎｏ」と言ってしまった。ジョージは、自分が何をしているかわかっていたが、不思議とそれを阻止できなかった。リスクの大きさ、コントロールできない変数の多さを想像すると、喉が締め付けられるような感覚に襲われる。そして、プロジェクトの詳細に首を突っ込むほど、喉が締め付けられ、息苦しくなる。それは毎回起こるのだが、少しずつひどくなっていく。仕事中も体の痛みとパニックの発作を感じるようになっていった。

こうしたパニック的な感情が、ときに明晰さをもたらすことがある。年が明けると、ジョージは、他の誰もがすでに知っていたことを理解するようになった。「ドクター・Ｎｏは物事を前へ進めることができない」。夢想家のパートナーとして活かせた才能が、いまでは組織の首を絞めていたのだ。このままでは、大きなアイデアも出なくなってしまう。

ジョージは、自らその職を辞した。独立して、小さなアイデアをたくさん考え、デザインし、実行することで報酬を得るようにした。いまでは、ずっと呼吸が楽になった。

2　親密な触れ合いの物語

メアリーは、マッサージセラピストだ。彼女の腕と指は見かけによらず、強くたくましい。肩幅も広く、髪をかき上げるために手を伸ばすと、その肘が驚くほど丸くなっているのがわかる。マッサージの際にその丸い肘に体重を乗せると、直径10センチはあろうかという大きさを感じる。最高に気持ちいい。

メアリーは、セラピストになるために生まれてきたようだ。「人の体を見ると、マッサージしたくなります。マッサージベッドに横たわっている人を見ると、その人の肌が透けて筋肉が見えるんです。肩甲骨のあたりから背中、足にかけて、筋肉の筋が伸びているのがわかります。どの筋肉が張っているか、どの筋肉が萎縮しているかが見えてきます。神経も見えるようです。筋肉をゆったりとマッサージして血液の循環をよくしたほうがいい人もいれば、指圧を好む人もいます。指圧とは、身体のつぼを押して神経を刺激し、神経全体を活性化するテクニックなんです。患者さんは皆、違うんですよ」

マッサージの訓練を終えてから3年後、メアリーは、職場であるアリゾナ州のヘルス・スパで、最も人気のあるセラピストになった。噂は広まっていた。「筋肉をマッサージしてもらい、痛みを感じずリラックスできる。そんなマッサージを受けたければ、メアリーの予約をとるといいわよ」

メアリーの雇い主は、彼女をマネジャーに昇進させ、スパにいるセラピスト全員を管理させようとした。マネジャーになったメアリーは、給与が上がり、手当がつき、予約がびっしり入ることもなくなった。が、代わりに、ひどい鬱になった。

「マネジャーになったら、お客様との親密な触れ合いが減ってしまったんです。セラピストは、1時間ほど、部屋で静かに患者さんの肌の様子を見て、痛みのあるところを観察しながら、和らげていくのが仕事です。そんなわずかな時間でも、患者さんに愛情を感じるようになります。ストレスから解放された患者さんに喜んでもらえるのが、一番嬉しいんです。マッサージをした後は、本当に患者さんの様子が変わるんですよ。肌はつややかになるし、目はきらきらします。帰った後も続くでしょう。私にとっても、患者さんにとっても、最高の気分です」

メアリーは、その感覚を取り戻したいと思った。そこで、スパの仕事を辞め、ロサンゼルスに引っ越し、自分の小さな施術所をかまえた。予約は再びいっぱいとなり、メアリーは毎日欠かさず、人と触れ合うことができるようになった。

3　マンディーの転職物語

第5章に登場したマンディーは、製品のブランド・アイデンティティを推進するために、ロゴなどのイメージをデザインする部門のマネジャーだ。彼女はこんな話をしてくれた。

「この部下は、デザイン・コンサルタントのジャネットと言います。デザイン・コンサルタントは、クライアントのニーズを引き出し、デザイナーたちにそれを伝えて、クライアントが望むものを提供できるようにするのが仕事です。ジャネットは意欲的で、才能も豊かでしたが、この職務では成果を出せていませんでした。失敗もしないが、スターでもない。でも、スターになるべき人だったのです」

「ジャネットは、私が彼女を平凡だと考えていたのに気づいたようで、態度を急変させました。面と向かって私には言いませんでしたが、同僚には、「解雇してもらったほうがいい。失業保険がもらえるから」と言っていたそうです。直に言わないこと腹が立ちますが、解雇させるように仕向けられるのはまっぴらです。もっと自分の気持ちや意向に正直でいてほしかった。正直になれたら、報われたに違いありません」

「だから4カ月、待ちました。そうして、ようやく私たちは、ジャネットのパフォーマンスや、強み、弱み、好きなこと、嫌いなことについて話し合いました。『この仕事で成果が出ないのは、あなたのせいじゃない。だから、一緒に解決策を考えましょう』と」

「ある日ふと、彼女は学校に戻って、デザイナーになる勉強をしたらどうか、と思いつきました。彼女はこのビジネスにとても興味を持っていて、とてもクリエイティブで、『将来は独立して仕事をしたい』と言っていたからです。ジャネットは、しばらく考えて、その道を選びました。ニューヨーク大学で学位をとり、いまでは大手広告代理店でデザイナーをしています。とてもうまくいっていますよ」

「ジャネットが悪いわけではありませんでした。間違ったキャリアを選んでいただけです。始めた以上、自分の間違いを認めたくなかったのでしょう。だから、私が力を貸しました」

本当の自分を見出し、それを力にする。これが、すぐれたマネジャーたちが描く健全なキャリアパスだ。部下たちは、大学での専攻や家族の意向、あるいは必要に迫られて仕事を選び、戦いのなかに飛び込んでくる。最初にアサインされた職務で、自信が持てない、能力に不安を感じる、才能があるかどうかもわからない。ある程度、成果が出てくると、別の職務に異動したり、同じ職務で昇進したりする。この段階になったら、鏡を見て自分自身に問いかけるのは、本人の責任だ。「私はこの仕事にわくわくしているか。素早く学んだように見えるか。この仕事が向いているか。自分の強みが活かされ、満足感を感じているか」。才能を活かせるかどうかは、誰もがしなければならないことだ。

たとえば、営業の仕事から始めて、マーケティング部門へ異動したとしよう。顧客と直に接することがなくなるが、それでよいか。マーケティング特有のパターンやコンセプトを扱うのが好きか。それとも、顧客との直接のつながりがなくなり、営業で培った知識が活かせないのを残念に思っているか。また、客室乗務員として入社し、その後、トレーニング部門に異動したとしよう。新人の客室乗務員の成長を助けるのが好きか。それとも、疲れて神経質になった乗客をなだめ、わかってもらえる難しさのほうが、やりがいを感じるか。

鏡を見て、自問してほしい。自分がどんな才能を持っているのか、見えてくるだろう。その発見が次のキャリアパスに、そしてまた、その次のキャリアパスにつながってくる。ひたすら経験を積んで市場価値を高めたり、息を切らしてキャリアのはしごを登り詰めたりすることが、キャリアではない。選択の積み重ねなのだ。自分の強み（才能やスキル、知識が集約されたもの）を発揮できる役割に焦点を当てることで、ますます洗練された選択ができるようになる。

健全なキャリアを築くためには、自己認識が重要である。このことに異論はないだろう。ただし、その自己認識の活用の仕方が、すぐれたマネジャーは他のマネジャーと大きく違う。

自己認識が重要であることを部下たちに伝え、それをするように求める

宅配会社のマネジャーであるマイクは、現実に即したわかりやすい方法を教えてくれた。

「新人が入ってくると、『自分はどんな人間かを知ることも、一緒に仕事をするうえでの目標のひとつだ』と伝えています。『鏡を見てみろ』と言うんです。よくわかっていないようなら、『日曜日の夜の憂鬱テスト』を勧めます。日曜日の夜、また明日から仕事だと思ったときに憂鬱な気分にならなかったら、つまり、明日が待ち遠しく感じられたなら、『なぜ待ち遠しいのか。なぜこの仕事を面白いと感じるのか』と自分に問いかけるのです。それを書きとめ、別の仕事を探すときに覚えておくようにします」

「反対に、日曜日の夜に憂鬱な気分になるのなら、それは彼のせいではありません。が、同じ質問をしてみる必要があります。『なぜ憂鬱なのか。なぜ、この仕事をしても満たされないのか』。その答えを、次の仕事を探すときの参考にします」

すぐれたマネジャーは、さまざまな経験を積むことが悪いと言っているのではない。それだけでは不十分だと言っているのだ。鏡に映る自分を見ないで、スキルや経験ばかりを詰め込んでも、自分に合った役割を見つけることはできない。それは、運動しないで、ビタミン剤やダイエット薬を飲み、健康な体をつくろうとするのと同じようなものだ。

自分を正しく認識することは、自分の欠点や弱点を矯正することではない

すぐれたマネジャーは、人事部が遠回しに言うように「足りない才能を見つけて、できるよう

にしろ」とは言わない。すぐれたマネジャーの知恵を覚えているだろうか。

人は、それほど変わらない。

足りないものを植え付けようとして、時間をムダにするな。

その人のなかにあるものを引き出そう。

それだけでも大変なのだから。

自分を正しく認識することは、自分らしさを活かすことである。自分でキャリアをコントロールすることが重要だ。自分についての情報をたくさん集めたうえで決断し、自分の才能に合った仕事を徐々に選んでいくのだ。

部下のキャリアを後押しする

では、マネジャーは具体的に何をすればよいのか。どのようにして部下の力になればよいのか。新しいキャリアでは部下たちが主役だ。彼らが、鏡を見て自己認識し、選択する。マネジャーはもはや、最も才能にあふれた経験豊富な人材を求職者のなかから選び出す門番ではない。こう言うこともできる。「これからは、従業員が主役だ。終身雇用を保障できなくなったいま、マネジャーの役割は小さくなっている。マネジャーは、部下の今日のパフォーマンスに注意を払うべきで、明日のパフォーマンスに関心を持つべきではない。それは、部下が自分で考えるべきことだ。部下に投資しすぎると、裏切られたときの落胆が大きい。変化のスピードが速ければ、せっかく育てた人材を解雇しなければならなくなるかもしれない」

しかし、すぐれたマネジャーは、これを否定する。彼らは、この新しいキャリアで自分が重要な役割を果たすことを知っている。次の3つが、すぐれたマネジャーの役割だ。

- 環境を整える
- 部下の鏡になる
- セーフティネットを準備する

― 環境を整える

だからこそ、それぞれの役割でヒーローをつくること、達成レベルを段階的に定義すること、給与帯を広げて役割間でオーバーラップさせることが重要だ。そうすることで、報酬と敬意が組織全体にいきわたる環境をつくることができる。さまざまなキャリアパスから得られることがわかっているので、従業員は次のキャリアを決める際に報酬や敬意をあまり重視せずに済む。その代わり、自分に才能があるかどうかを理解したうえで、自由に道を選択できる。それでも間違ったキャリアを選ぶこともあるだろう。しかし、卓越した成果をあげられるかどうかだけでなく、永続的な満足感をもたらし、長く務めたいと思えるキャリアを選べるようになる。

マネジャーが環境を整えると、これまで聞けなかった会話が聞こえてくる。これは、コンピュータソフトウエアのセールスマネジャーであるジェフが、彼の上司に言ったセリフだ。

「いまの仕事が大好きです。最高の成績を叩き出しているし、たくさん稼いでいます。自分ができると思っていた以上の成果も出せています。だから私は上司に言ったんです。『あなたの目標はたったひとつ、私を二度と昇進させないことです。それが叶うなら、私は一生、あなたのために働きますよ』って」

2 部下の鏡になる

すぐれたマネジャーは、「鏡に映し出す」のが実にうまい。彼らは、部下のパフォーマンスのフィードバックをするのに長けている。ここでいうフィードバックは、いわゆる「年1回の業績評価」ではない。迷路のような書式にいろいろと記入させたり、改善策に焦点を当てたり、かたちだけの表彰をしたりすることでもない。すぐれたマネジャーが行うフィードバックは、一般的な常識とはまったく異なる。

石油化学会社のエグゼクティブ、ローラのフィードバックがまさにそれだ。四半期ごとに22名の部下ひとりひとりと行う面談は、「エクセル」と呼ばれている。「四半期ごとの成果を検証し、次の四半期にどうしたいかを尋ねます。どんな計画や目標を立てているか、どんな指標で成果を測るか、楽しんでいる仕事は何か、より大きな成果をあげるために会社は何をすればいいかについて話し合うのです」

警察署長のマーティンは、これほど整理されてはいないが、彼なりのフィードバックを行っている。「私の部下は16名ですが、ひとりひとりと毎週20分ずつ、話し合うようにしています。彼らのパフォーマンスや、取り組んでいるプロジェクトについて、どうやったらもっと成長できるか、そのために私は何をすればいいのかについて話します。いつでも大丈夫ですよ。先月、ある部下と一緒に年次総会に出かけました。年次総会では成果がありませんでしたが、そこへ向かう飛行機やレンタカーのなかで、あるいは夕食の席やホテルのロビーで彼と話せて、ものすごく大きな成果がありましたよ」

ソフトウエアのセールスマネジャーであるジェフは、四半期に一度、部下と一緒に出張することにしている。「私は、白馬の騎士のような役回りを演じたりしないようにしています。その代わり、一緒に出張して、彼らの課題を聞き、お客様とのやりとりを見ます。現場での情報が必要なのです。出張から戻ると、現場で観察したことを伝えます。そして、計画や目標について話し合い、最適な方法を一緒に考えるのです。私の役割は、彼らを指導したり、彼らの欠点を直したりすることではありません。部下それぞれに、自分のやり方を見出してもらい、そのやり方でどうやって成果をあげるかを考えてもらうことです」

また、360度評価や心理分析、従業員意識調査、顧客からの意見カードなどを活用する、すぐれたマネジャーもいる。どんな方法であれ、どんなツールであれ、彼らが目指しているのは同じ、「鏡になる」ことだ。フィードバックを行うことで部下たちに、自分はどんな人間なのか、どんな仕事の仕方をしているのか、世の中にどんな貢献をしているのかなどを見つけてもらうのだ。

フィードバックの仕方は、マネジャーによってそれぞれだ。が、すぐれたマネジャーの研究から、彼らのアプローチには3つの特徴があることを発見した。

1　ひとりひとりに定期的なフィードバックを行う　毎月20分ずつだったり、四半期ごとに1時間だったりと頻度は状況によって異なるが、すぐれたマネジャーは年間を通して常に部下たちと深いつながりを保っていた。では、どのくらいの時間をかけているのか。私たちの調査によれば、すぐれたマネジャーは、部下ひとり当たりに年間4時間をかけて、彼らの仕事の進め方やパフォーマンスについて一緒に検証している。ある現場のマネジャーはこう言う。「部下ひとりひとりに年間4時間程度を割けないなら、抱えている部下の数が多すぎるか、あるいはマネジャーとして失格ですよ」

2　達成した仕事を振り返り、どのような仕事のやり方をしたかを聞く　フィードバックの目的は、「それをやめろ」「ここを直せ」といったネガティブな評価をすることではない。むしろ、自らが達成したことを振り返り、自分はどんなやり方で仕事をするのがよいか、そのやり方を生み出している才能は何かを考えてもらう。そのあとは、たっぷり時間をかけて「未来」に目を向ける。その才能や、「あなたらしいやり方」をどう活かせば、さらに成果があがるかを話し合うのだ。最も抵抗の少ない方法を一緒に考えることもある。が、多くの場合、話し合いの中心は、お互いを補完し合う「パートナーシップ」だ。マネジャーはどんな才能を持ち、部下が才能を持たない分野を補完できるか。

警察署長のマーティンが部下と一緒に年次総会に向かったとき、交わした会話のほとんどがパートナーシップに関するものだった。「彼にはすごい行動力があって、目標に向かって突き進むんだけど、戦略的思考に欠けるんだよね。目の前に立ちはだかる障害物を想像するのが苦手なんです。そこで、私の出番となります。彼のために、いくつかのシナリオを提示しておき、それが実際に起きたときの緊急時対応策をまとめておくのです」

ソフトウエアのセールスマネジャーであるジェフも、同じようなことを言う。「商談にこぎつけるコツや適切な質問はすべて知っているのに、最後の価格交渉で創造性に欠け、うまくまとめられない部下がいます。が、私の場合は反対に、それが得意です。だから、『いま交渉している顧客はどんな人で、どんな状況にあるか』を尋ね、リース契約がいいか、買い取りのほうがいいか、ボリューム・ディスカウント契約を持ちかけたほうがいいかをアドバイスするようにしています」

3　1対1でフィードバックを行う

すぐれたマネジャーは必ず、1対1でフィードバックを行う。フィードバックの目的は、部下が自分の才能を理解し、それを伸ばすことにあるからだ。

グループ・セッションでは、それができない。

にもかかわらず、チームワークが重視される今日、部下ひとりひとりに個別にフィードバックする時間の大切さを忘れているマネジャーがいかに多いか。シカゴ・ブルズの名コーチ、フィル・ジャクソンは、こう言う。

「選手とは、1対1で個別に話し合うほうが好きだ。ひとりひとりとのつながりを強化できるから。チーム全体で話し合う時間ばかりだと、無視されたと思う者も出てくる。個別に話し合うことで、ユニフォームを脱いだ姿にも触れることができるのです。たとえば、1995年のプレーオフのとき、トニーは、祖国クロアチアからの報道が気になっていました。彼の両親が住んでいたクロアチアのスプリトが、砲撃を受けていたのです。電話がつながらず、家族の無事を確かめるのに何日もかかったそうだ。祖国での戦争は、彼の人生にとってつらい現実だ。私がそれを無視していたら、表面的な付き合いしかできなかっただろう」

あなたを知るために

フィル・ジャクソンは、マネジャーたちが長いこと疑問に思ってきた点についても、答えを与えてくれた。「マネジャーは、部下と個人的なつながりを持つべきか。そんなことをしたら、部下から軽く見られないか」という疑問に。すぐれたマネジャーは「部下ひとりひとりと個人的な関係を築くべきだ。親しみが軽蔑を生むことはない」と言う。

これは何も「部下と必ず、親友になれ」と言っているわけではない。マネジャーであるあなたなりのやり方で、成果をあげることに部下を集中させられるなら、彼らと親友になってもいいが、そうでないならやらないことだ。もしそれがあなたのやり方で、部下がきちんと成果をあげているなら、部下と一緒に食事に行ったり飲みに行ったりしても、何も問題はない。

フィル・ジャクソンのようなすぐれたマネジャーが「個人的なつながり」というのは、「部下のことをもっとよく知らなければならない」という意味だ。それは、部下が持っている才能について知ることにとどまらない。部下の私生活や人間関係にまで及ぶ。とはいえ、個人的な事情を知ったからといって、彼らの人生に立ち入る必要はない。知っていればよい。そして、気にかけていればよいのだ。

8万人のマネジャーを対象としたインタビュー調査で、私たちはこんな質問をしてみた。「いつも遅刻してくる、優秀な部下がいます。あなたなら彼にどう言いますか」。マネジャーたちからの回答は、権威主義的なものから放任主義的なものまでさまざまだった。

「解雇します。うちでは遅刻は許されないので」

「まず口頭で注意し、それから書面で警告し、それでもダメなら解雇します」

「オフィスのドアに鍵をかけ、『今後は2秒の遅刻でも許されない』と伝えます」

「問題ありません。その分、遅くまで仕事してくれるなら、いつ来たって構いません」

どの回答ももっともに思えるし、それぞれにメリットもある。が、どれもすぐれたマネジャーの回答ではない。すぐれたマネジャーたちの回答はこうだ。そこには、上司と部下の関係に対する彼らの姿勢がよく表れている。

「なぜ遅刻するのか、その理由を聞きます」

もしかしたら、通勤バスのダイヤが乱れていたのかもしれない。ベビーシッターの到着が遅れたのかもしれない。家族に何か問題が起きたのかもしれない。部下の個人的なことまで把握しろというのは、こういうことだ。それがわかれば、部下の勤務時間を変更したり、すぐに病院へ行かせたりするなど、さまざまな行動がとれる。とはいえ、まずは、部下について知ることから始める。だから、「理由を聞く」のだ。

フィル・ジャクソンは、話の締めくくりにこう語った。「選手たちは、決して口が達者な人たちではない。だからこそ、決めつけたりしないで、彼らに関心を持ち、話を聞くことが大事なんだ」

3　セーフティネットを準備する

一般的なキャリアパスには、寛容さが欠けている。キャリアのはしごの上の段に進むと、下の段が燃やされてしまい、後戻りできないからだ。もし、昇進した役割で苦戦すると、評判が落ち、仕事を続けるのが危うくなることはわかっている。このようにキャリアの失敗を厳しく罰することが、思い切ったチャレンジを躊躇させる。隠れた才能を見出し、それを磨くために昇進してみたいなんて、これまでの常識では、転落防止ネットなしに空中ブランコを志願するくらい無謀なことだった。自分のキャリアを守ろうとしたり、自己認識を止めてしまったり、見出した才能を活かせるキャリアパスへの変更に消極的になったりするのも無理はない。こうしたキャリアパスは、学び続けようという意欲を殺してしまう。

すぐれたマネジャーは、キャリア学習を奨励したいと考えている。積極的に自分発見を促したいのだ。だから、すぐれたマネジャーは「独自のセーフティネット」を準備している。試用期間を設けることもそのひとつだ。

サウスウエスト航空で客室乗務員訓練を担当するマネジャーのエレンは、自分がつくったセーフティネットについて、こう説明してくれた。

「客室乗務員にとって、飛行機の仕事から離れ、乗務員を訓練するトレーナーになるのは、大きな決断です。出張が減るからという理由でトレーナーを希望する人もいますが、そういう人にはすぐに辞めてもらいます。しかし、人に教えることが好きで、サウスウエスト航空の伝統を伝えたいという意欲を持つ人もいます。そうした人たちに、才能があり、正しい理由でこの仕事に就きたいと考えているなら、6カ月の試用期間を設けています」

「それは、本当にこの仕事が好きで、長く続けられるかどうかを見極めるための期間だと、はっきり言っています。教えるということは、思っているほど簡単なことではありません。大切なお客様と楽しくゲームをしたり、冗談をとばしたりするためのアイデアを教えますが、そのためには、うんざりするほど細かな規則やルールがあり、まずは、それらを研修生に覚えてもらわないといけません。ですから、この試用期間は、こういった仕事に自分が向いているかどうか、やってみたらどう感じるかを確かめる期間なのです」

「試用期間中は、毎月面談をして、彼らのパフォーマンスについて話し合います。どんなことがうまくいって、どんなことに苦労しているか。他のトレーナーにも来てもらい、そのフィードバックも伝えます。そして、6カ月後には、必要な情報をすべて習得したかどうかをテストします。これに合格しなければなりません」

「ほとんどの人はテストに合格します。私たちのトレーナーはとても優秀なんです。でも、この試用期間中に本人か会社側が『この仕事にふさわしくない』と判断したら、研修生は元の職場、つまり客室乗務員の仕事に戻るのが明確な決まりです。ここ数年で2回ほどありました。恥ずかしいことでも、失敗でもありません。トレーナーに向いているかどうかを試しただけです。6カ月間やってみて、自分は教える仕事に向いていないと学んだわけです」

「このセーフティネットは、会社側にもメリットがあります。トレーナーをやろうかどうしようかという、もやもやした思いをきっぱり捨てて、乗客に照準を合わせて仕事ができますから。試用期間を経ることで、本人がドアを閉め、踏ん切りをつけられたのです。あとは前進あるのみです」

試用期間の扱いには注意が必要だ。選考に使ってはならない。使うなら、エレンのように、その役割に活かせる才能を持ち、心からその職務に興味を抱いている人だけを選ぶことだ。マネジャーの仕事は、何かもっと面白い仕事はないかと社内をうろうろしている従業員たちの相手をすることではない。仕事や役割と才能をマッチさせることで、部下ひとりひとりに素晴らしい成果をあげさせることに尽きる。たとえ部下が『自分の新しい才能を発掘するためのチャンスをください』と懇願してきたとしても、その才能がないなら、試用期間を与えるべきではない。

さらに、試用期間を与えるなら、エレンと同じように、その内容を明確にする必要がある。試用期間はどのくらいか、適正の有無を何で測るか、試用期間中の面談はどのくらいの頻度で行うか、試用期間後にこの仕事には就かないと決めたらどこへ行くのか、退職するのか元の役割に戻るのか。こうした質問に明確な答えを用意しておこう。そうすれば、セーフティネットは有効だ。

最後に、最も重要なことだが、「あなたか本人のどちらかが、この仕事と才能のマッチングに違和感を覚えたなら、部下は問答無用で元の職場に戻されるのだ」とはっきりさせておくことだ。これにより、無用の誤解を防げる。うまく設計された試用期間は、本人のためだけでなく、会社側にとっても有益だ。試用期間終了後に、本人がその新しい職務を気に入ったとしても、マネジャーが「ふさわしくない、ミスマッチだ」と判断したなら、問答無用で、その人は元の職場に戻される。元の職場に戻された人は納得しないかもしれないが、少なくとも、ミスマッチの職務に就いた後で不意打ちをくらうような気持ちに陥ることはないだろう。

仕事はタフに、部下にはひとりの人間として接する

The Art of Tough Love

なぜ、解雇した後も、元部下たちと個人的な関係を続けられるのか

試用期間を終了した部下であれ、現在の仕事で苦労している部下であれ、悪い知らせを伝えるのは難しい。ましてや、いまの役割から離れる必要があることを伝えるには相当な困難を伴う。マネジャーを対象に私たちが行った調査では、すぐれたマネジャーもそうでないマネジャーも、この種の会話をする前には体調を崩すと回答している。どんなアプローチをとろうとも、マネジャーとして豊富な経験があろうとも、誰かをその役割から外すのは決して簡単ではない。

ここで取り上げたいのは、従業員が許しがたい行為や非倫理的な行為をした場合ではない。そうした場合なら法律的側面があり、解雇するのも明快だ。そうではなく、ずっと成果をあげられないことが明らかになった従業員への対処の話だ。

どういう要件が該当するのか、どのくらい成果があげられなかったから辞めてもらうのか、うまく定義できないところが問題だ。そのせいでマネジャーは、より多くの意思決定を下さなければならなくなる。どの程度のパフォーマンスが許容できないのか。どのくらいの期間それが続いたら辞めてもらうのか。トレーニングやモチベーションアップ、サポート体制、補完的なパートナーとの連携など、十分な支援を行ったか。いきなり解雇を通告すべきか、それとも試用期間を

設けるべきか。最後の会話でどんな言葉を投げかけたらよいか。

これらの質問が渦をまき、全部まとめて避けてしまう人もいるだろう。マネジャーのなかには、解雇を言い出しやすくするために、最初から部下と距離を置いておこうとする人もいるくらいだ。親しくなってしまったら悪い知らせを伝えるときに心が痛むので、それを避けるために、最初から親しくならないようにする。しかし、フィル・ジャクソンが言ったように、このやり方、すなわち、マネジャーが部下をひとりの人間としてよく知ろうとしないことは、同時に、部下の力になれる可能性も失うことになる。

すぐれたマネジャーは、逃げ出したり、最初から距離を置こうとしたりはしない。その必要がないのだ。彼らは普段から仕事はタフに行い、部下にはひとりの人間として接している。これはテクニックやマニュアルではない。卓越した成果に照準を合わせるよう求めると同時に、彼らをひとりの人間として理解しようと愛情を持って接するマインドセットだ。すぐれたマネジャーが早い段階から、悪化するパフォーマンスの対処に乗り出せるのは、こうしたマインドセットを持っているからだ。だからこそ、辞めた後の部下とも個人的なつながりを保つことができる。

では、すぐれたマネジャーは具体的にどんなことをしているのか、「仕事はタフに行い、部下にはひとりの人間として接する」ことが具体的にどう機能するのかを見てみよう。

「仕事はタフに」とは、卓越した成果の追求にこだわることを意味する。卓越性については決して妥協しない。だから「どの程度のパフォーマンスが許容できないか」という質問に対して、すぐれたマネジャーは「平均点あたりで推移し、成長の見込みがない場合」と答える。「どのくらいの期間、それが続いたら辞めてもらうか」という質問に対しては「それほど長くない」と答える。

2つの自動車ディーラーを経営し、成功させたハリーを突き動かしたのは、この妥協のない卓越した基準だった。「私たちは、1店舗目よりもはるかに大きな2店舗目の店をオープンしました。販売でも融資でもサービスでも、顧客がシームレスに質の高い経験が得られる『総合的なサービス文化』とも呼ぶべきものをつくりたかったのです。システムの完全統合と、各部門長の全面的な連携を目指しました。大がかりでしょ。でも、波乱の幕開けとなったんです。それをお話ししましょう」

「私の最大の過ちは、営業部門の責任者にサイモンを抜擢したことです。最初の店舗でセールスマネジャーとして成功した彼を2つ目の店舗に抜擢したんですが、誰とも協力し合おうとしないのです。他の部長たちと意思疎通を図ろうともせず、会議にも出てきません。他部門の責任者たちと一緒に社内システムの統合や部門間の連携を進めて、お客様が不安を感じないようにするための話し合いにも参加しないのです。彼は自分の売上にしか関心がありませんでした」

「と同時に、最初の店舗でも失敗しました。彼が抜けた後、営業担当者を昇進させたのですが、彼は彼でマネジメントができず、苦労しています。成功した1店舗から、なんと苦労している2店舗になってしまったわけです」

「早く手を打たないといけないと思いました。サイモンとは何度か話しましたが、改善は見られませんでした。そこで5カ月目に入ったところで、サイモンを呼び、最初の店舗に戻るように伝えました。新しい2つ目の店舗では販売数だけが目標ではないこと、全部門が統合された総合的なサービス体験の提供を目標としていること、しかし、彼がそれに貢献していないことを伝えました。『君は一匹狼だから、元の店舗に戻ったほうが、自分のしたいことに専念できるだろう。この新しい店舗ではそれが通用しないから、元の店舗に戻るようにするよ』と伝えたのです」

「サイモンはカンカンに怒り、私に殴りかかってきそうな勢いでした。『まだそんなに時間が経っていませんよ。チャンスをください』と言いました。でも、私は部下のことを、よく知っています。時には本人以上に。彼はチームのなかでうまくやっていけない。私が期待するようなサービス体験を皆と一緒につくることができない。引き金を引くなら早いほうがいい。ずるずると引き延ばせば、彼はますます没頭し、私の失望はさらに大きくなると思ったのです」

「サイモンは、元の店舗に戻りました。これ以上ないほど、うまくやっていますよ。彼が抜けた穴は、協力的なセールスマネジャーを探して埋めました。2店舗とも順調ですよ」

ハリーは、情に厚く、従業員の誰からも好かれていた。勤務時間の変更や休暇がほしいといった願い、あるいは顧客のためだから手順を省きたいという願いには、ちょっと甘い対応をする。しかし、卓越した成果に関しては断固とした態度で臨む。「卓越した成果、これこそが私の人生だ。それが嫌なら、それはそれで構わない。でも、うちには来ないで」

もうひとつ、「部下にはひとりの人間として接する」のほうはもう少し繊細だ。お粗末なパフォーマンスには素早く対処せざるを得ないが、苦渋や悪感情が残らない方法で対処できるのは、まさにこのおかげなのだ。このマインドセットは、「才能」というものへの理解から生まれている。誰もが才能を持っている。つまり、誰もが、思考、感情、行動のパターンを持っている。そうした認識があれば、お粗末なパフォーマンスと向き合わなければならないときも平気だ。なぜか。「マネジャーが部下を責める」といった常識から解放されるからだ。

「十分な意志と決意があれば、あらゆる行動は変えられる」と信じているマネジャーを想像してみよう。彼にとっては、行動を変えられずにお粗末なパフォーマンスを続けるのは、すべて部下の責任だ。どんなに警告を受けても、ひどい成果のままだ。彼にやる気や気迫、学ぼうとする意欲があれば、行動を変えられるし、お粗末なパフォーマンスも変えられるはずだ。でも変えずにいる。本人の努力が足りないのだろう。それはすべて彼のせいだ。

「すべてが部下の自己責任だ」というこの魅惑的なロジックは、マネジャーを非常に厄介な立場に追いやる。「部下に指示を出したが、彼はそれをしなかった。彼は、意志が弱く、愚かで、反抗的で、無礼なのだろう」。表面的には礼儀正しく接しながら、腹のなかで、こんなふうに部下のことを考えていたなら、彼をひとりの人間として見ることなどできないだろう。もしあなたが感情的なマネジャーなら、堪忍袋の緒が切れて、怒りをぶちまけてしまうのではないかと心配になるだろう。あるいは、世話好きで協力的なマネジャーなら、うわべだけの言葉が見破られ、本当は深く失望していることを部下に悟られるのではないかと心配になるはずだ。やり方はどうあれ、自分の本当の気持ちを隠さなければならない会話は、ストレスが溜まる。部下を否定的に思っているなら、なおさらだ。マネジャーが会話を避けようとするのも当然だ。

しかし、すぐれたマネジャーは、本音を隠す必要がない。ひとりひとりが才能を持っていることを知っているからだ。最大限の努力をしても成果があがらないのは、部下のせいではなく、彼の才能と役割のミスマッチなのだということを、すぐれたマネジャーは理解している。お粗末なパフォーマンスが続くのは、部下の意志の弱さや愚かさ、彼らが反抗的で無礼だからではなく、「マネジャーによるミスキャスト」のせいなのだ。

もし責任が誰かにあると言うのなら、それは、双方にある。自分のことをよく認識していない部下にも責任があるし、もっとよく観察してマッチングをしなかったマネジャーにも責任はある。後づけなら何とでも言えよう。しかし、自分のことを完璧にわかっている部下など、ほとんどいない。部下のことを完全に把握しているマネジャーだって、ほとんどいないはずだ。だから、ミスキャストを、怒りや逆恨みの原因にしてはならない。完全にはなくせないのだから、ミスキャストに気づいたら、迅速に対処すればいい。

明らかにミスキャストであることが判明したら、すぐれたマネジャーは、部下の「鏡」になる。この失敗を教訓に、自分の才能をどう組み合わせて使えばいいのかをもっとよく考えるように部下を仕向ける。そして、こう言う。「この仕事では、あなたの才能を活かせないのかな。その理由を一緒に考えないか」「あなたの才能を活かせる役割を探す必要があるね。どんな仕事なら才能を活かせると思う?」。こう話すのは、丁寧な会話をしたいからでも、悪い知らせをソフトに伝えたいからでもない。才能を活かしたいのに、ミスマッチで活かせていないこと。そこに真実があると考えているからだ。

「部下にはひとりの人間として接する」の真骨頂がこれだ。すぐれたマネジャーは、純粋にひとりひとりを気にかけている。そして、この「気にかけている」には、明確な意味が込められている。それは、「部下がすぐれた成果をあげられるように」という意味だ。ひとりひとりが素晴らしい成果を出せる役割を見つけてほしい。そのためには、その人の才能を活かせる仕事でなければならないことも知っている。

部下が成果を出せず、もがいているのに、ミスキャストの役割を見直さずにいるのは、マネジャーがまったく部下のことを気にかけていないのと同じことだ。本気で部下を気にかけているなら、解雇して役割を変えてあげたほうがよい場合もある。だから、すぐれたマネジャーは、部下のパフォーマンスがよくないことに気づいたらすぐに対処できるし、そうしているあいだも人間関係を損なわずにうまく保つことができるのだ。

つまり、すぐれたマネジャーは、「仕事はタフに、部下にはひとりの人間として接する」というマインドセットを持つことによって、部下に高いパフォーマンスを維持させようとするとともに、部下ひとりひとりに配慮するという、相反する2つのことを同時に成し遂げているのだ。IT部門のエグゼクティブであるマイクは、「私は早すぎる解雇はしたことがない」と言う一方で、「私は部下の成功を心から願っている」とも言っている。

工場の責任者であるジョンは、こんなことを思い出してくれた。「解雇した部下は何人もいるよ。でも、その後もずっと仲良くしてきたんだ。私は2度、結婚式を挙げているが、いま思えば、どちらの花婿付添人も、解雇した元部下だった」

このマインドセットが理解できれば、ゲリーの辻褄の合わないセリフの意味もわかるだろう。起業家として大成功を収め、「英国女王賞」を6回も受賞しているゲリーは、ある晩、部下の工場長を呼んで、こう言った。「まあ、ここへ掛けてくれ。僕は君が好きだよ。解雇するがね。でも君が好きだ。まあ、一杯やらないか。話そうじゃないか」

マネジャーによるキャリアの自殺

「仕事はタフに、部下にはひとりの人間として接する」は、細心の注意が必要なデリケートな状況に対処する、首尾一貫した根拠とシンプルな言葉を提供する強力な考え方だ。しかし、このマインドセットを自分のスタイルに取り込むときには、次のことに注意してほしい。それは、解雇するときにかける言葉だ。解雇するのは、いつだってデリケートな状況だ。このマインドセットを持っていれば役に立つが、だからといって簡単になるわけではない。

自動車ディーラーのハリーの言葉、「でも、私は部下のことを、よく知っています。時には本人以上に」が、その難しさを完璧にとらえている。マネジャーはしばしば、まだ心の準備ができていない段階で、部下に厳しい現実を突きつけなければならない。これは、誰にとっても難しい交渉だ。だからこそ、普段から部下をひとりの人間としてよく理解し、頻繁に会って話し合い、考え方を明確にし、言動に一貫性を持たせなければならない。

「これらをすべて行ったとしても、部下よりも部下のことをわかっていると信じる権利はない」という反論もあるだろう。しかし、すぐれたマネジャーはこの反論を受け付けない。「あなたは、部下が望んでいる仕事をアサインしますか。それとも、部下にふさわしい仕事をアサインしますか」と尋ねたところ、すぐれたマネジャーたちからの回答は一貫して同じだった。「彼らにふさわしい仕事をアサインする」

この回答は権威主義的で傲慢に聞こえるが、警察署長マーティンの指摘には説得力があった。

「お粗末なパフォーマンスしか出せない部下は、マネジャーが気づく前から、苦しんでいると思います。苦しいけど、口に出せない。あるいは、プライドが邪魔して言えないのかもしれない。でも、本人はわかっています。だから、マネジャーの助けを期待することもある。しかし、そうやって何も意識しないまま、弱みが露呈する状況に身を置き続けてしまう。彼はマネジャーに自分を解雇するよう迫っているんです。私はこれを、『マネジャーによるキャリアの自殺』と呼んでいます。もしそれに気づいたら、部下をその惨めな状況から救い出すべきです」

「昔、マックスという警官がいたのですが、彼は、現場のいざこざに対処するのが苦手でした。ご想像のとおり、警察官は悪人たちと渡り合います。皆、よい市民なのに、そのときは最悪の感情を抱いていたのかもしれません。大声で怒鳴ったり、罵倒したり、殴ったり、暴言を吐いたりします。そんなときでも冷静さを保たなければなりません」

「マックスには、それができなかった。罵倒されると、イライラして怒り、粗暴になってしまうのです。口汚くののしっているという報告を受けたことも度々あります。懲罰審議にかかるような軽度な規律違反でした。私もその審議に出席して報告書を読みましたが、マックスは激しく否定していました。頭から否定するのです。私はその場で、まさに市民が不満を抱くような粗暴な行動を目にしたわけです」

「マックスには、カウンセリングを受けさせました。本人は一生懸命取り組みましたよ。でも、本人の性格なのでしょうか。パトロールに出ては冷静さを失い、審議の場でそれを否定することが繰り返されました。彼は、『マネジャーによるキャリアの自殺』を図っていたのです。私に、自分を解雇させようとしていました。それしか、現状を変える方法がなかったのです」

「だから、私は彼を解雇しました。警官を辞めてもらいました。いい男でしたが、その振る舞いは、警官にはふさわしくなかったのです。彼は、再就職支援サービスを通して、この町にある保険代理店で補償査定の仕事に就きました。こちらのほうが、はるかにマックスの性格に合っていますよ。彼とは、いまでも連絡をとりあって親しくしています。大事なことは、マックスがいまの仕事でとてもうまくいっているってことです」

すぐれたマネジャーたちは、インタビューのなかで、マーティンと同じような話をたくさん聞かせてくれた。部下たちは現実を突きつけられると、正面から向き合うのを拒んだり、怒ったりするが、数カ月後、ときには数年後、電話や手紙で、あるいは空港で見かけて、こう話しかけてくれる。「あなたに感謝していますよ。あのときはわかりませんでしたが、あの仕事から外してもらったことは、最高の決断でした」

もちろん、いつもこうなるとは限らない。最後まで苦い思いをする人もいるだろう。しかし、「仕事はタフに、部下にはひとりの人間として接する」というマインドセットは、デリケートな状況であっても、人間の尊厳を大切にしながら対処する方法を提供してくれる。誰もが、一人の人間として扱われるのだ。

第7章

Turning the Keys:
A Practical Guide

4つのアプローチを実践する

才能で人を選ぶとき、何を尋ねるか
部下のパフォーマンスを開発する
あなたの上司が「常識的なマネジャー」だったら
会社がとるべき重要なアプローチ

すぐれたマネジャーたちは、それぞれ独自のスタイルを持っている。が、目標は同じだ。部下ひとりひとりの才能を開花させ、卓越した成果をあげさせる。これまで、見てきた「4つのアプローチ」は、彼らがこの目標にどう取り組んでいるかを明らかにする。

1　すぐれたマネジャーは、才能で人を選ぶ
2　すぐれたマネジャーは、成果を明確にする
3　すぐれたマネジャーは、部下の強みにフォーカスする
4　すぐれたマネジャーは、部下の強みを活かせる場所を探す

これまでの章では、これら4つのアプローチが、どのように機能し、なぜ才能を成果に変えるときに重要となるのかを明らかにしてきた。この章では、それぞれのアプローチを実践するためのガイドを提供したい。4つのアプローチはそれぞれ独立しているが、そのどれもが不可欠な視点であり、考え方である。「はじめに」で述べたように、私たちの目的は、あなたのマネジメン

ト・スタイルを彼らの標準的なバージョンに置き換えることではない。そうではなく、彼らが持つ革新的な考えを皆さんのマネジメント・スタイルに取り入れて、さらによいものにバージョンアップしてほしい。

本書で紹介した、すぐれたマネジャーのやり方を、すべて取り込む必要はない。これらは、私たちが何千人というマネジャーから得たアイデアの断面図にすぎない。ひとりのマネジャーが、すべて体現しているわけではないのだ。皆さんには、これらのアイデアのなかから自分に合ったものを選び出し、自分用に磨き上げ、改善し、あなたに合ったかたちにつくり上げることをお勧めしたい。

才能で人を選ぶとき、何を尋ねるか

The Art of Interviewing for Talent

第1のアプローチでは、どんな質問をして、どんな回答を得ればよいか

1　才能に関するインタビューは、別に設ける

人を採用するのは、複雑な作業だ。応募者は、あなたの会社や仕事、報酬についてよく知る必要があるし、あなたは、応募者の履歴書を検討し、条件を提示する必要がある。応募者から意見があれば、再び条件を提示する。こうして、最終的にお互いが合意するまで交渉は続けられる。このプロセスが大事なのだ。しかし、それらはすべて、「才能に関するインタビュー」とは別に行うべきだ。

才能に関するインタビューは、必ずそれ単独で行う。目的はただひとつ、応募者が持っている「思考、感情、行動の繰り返しパターン」がその職務に合っているのかどうかを見極めること。これは、集中を要する難しい作業だ。だから、応募者の才能を見極めることが唯一の目的であるという時間を別途、設ける必要がある。応募者には、他の面接とは違うことを説明しておこう。「才能」に照準を合わせた質問が多くなり、雑談の少ない面接となる。

2 自由形式の質問をして、静かに回答を待つ

インタビューで才能を見出すには、その人の選択で回答してもらう必要がある。その仕事にアサインされたらどんな行動をとるのかを、本人に語らせるのだ。実際の仕事では、日々数え切れない数の状況に直面し、さまざまな対応をとることになる。そのとき、どう行動するかが、その人のパフォーマンスとなる。

だから、どこに向けられた質問なのかわからない、自由形式の質問にする。たとえば、「部下の仕事はどこまで監督すべきか」や「営業の仕事で最も楽しいと感じられるのは何か」などだ。どんな質問にも同じような方向性を示すなら、それが採用後に応募者が見せる振る舞いの予測となる。

質問したら、静かに待つ。間を置くのもいい。質問の意味を確認してきたら、はぐらかそう。「あなたがどんな意味だと思うかを、われわれは知りたいのだ」と教えてあげよう。聞きたいのは、彼の解釈なのだ。その人が持つ「才能のフィルター」が決めるままに、質問に答えてもらおう。思考、感情、行動のパターンをさらけ出してもらうのだ。

最も重要なのは、応募者の回答を信じること。第一印象はどうあれ、「ベストを目指すことは、どのくらい重要だと思うか」という質問に対して、「まあ、一番になるのは好きですが、たいていは自分が一番になれるように頑張るようにはしています」と答えたなら、それを信じるのだ。「セールスのどんなところが好きか」という質問に対して、「早く経営陣になりたい」と答えたと

しても、それを信じよう。「教えることのどんなところが気に入っているか」と尋ねて、生徒のことにまったく言及しなかったとしても、それを信じよう。自由形式の質問に対する回答は、強力な予言である。他に何を聞きたいとしても、それをそのまま信じるのだ。

3 過去にあった具体的な話を聞き出す

過去にとった行動は、将来の行動を予測するための材料となる。だから、「いつのことか教えてくれますか、あなたがそれをしたのは……」といった質問はとても役に立つ。

しかし、この質問にはちょっと注意が必要だ。まず、常に具体的な話を聞き出すようにする。具体的というのは、「いつか」「誰か」「何をしたか」だ。そうすれば、重要だと言いながらも、実際にそれをした具体的な時期を決して語ろうとしない人を信用しないで済む。

次に、間髪を入れずに思い浮かんだ回答だけを信用する。過去の行動が将来の行動を予測するのは、それが繰り返し起こる場合に限る。その行動が本当によく起こるなら、たった一度の催促ですぐに具体例を思い出すはずだ。であれば、それがその人の繰り返しパターンであると信じる手がかりとなる。

たとえば、営業担当者の選考で、この仕事には「自己主張をきちんとできる」才能が必要だと考えていたとしよう。その場合、「自分のアイデアに対する抵抗を克服したときのことを教えてください」と尋ねるのがよい。この質問では、具体的なことを尋ねていない。それが起きたときのことを話してくれと頼んだだけだ。が、実際聞きたいのは、過去にあった具体的な話なのだ。考えられるたくさんの回答例から、2つほど紹介しよう。

回答例1「最後まであきらめないことが大事だと思います。自分のアイデアに自信があるときは、特にそうです。はっきり言うことはとても大事です。以前いたチームでは、皆が反対するようなアイデアを提案しても、誰かがそれよりすぐれたアイデアを出すまで、私のアイデアが支持され続けることがわかっていました。実際、よくあることなんです」

回答例2「昨日もありました」

どちらがよい回答なのか。どちらがよいとは言えない。が、回答例2のほうが、先を予測させる回答だ。自発的に「昨日も」という具体例を挙げている。実際に何が起こったのか正確にわからないが、気にする必要はない。即座に「いつだったか」を答えたことが大事だ。才能の手がかりを得るには、もっと質問をする必要があるが、ただちに「いつだったか」答えられるなら、それは、具体的なその人の振る舞いの手がかりとなる。自分のアイデアに対する抵抗があっても、それをはねのけるのが繰り返される習慣かどうかが、わかる。

それに対して回答例1では、「はっきり言うことは大切だ」と説明したうえで、「それはよくあること」と答えている。この回答に間違いはないが、具体的な話が見えないので、将来を予測する手がかりがつかめない。だから、回答例1のような返事をもらうと、「もう少しくわしく聞かせてください。どんなことがあったのでしょうか」とさらに聞かざるを得ない。どれだけ詳細を語ったか、どれだけ明瞭に語ったか、その経験談に納得するかなど、その人の回答の質で判断してしまうおそれがある。

これは、インタビューそのものが犯しうる大罪なので、気をつけてほしい。「いつか」を聞き出すために質問を繰り返さなくてはならないなら、おそらくその行動は繰り返しパターンではない。回答の中身で判断をしてはいけないのだ。さらに追加質問をして、その内容に満足してしまうと、繰り返しパターンかどうかではなく、その人が明晰かどうか、記憶力がいいかどうかを評価することになってしまう。

くれぐれも、具体的な話かどうか、すぐに回答したかどうかで判断してほしい。

4　才能を見出す手がかり

過去の具体的な話について、何を聞き出せばよいのか。その仕事に必要な才能を持っているかどうかがわかる、手がかりはないのだろうか。

私たちは長年にわたり、人々の才能を見出す手がかりをたくさん見つけてきた。たとえば、突然、卓越さが垣間見えたり、惹かれたり、集中したりする活動が、そうだ。なかでも、マネジャーにとっては次の2つが、インタビューから才能を見出す手がかりとなるのではないかと思う。人はとても複雑な生き物なので、インタビューやテストでその人の才能の全貌をつかむことはできない。が、インタビューするとき、この2つの質問に照準を合わせておけば、その人のなかで上位にある才能が、次第に浮かび上がってくる。あたかも1枚の写真に写った風景のように。それができたら、その人の才能と、自分たちがそれぞれの役割に求めている才能を比較して、マッチングしているかどうかを判断すればよい。

手がかり1　素早く身に付けられるか

新しい役割を身に付けるときには、ステップを踏んで学ぶのが一般的だ。が、どんなに練習しても、その先へ進めないことがある。たとえば、もう何年もプレゼンテーションをしているのに、いまだに苦労している人がいる。プレゼンテーションをするたびに、スピーチの授業で習った3つの基本ステップに立ち戻ってしまうのだ。「まず、何を話すかを相手に伝える。次に、それを話す。そして最後に、話した内容を要約する」

反対に、こうした手順を思い返す必要がないこともある。滑るようなスムーズな感覚だ。たとえば、営業担当者として数カ月が過ぎたころ、その滑らかさを感じはじめたかもしれない。見込み客の心のなかが見えるようになり、次にどんな言葉をかければいいのか、ほとんど直感的にわかるようになる。あるいは教師として、最初に赴任したときの緊張がおさまると、子どもたちの名前がすらすら出てきたり、もう何年も教師をしてきたように生徒たちの机のあいだを自由に歩き回ったりする。

この感覚は、あたかも新しい役割のステップが、すでに自分の中に刻まれたパターンを形にしているだけであるかのようだ（そう、そのパターンが「才能」だ）。素早く身に付けられるかどうかは、その人の才能を知る重要な手がかりとなる。「素早く身に付けることができたのはどんな役割か」「苦労せずにこなせるようになったのはどんな活動か」尋ねてみるとよい。その人が持っている才能の手がかりが得られるだろう。

手がかり2　満足感を得られるか

人は皆、それぞれ異なる「心理的酸素」を吸っている。ある人にとっての満足感が、別の人にとっては、息が詰まるような思いかもしれない。

すぐれた会計士は、「2＋2＝4」という事実にいつも喜んでいる。優秀な営業担当者は、「ノー」という言葉を「イエス」に変えられたら大満足だ。すぐれた客室乗務員は、疲れて苛立っているビジネス客や騒々しい学生スポーツチームの席に自然と体が向く。気難しい乗客をうまく落ち着かせられると満足するからだ。

「どんな活動に満足するか」を聞き出せれば、その人の才能を知る手がかりとなる。「最も満足するのは何か」を聞いてみよう。「どんな場面で力を発揮できるか」「どんなことにやりがいを感じるか」と聞いてみるのもよい。その答えが、今後のその人が絶えず取り組み続けられる活動は何か、教えてくれるだろう。

5 「何を聞くべきか」を知る

多くのマネジャーが、面接で使える質問集をつくっている。すぐれたマネジャーもつくっているが、ひとつだけ大きな違いがある。すぐれたマネジャーがつくっているのは、トップパフォーマーならどう反応するかがわかっている質問だけなのだ。

しかも、質問より、最適な答えを聞き出すことのほうがはるかに重要だと考えている。たとえば、同じくトップパフォーマーでも、営業担当者と教師では、努力する才能がそれぞれ異なる。「あなたが言ったことについて相手が疑っているとき、あなたはどんな気持ちになりますか」。すぐれた営業担当者なら、こう聞かれたとき、「ちょっとした疑念なら大歓迎だ。自分の説得力を発揮するいい機会になる」と思うかもしれない。が、意外なことに、そうではない。彼らは、疑われるのが嫌いなのだ。なぜなら、先に述べたように、すぐれた営業担当者は「商品」ではなく「自分自身」を売り込んでいるからだ。だからちょっとでも疑われると、まるで自分の誠意が疑われたかのように思うのだ。彼らの意見に反対しても、議論してもいい。買わなくたっていい。しかし、疑ってはいけないのだ。

平均的な営業担当者は、自分の誠意を売り込んではいない。そのため、疑われても気にしない。だから、この質問は、彼らにはまったく響かない。

営業部長にとって、これは、よい質問だ。なぜなら、気分を害したかどうかだけを聞き取ればいいのだから。もちろん、営業部長がすべき質問はこれだけではない。先に述べたように、最悪の営業担当者も、拒絶されると気分を害する。だから営業部長は、「どのように?」「誰が?」と質問を重ね、その人が、営業に欠かせない他の才能を持っているかどうかを見極めるのだ。相手を説得する才能や、その場を和やかにできる才能を持っているかもしれない。

一方、すぐれた教師は「疑われるのは大歓迎だ」と答えることがわかった。彼らは、疑いが生じた瞬間を大切にしている。彼らにとって、疑いを持った人たちは皆、生徒なのだ。疑うことは、探究心の表れであり、学ぶことである。ところが、平均的な教師は、疑われるのを嫌がる。彼らは、生徒が学ぶことより、自分自身の能力のことをまず考える。疑われたことを、自身の力量が問われているととらえてしまうため、彼らにとって、これ以上最悪のことはない。だから、この質問は、すぐれた教師を見分けるのに有効だ。「疑われるのは大歓迎だ」という回答が望ましい。

だが、すぐれた看護師を見分ける際には、この質問は使えない。なぜか。すぐれた看護師たちの回答が同じではなかったし、平均的な看護師の回答との違いもなかった。よく考えてみれば、驚くことではないのかもしれない。看護師が疑われることはほとんどないし、それが優秀かどうかとは関係ないからだ。

このような質問と回答を知るには、どうすればよいか。まず、社内のすぐれた人材と平均的な人材の双方に同じ質問をしてみて、双方の回答が異なっていること、そしてすぐれた人材がいつも同じように回答することを確認すればよい。もしそうなら、何を聞き出せばよいのかわかる。看護師の例のように、回答に違いが出ないなら、それは役に立たない質問ということだ。

次に、応募者全員にこの質問をしてみる。彼らがどう回答したかを書きとめ、記録しておくのだ。採用後、成果をあげている優秀な人材が、採用前の回答と一貫性を保っているかどうかを確認する。

これには、時間と集中力が必要だ。どんな場合もそうだが、才能を見出すインタビュー技術を磨くためには、時間をかけ、集中することが不可欠なのだ。

「才能で人を選ぶ」というアプローチは、すぐれたマネジャーが実践していることのひとつだが、採用する段階で行われるという点で、他の3つのアプローチと異なる。他の3つのアプローチ――「成果を明確にする」「強みにフォーカスする」「強みを活かせる場所を探す」は明確に切り離せない。期待値を設定することは、動機づけと密接に関係している。動機づけや励ましは、その人の適材適所を見つける会話のなかで行われることが多い。才能を見出し、それをすぐれたパフォーマンスに変えるという挑戦は、これら3つのアプローチのすべてを同時に、しかも日々それを行うことである。

部下のパフォーマンスを開発する

Performance Development

他の3つのアプローチを日々、どのようなかたちで行うか

私たちが行ったインタビューでは、マネジャーたちが日々取り組んでいるさまざまなアイデアを語ってくれた。しかし、彼らの真の課題は、実際の仕事をこなす日々のプレッシャーのなかで自らを律し、これらのアイデアを社員ひとりひとりと一緒に実行することにある。すぐれたマネジャーは、「パフォーマンス・デベロップメント」というルーティンに従って行動していた。部下ひとりひとりと話し合うことをルーティンに決めておくことで、日々の仕事をこなしつつも、部下が成長しているかどうかに照準を合わせることができているのだ。

ルーティンの中身は、マネジャーのスタイルによってさまざまだが、私たちは、そのなかからすぐれたマネジャーが共通して行っている4つのことを見出した。

1　シンプルなツールを用いる　すぐれたマネジャーは、会社が主導する複雑な業績評価システムを嫌う。意味不明の言葉を解釈したり、官僚的な書式に記入させられたりするのに時間を費やしたくないのだ。それよりも、部下ひとりひとりに照準を合わせ、何をどう伝えるかに集中できるシンプルな書式やツールを好む。

2　頻繁にフィードバックする

すぐれたマネジャーは、部下ひとりひとりと頻繁なフィードバックを行う。年1回の業績評価では意味がない。部下の能力を開発するためには、どう承認されたいか、どういう人間関係をつくりたいか、目標は何か、才能は何かを詳細に把握する必要がある。年1回の話し合いでは、このような詳細なデータを得ることはできないため、「潜在能力」や「改善の機会」といった、当たり障りのない会話に終始してしまう。最低でも半年に1回、できればそれ以上の回数を持ちたい。頻繁に話す機会があれば、成功したことも失敗したことも記憶に残りやすい。先の会話でどう感じたかを話すこともできる。マネジャーもそれを思い出し、やり方を変えたり、受け止め方を変えたりするようにアドバイスすることができる。1対1での会話は事実に即した活発なものとなり、マネジャーのアドバイスは実践的なものとなる。次のフィードバックの日時も決まっているので、成果をあげるための仕事に専念できる。マネジャーにとっても部下にとっても、集中力が高まるという効果がある。

頻繁なフィードバックの機会があれば、パフォーマンスが悪化しているなどといったデリケートな問題も早めに提起できる。年1回の面談では、一度にまとめて、爆弾を落とすような批判を浴びせることになってしまう。部下が反論でもしようものなら、マネジャーは記憶をかき集めて、批判を証明しなければならない。しかし、頻繁に会話があれば、こうしたバトルを避けることができる。どこが悪いのか、少しずつ時間をかけてわかってもらえるし、よくできたことにも言及できるので、批判めいた指摘をする場合でも、より受け止められやすくなり、話し合いがずっと生産的になる。

3　未来に照準を合わせる　部下のやり方や強み、ニーズを把握するために過去を振り返ることもあるが、すぐれたマネジャーは、その人の「未来」に照準を合わせている。未来につながることのない非難の応酬や事後報告ではなく、「これから何ができそうか」を議論したいのだ。だから、過去の検証に費やされるのは、最初の10分間だけ。あとの時間は、「次の3カ月間で何を達成したいか」「達成したかどうかは何で測ればいいか」「どんなやり方でその目標を達成したいか」「どういった支援を会社に期待するか」など、真にクリエイティブな議論にあてる。すぐれたマネジャーにとっては、こうした未来を見据えた会話こそ、最もエネルギッシュで、生産的で、高い満足感を得られる会話なのだ。

4　部下に自分で管理させる　多くの企業で従業員の業績評価が行われているが、そこでは、従業員は、評価される側、すなわち、マネジャーの評価を待っている受け身の立場だ。運がよければ、自己評価を先にできることもあるが、それでもやはり受け身であることに変わりはない。自己評価を行うのは、マネジャーの評価と比べるためだからだ。そのため、自己評価は、交渉のツールとなってしまう。「自己評価は高くつけておこう。どうせ、その中間点あたりになるのだから」というわけだ。これでは、自分のパフォーマンスに対する正当な評価とは、とても言い難い。

すぐれたマネジャーは、このやり方を否定する。そして、部下ひとりひとりに自分の業績と学習の成果を記録するように求める。目標や成功、そのプロセスからの発見を書きとめさせるのだ。この記録は、マネジャーが評価したり批判したりするためのものではない。部下が自分のパフォーマンスに責任を持つためのものだ。自分自身を映し出す鏡であり、自分自身の殻を破るための手段だ。この記録によって、自分がどう貢献しているかがわかるし、それを検証できる。こうして自分自身に対する責任を持てるようになる。

もちろん、すぐれたマネジャーも短期的な目標達成について話し合い、合意したい。だが、目標達成以外の記録、自分自身について気づいたことや新しく身に付けたスキル、受け取った褒め言葉などは、部下の「財産」だ。だから、それについては言及しないようにしている。もし部下がマネジャーを信頼していれば、プライベートなことも含めて、成功や失敗、自分の強みについてのすべての記録をマネジャーとシェアしてくれるだろう。しかし、これは重要なことではない。重要なのは、部下本人が自分の成果と成長の記録、つまり、自分発見に焦点を当てることだ。

「自分の進歩を自ら管理し、記録することが期待されるほど、より長く学校にとどまり、より多くを学ぶ」。大人の学習に関する最近の研究では、こうしたことが明らかにされている。すぐれたマネジャーは、それに気づき、部下たちに実践させているのだ。

これら4つのこと――「シンプルなツールを用いる」「頻繁にフィードバックする」「未来に照

準を合わせる」「部下に自分で管理させる」が、パフォーマンス・デベロップメントの基礎となる。以下では、すぐれたマネジャーが部下を知るために行う質問や、いつどのくらいの時間をかけるかなどの「基本ルーティン」について説明する。目的は、これらをすべて正確に覚えることではない。あまりに煩雑だし、不自然になる。それよりも、自分の才能や経験に合わせて使えるようにアレンジしてほしい。

この基本的なルーティンを理解し、自分のスタイルに取り入れたなら、第2、第3、第4のアプローチを実践するための、最高の機会を手にすることができる。

すぐれたマネジャーの基本ルーティン

タスク1　強みを見出すインタビュー

毎年の年度初め、あるいは採用後1～2週間以内に1対1のインタビューを行う、ひとりにつき1時間程度かけて次の10項目の質問をする。

1　これまでの仕事上の経験で、一番楽しかったことは何ですか
（新入社員なら）この会社に入ろうとしたきっかけは何ですか
（既存社員なら）あなたをここにとどまらせているのは何ですか

2　あなたの強みは何だと思いますか（強みとは、才能に、スキルや知識を投資したもの）

3　あなたの弱みは何だと思いますか
4　いまの職務での目標は何ですか（レベルや期間も尋ねる）
5　進捗状況について、どのくらいの頻度で私と話し合いたいですか
あなたは自分の気持ちを話してくれる人ですか、それとも私から聞くべきですか
6　個人的な目標やコミットメントなど、私に話しておきたいことはありますか
7　あなたがこれまでに受けた最高の褒め言葉は何ですか
何がそんなによかったのでしょうか
8　生産的なパートナーやメンターがいたことがありますか
なぜ、そのような関係がうまくいったと思いますか
9　今後の成長やキャリアについての目標は何ですか
特に身に付けたいスキル、チャレンジしてみたい仕事はありますか
私には、どのようなお手伝いができますか
10　私たちが一緒に仕事をするうえで、何か他に話したいことはありますか

このインタビューの目的は、部下ひとりひとりが認識している強み、目標、ニーズについて知ることだ。彼が言うことは、たとえ賛成できなくても、そのまま書きとめておく。その人を成長させたいなら、最初の立ち位置（出発点）を知る必要がある。彼の答えが、その時点で、何を考え、何を感じているかを教えてくれる。今後1年間仕事するなかで、部下本人に再考させたほう

がよいことが出てくるかもしれない。しかし、最初は、部下本人の目からその世界を見ることに関心を向けてほしい。

また、質問5では、進捗状況について話し合うために、どのくらいの頻度で会いたいかについて答えてくれる。その年の最初は、部下が希望した頻度での会話を予定すること。ここでは、彼が「半年に一度」と希望したとする。

タスク2　能力開発のためのセッション

1対1で能力開発のためのセッションを行う前に、次の3つの質問に対する答えを書き出してもらうとよい。

A　どんな行動をとったか
B　どんな気づきや発見があったか
C　どんな関係を築いたか

質問Aの回答には、この6カ月間のパフォーマンスの詳細を反映させる。スコアや順位、評価、スケジュールなどがあれば、それも書いてもらう。質問Bの回答には、この6カ月間に参加した研修で発見したこと、社内で行ったプレゼンで気づいたこと、他の職場を観察したり本を読んだりして学んだことも含まれる。自ら学ぶ姿勢を持ち続けるように後押ししよう。質問Cの回答には、この6カ月間に新しく築いた人間関係や、さらに深めた既存の人間関係について書いてもらう。仕事上の関係だけでなく、同僚やクライアントとから個人的に信頼されたことも含まれる。どのような関係を築くかは本人次第だが、会社内外で自分を支持してくれる人たちへの責任を持つことが重要だ。

セッションの冒頭で、これら3つの質問（A、B、C）をする。部下本人が語ったことを書きとめ、コピーをとっておく。部下は、これら3つの質問への回答について、コピーを持参するのが望ましい。本人から「回答をシェアしたい」と言ってきたら、それは素晴らしいことだ。が、シェアしてくれなくても、要求してはいけない。どちらにせよ、これら3つの質問への回答が、過去6カ月間のパフォーマンスを話し合うためのスタート地点となる。

これら3つの質問を使って過去の振り返りにかける時間は、冒頭の10分ほどだ。そのあとは、次の3つの質問（D、E、F）で、会話を未来に向ける。

D　いま最も重視しているのは何か。次の6カ月間の目標は何か
E　どんな発見をしたいか。次の6カ月間でどんな発見をしたいか
F　どんな関係を築きたいか。次の6カ月間でどう支持者を増やしたいか

「発見」や「関係性」といった言葉が、企業文化やマネジメント・スタイルに合わないこともあるだろう。その場合は、適切な言葉に変えてほしい。ただ、どんな言葉を使おうと、次の6カ月

間についての会話は、単なる達成目標にとどまらないようにすること。これが重要だ。また、部下本人にあらかじめ書いてきてもらうようにする。話し合いは、本人が答えた内容について行い、記録、保存しておくとよい。それが、6カ月後のあなたの期待値となる。

そして、6カ月後、3つの質問（A、B、C）の答えを書き出してもらう。そして、2回目のセッションで、この3つの質問をし、10分程度、彼のパフォーマンスについて話し合う。その後すぐに、未来に向けた会話に切り替え、3つの質問（D、E、F）をする。マネジャーも部下も、そこでしゃべった内容をメモし、保存しておくとよい。セッション中は、部下のパフォーマンスの目標や成果をあげたこと、苦労したことなどについて触れながら、必ず彼の強みに照準を合わせ続ける。才能を活かせる役割にアサインし、その人のやり方を存分に発揮してもらえるような方法や、成功の妨げとなっているものを取り除く方法を話し合うのだ。そして、6カ月ごとに、このルーティンを繰り返せばよい。

年度末には、部下ひとりひとりの成果と、将来への能力開発計画ができている。ひとりひとりの個性を理解し、その人の真の強みと弱みを正確に理解できているだろう。仕事をしているうちに、部下の考え方やニーズが変わってくるかもしれない。困難なときや成功したときを経て、部下ともっと親しくなっているかもしれない。納得いくこともあれば、納得いかないことだって出てくるだろう。どんなことがあろうとも、このルーティンを繰り返せば、マネジャーと部下はもっと強力なパートナーとなっているはずだ。頻繁に会い、耳を傾け、注意を払い、アドバイスし、詳細な計画を一緒に立てることで、部下本人と同じくらい彼が成果をあげることに現実的な関心を持てるようになる。繰り返すが、重要なことは、部下本人もそのすべてを記録しているということだ。

タスク3　キャリア開発に関する質問

能力開発のためのセッションは、部下が希望したインターバルで行うが、そのセッションのなかで、「今後のキャリアについて話をしたい」と部下が言ってくるかもしれない。「マネジャーが、次は自分をどこに異動させようとしているのか」を知りたい、というわけだ。とはいえ、キャリアに関する話し合いは一度に行われるものではない。さまざまな機会に、さまざまな会話がなされる。どう話し合うかは、部下ひとりひとりの可能性と実績によって異なるが、部下たちには次の2つのことが求められる。

- 自分のスキル、知識、才能を明確にする（キャリアプランの作成に不可欠）
- 次のキャリアで何が必要なのか、なぜそれが得意なのかを明らかにする

部下は、自分ひとりの力でこの2つをこなさなければいけないが、マネジャーが手助けすることもできる。そのためには、次に挙げる「キャリア開発に関する5つの質問」を用いて部下たちをサポートするとよい。

1 現在の職務での成功を、どう説明できますか。どうやってそれを測定しますか

私はこう思います（マネジャーのコメントを付け加える）

2 何をすると「自分らしい」と思えますか

そこからわかる、才能、スキル、知識を教えてください

私はこう思います（マネジャーのコメントを付け加える）

3 現在の職務で、どの部分が最も楽しいですか。なぜですか

4 現在の職務で、どの部分が最も苦労していますか

このことは、あなたの才能、スキル、知識について何を物語っていますか

この問題を解決するために、私たちには何ができますか

研修、配置換え、サポート体制、あるいはパートナーシップですか

5 あなたにとって理想の職務とは、どのようなものですか

あなたが、その職務に就いていると想像してください

いま木曜日の午後3時です。あなたは何をしていますか

なぜ、そんなに好きなのでしょうか

私はこう思います（マネジャーのコメントを付け加える）

年間を通して、ことあるごとにこれらの質問をすることで、部下は自分の成果について具体的に考えるようになる。彼は、いまの職務でさらにキャリアを築きたいと考えているのか、それと

も新しい職務に就きたいのか。もしそうなら、どんな強みを活かせるのか、どんな満足感が得られるのか。「キャリア開発に関する5つの質問」で、必ず答えが見つかるとは限らない。が、適切なときに適切な問いかけをしていくことで、部下は自分の考えに集中し、マネジャーの考えを理解することができるようになる。そして、部下の現在の職務でのパフォーマンスとその可能性について、しっかりとした結論を導き出せるようになる。部下の未来について、よりよい決断を下せるようになるのだ。

あなたの上司が「常識的なマネジャー」だったら

Keys of Your Own

部下として何ができるか

マネジャーが部下を生産的な人材に「つくり変える」ことはできない。マネジャーの役割はあくまで「触媒」だ。会社や顧客が求めるニーズと、部下の才能のあいだで起こる反応を加速させる。従業員が最も抵抗の少ないやり方で成果をあげたり、才能を活かせるキャリアを考えたりするのを支援する。しかし、いずれも本人の努力なしには何もできない。部下が主役で、マネジャーは代理人だ。従業員本人が最大限努力しなければ、これらは何ひとつできないのだ。そして、芸能の世界と同じように、代理人は主役に大きな期待をかけている。

すぐれたマネジャーが、部下に期待していることは次のとおり。

- **ことあるごとに「鏡」を見る**　会社が提供するフィードバック・ツールを使って、自分がどのような人間で、他者からどう見られているのかについて理解を深める。
- **じっくり考える**　毎月30分程度は時間をとって、この1カ月を振り返る。何を達成したか、何を学んだか、何が嫌だったか、何を気に入ったか。こうしたことから、自分自身や自分の才能について何がわかったか。

- **自己発見する**　自分のスキルや知識、そして才能について、よりくわしく理解する。そのうえで、ふさわしい役割を志願し、誰かのよいパートナーとなり、適切な研修や能力開発プランの選択に役立てる。
- **支持者を増やす**　どのような人間関係が自分にとってうまくいくのかを明らかにし、それをつくり出す。
- **記録をつける**　自分が学んだこと、気づいたことを記録し、保存しておく。
- **よい貢献をする**　いったん職場に足を踏み入れたなら、少しでもそれをよくするか、悪くするかのどちらかだ。少しでもよくするように努める。

あなたなら、どうする？

すぐれたマネジャーは、まだ少数派だ。成果にこだわる厳しさと、ひとりの人間として接する温かさを併せ持ち、権威もあるが、支援も万全なスーパー・マネジャー、すなわち、部下ひとりひとりを理解して、どんな欠点があっても受け入れ、エンジンのかからない月曜日の午前中にも活力を入れる方法を知っているすぐれたマネジャーのもとで働ける従業員は、まだほんの一握りにすぎない。

ほとんどの従業員は、未熟な上司のもとで働いている。部下とはうまくやりたいし、成果もあげさせたいが、うまくいっていない上司たちだ。

思うに、あまりに多くの時間を「あれをやれ、これをやれ」と伝えるのに使いすぎていて、部下ひとりひとりのニーズを把握する時間がほとんどないのだろう。部下に自分のやり方を教えて、完璧に行わせようとしているのかもしれない。あるいは、自分がされたいように、接しているだけかもしれない。悪気はないのだが、あまりに忙しくて、部下ひとりひとりとパフォーマンスについて話し合う時間が持てないのだろう。あるいは、部下に関心がないのかもしれない。もしかしたら、人を嫌い、信用していないのかもしれない。だから、部下の成功を自分の手柄にして、自分の失敗を部下のせいにしているのだろうか。

こんな上司のもとで働かざるを得ないとしたら、いったい何ができるだろうか。自分の力を最大限に発揮するためには、こうした上司たちに何をすればよいのか。この問いかけに対して必ずうまくいく方法を提示することはできないが、なんとか対処する方法ならある。いくつか紹介しよう。

ケースA　上司が忙しすぎて、あなたと話し合う時間がない場合

「能力開発のためのセッション（すぐれたマネジャーの基本ルーティン）」を自分で設定してしまおう。事前に準備しておくので上司の負担も少ないし、効率よく時間も使えるはずだと前もって伝えておこう。自分がとった行動や発見、新たに築いたパートナーシップなどを記入した、過去6カ月間の簡単なパフォーマンス・レビューをつくっておく。そして、次の6カ月間に力を入れたいこと、新たに学びたいこと、新たに築きたい人間関係について、話し合うようにする。上

司がするのは、1対1のセッションの場に現れて、あなたと45分間の話し合いをするだけだ。

　それでも、上司が予定をキャンセルしたり、セッション中に何も発言しなかったりするなら、忙しすぎることが問題ではなさそうだ。そもそも上司がマネジャーの資質に欠けているのかもしれない。この場合、選択肢は限られる。いまの仕事を気に入っていて、うまくやっているなら、我慢するしかない。あるいは、後述するケースEを参照してほしい。

ケースB　上司が自分のやり方を押しつけてくる場合

　そういう上司は、仕事の「結果」よりも「プロセス」を重視しすぎているのだろう。自分の役割を「手順」よりも「成果」で定義したいと伝えてみよう。どんな成果が出たら成功だと考えているのかを確認し、自分のやり方は上司のやり方とは違うが、それでも期待する成果をあげることができることを説明しよう。それは、あなたのやり方が、上司のやり方よりすぐれているということでない。あなたが言いたいのは、自分のやり方が、期待する成果をあげるために最も効率的な方法であるということだ。上司のやり方がどんなにすぐれたものでも、部下にはふさわしくなかっただけなのだ。

　もちろん、結果ではなく、ステップに焦点を当てることが、上司にとって重要な場合もある。上司が自分のやり方を押しつけてくるのは、権力を行使し、部下をコントロールするのが好きな人だからだろうか。自分の人格を損なうことなく対処することができるなら、問題ない。が、そうでないなら、別の仕事に移ったほうがいいかもしれない。

ケースC　上司が不適切なタイミングで褒める場合

他のやり方、他のタイミングで褒めてほしいという代替案を提案する。ただし、これは簡単な会話ではない。「人前より内輪で褒められたい」と言うと、傲慢でおこがましいと感じられてしまうおそれもある。伝えるタイミングも重要だ。チーム全員が立ち上がってあなたの成功を称賛した直後に、他のやり方で褒めてくださいと訂正するのは、賢明でないし配慮にも欠ける。第5章で紹介した保険代理店のマークが、足を踏み鳴らして壇上から降り、彼のマネジャーの目を覚ましたのは事実だが、このやり方はお勧めしない。それよりも自分のパフォーマンスについて語っているとき、たとえば、「能力開発のためのセッション」などの冷静な話し合いの場で伝えるのがよい。上司がよかれと思って褒めてくれた、その善意を傷つけないように十分注意して。そうすれば、あなたが上司に何を求めているかをよく考えている人であることが伝わる。こういうタイミングで、こうやって褒めてほしいということを上司が理解し、次回からはそうしてくれる可能性が増えるかもしれない。

褒め方が問題ではなく、そもそもまったく褒めてくれないのが問題だとしたら、自力で頑張るしかない。あなたが自ら率先して行動できる人なら、まったく評価されなくても、しばらくはうまくやっていけるだろう。しかし、ほとんどの人は、エネルギーが枯渇してしまったと感じるようになる。承認される見通しがなさそうなら、仕事を変えることを検討してはどうだろう。

ケースD　上司が絶えず質問してきたり、立ち入ってきたりする場合

そのやり方では役に立たないとわかってもらおう。デリケートな対応が必要なケースだ。反抗的だと見られても困るし、上から目線だととられても困る。「上司が確認したいと考えている頻度よりも、もっと少なくしてもらえないか」を尋ねてみてほしい。上司を非難しているわけではないことが十分に伝わるように。むしろ、「もう少し独力で役割を果たしたい。仕事をチェックするタイミングを自分で決められるほうが、ずっと生産的になれる」と伝えてみよう。「2〜3日おきではなく、2〜3週間おきにチェックしてほしい」というように、感情的ではない、明確な表現を使えば、双方にとって現実的な取り決めができるはずだ。

もし上司が、あなたのことを信用していないから立ち入ってくるのだとしたら、感情的でない表現を使って話しても役に立たず、別の手を打つしかない。仕事を変えよう。

ケースE　上司があなたを無視したり、見下したりする場合

これまで述べてきたケースとまったく異なる問題に直面した場合、つまり、あなたの上司が一貫してあなたを無視したり、信用しなかったり、あなたの手柄を自分のものにして自分のミスをあなたのせいにしたり、あなたを見下したりする場合には、その上司のもとから抜け出よう。社内の他部署へ異動願いを出してもいいし、別のポジションを探してもいい。あるいは転職を検討する。もちろん、上司が異動するのを祈って、あと半年待つというなら、それでもいい。あるいは、会社の手厚い報酬や待遇が、そのひどい状況を我慢できるほど痛みを和らげてくれるなら、

それでもいい。上司の上司や人事部に相談すれば、親身になって話を聞いてくれるかもしれない。しかし、自分を誤魔化してはいけない。上司の態度がずっとそうなら、これから先、変わることは期待できないだろう。マネジャーのなかにはマネジャーにふさわしくない人もいるのが現実だ。このような上司の態度は、誤解しているとか、悪気はないとかいうレベルの問題ではない。才能が欠如しているのだ。心のなかに4車線の高速道路がないため、永遠に誤った意思決定をすることになる。これからもずっと、人を信用せず、気にかけず、見捨てて、邪魔をし、抑圧するだろう。そうしてしまうのだ。あなたがいくら頑張ったとしても、この本を読んだとしても、感受性トレーニングを受けたとしても、その上司にはもはや、すぐれたマネジャーになるのにふさわしい強みや自尊心、安心感は身に付かないだろう。

「大丈夫。頑張れ。自分の才能を信じれば、必ず成功する」と言えればいいのだが、それはできない。その上司が自滅して、解雇されるのを祈りながら、しばらくのあいだは、その困難な状況で生き延びられるかもしれないが、すぐれたマネジャーがいなければ、その我慢も長続きしないだろう。本書で繰り返し述べてきたように、自分の才能を活かして卓越した成果をあげるには、「あなたの直属の上司こそが、最も重要なパートナー」なのだ。もし本当に悪い上司に当たってしまったら、あなたのよさを発揮することはできないだろう。どんなにその仕事自体が楽しくても、早く抜け出したほうがいい。あなたには、もっとよいマネジャーがいるはずだ。

会社がとるべき重要なアプローチ

Master Keys
すぐれたマネジャーを後押しするために何ができるか

会社に入社するときには、その会社の名声や評判が大事かもしれないが、入社後に高い成果をあげて、長いこと勤務し続けるには、「直属の上司との関係性」が最も重要だ。部下の才能を見出し、それを卓越した成果に結びつけるには、マネジャーの役割が欠かせない。そう、入社後は「会社」よりも「マネジャー」が重要なのだ。それが現実だ。

従業員の立場からすると、直属の上司のほうが、会社よりもはるかに影響力がある。しかし、会社は依然として大きな力を持っている。従来の常識を打ち破るには、すぐれたマネジャーの力だけでは限界がある。会社とすぐれたマネジャーが一体となって初めて、ルールを打ち破ることができる。

多くの企業に、常識が深く根づいている。「人には無限の可能性がある」「ひとりひとりが弱点を克服するのを助ける」「己の欲するところを人に施せ」などの考えに賛同できないマネジャーは大勢いるが、それでも、こうした考えはいまだに根強く残っている。むしろ、会社の方針や慣行、言葉づかいなどとしっかりと結びつき、会社全体に張り巡らされている。こうした常識のネットワークが、どのような人材を採用し、どのように訓練し、どのように報いたり、罰したり、昇進させたりするかに影響を及ぼしている。すぐれたマネジャーは、まず独力で、少しずつ、常識とは反対の方向に変えようとしているが、彼らだけで全体をすべてひっくり返すのは不可能だ。どんなルートをたどったとしても、遅かれ早かれ、常識が立ちふさがる。方針やルール、規則、システムなどが、すぐれたマネジャーの足を引っ張るのだ。

「そんなふうに給与を払うことはできません」

「規則では、3年以上の経験がないと昇進させられないのです」

「全員と同じように接していませんね。不公平です」

「これが、わが社の新しい業績管理システムです。ここに挙げたコンピテンシーひとつひとつを必ず、部下全員に身に付けさせてください」

「その肩書を与えてはいけない。彼女には部下がいないのですから」

常識は、選抜や研修、報酬、業績管理システムという壁にしっかりと守られている。これを完全に取り除くには、システムを全取り換えするしかない。それができるのは「会社」だけだ。すぐれたマネジャーが行っている4つのアプローチを手がかりに、会社の上層部、経営幹部が、常識の壁を打ち破るために必要な「打ち手」を4つ挙げる。

打ち手1　成果に焦点を当て続ける

事業の「目的」を明らかにするのは、会社の役割だ。そして、その目的を達成するための最高の方法を見つけることが、従業員の役割である。したがって、強い会社は、目的地を明確にし、そこへ向かう道のりを従業員たちに任せて、楽しく仕事ができるようにしている。

- できるかぎり、すべての職務の「成果」を明確にする
- これらの「成果」を評価し、順位づけする方法を、できるだけたくさん用意する。正しく成果を測るようにすれば、パフォーマンスは向上する。
- 顧客の気持ちから考えると、最も大事なのは「正確さ」「便利さ」「パートナーシップ」「アドバイス」の4つだ。いますぐ社内の各役割を検証し、これらの成果を生み出すために何が必要かを明らかにする。トレーニングでは、顧客の気持ちを大事にするために、それぞれの役割でなすべきことがどう役立っているのかを説明する。また、そうした成果を生み出すために、どこで、どのように、なぜ、自分の裁量を使うことが期待されているのかについても説明する。
- すべてのマネジャーは、第1章で述べた〈Q12〉に対する部下の回答に責任を持つようにする。これら12項目に対する部下の回答は、非常に重要な成果指標となる。部下の回答に応じてマネジャーに報酬を払えとまでは言わないが、マネジャーは自身の評価カードの一部に〈Q12〉のスコアを入れるべきだ。

打ち手2　すべての役割で世界レベルのパフォーマンスを評価する

強い会社では、卓越した成果を出せば、どんな役割でも皆から敬意を受ける。その会社の文化を理解したければ、まず、ヒーローに注目することだ。

- できるだけ多くの役割で、達成レベルを段階的に定義しておく。あるレベルから次のレベルへ移行するための具体的な基準を明確にする。バッジや賞状、修了証などで、進歩に報いる。どのレベルでも真剣に取り組む。
- できるだけ多くの役割で、給与帯を幅広く設定し、役割間で重なるようにする。それぞれの帯域で、上のレベルに上がる基準を明確にしておく。帯域を移行するとき、なぜ給与が（一時的にも）減額するのか、きちんと理由を説明する。
- 自己ベストを祝う。競争が励みになる従業員も多い。ひとりひとりが自身の毎月の成果を、あるいは四半期ごとの成果を追跡できるシステムをつくろう。こういうシステムを使って、自己ベストが出たときは、皆で褒め称えよう。自己ベストがたくさん出るほど、会社も発展する。

打ち手3　社内の優秀な人材から学ぶ

強い会社は、社内の優秀な人材からさまざまなことを学んでいる。社内のベストプラクティスからの発見を日常的に行っている。

- 会社にとって最も重要な役割から始める。そこで卓越した成果をあげている人から学ぼう。それぞれの役割に求められる才能群を明らかにする。そうすれば、よりふさわしい人材を選べるようになる。
- 各役割における卓越性について学んだことを取り入れるために、すべてのトレーニング内容を見直す。

- 社内に「大学」を設立する。そして大学では、それぞれの役割のなかで最もすぐれた人たちが、どのようなやり方で成果をあげてきたかを紹介する。できるだけ多くの従業員が、それぞれの役割でベストな成果をあげている人の考え方、才能を活かした仕事の進め方、得られる満足感に触れられるようにする。会社の方針やルール、スキルなども学べるが、メインは、社内のベストプラクティスだ。組織の規模や複雑さに応じて、柔軟かつ非公式で簡潔なものにするとよい。重要なのは、社内の優秀な人材から学ぶことだ。

打ち手4　すぐれたマネジャーの言葉を教える

言葉は思考に影響を与え、思考は行動に影響を与える。従業員の「行動」を変えたければ、「言葉」から変えなければならない。強い会社は、すぐれたマネジャーの言葉を、全社的な「共通語」にする。

- すぐれたマネジャーが実践している「4つのアプローチ」を教える。特に「スキルや知識」と「才能」の違いを強調する。才能とは、生産的に活用できる「思考、感情、行動の繰り返しパターン」で、教えられるものではない。
- その役割が必要としている才能の重要性を反映させるべく、採用基準や職務記述書の内容、履歴書の必要要項などを見直す。
- 「スキルや知識」と「才能」の違いを反映させるために、すべての研修内容を見直す。強い会社は、何が訓練可能で、何が不可能かを明確にしている。

- 弱点を矯正するプログラムを研修から撤廃する。才能のある優秀な人材に、スキルや知識を学ばせることで、さらに卓越した力を発揮できるようにする。わざわざ研修に送り込んで、弱点を直させるのは、やめにする。
- すべての従業員に役立つフィードバックをする。360度評価や性格分析、業績評価システムが役に立つのは、従業員ひとりひとりが自分をよく知り、強みを活かすことに重点を置いている場合に限られる。弱点を特定することに重点を置いているなら、それらの使用を中止する。
- すぐれたマネジャーが実践している「パフォーマンス・デベロップメント」のルーティンを開始する。

これらの打ち手は、すぐれたマネジャーの代わりにはならないが、それでも重要な変革だ。これらを進めないと、根を張っている常識が、すぐれたマネジャーに敵対する空気をつくり出そうとする。会社の方針やシステム、言葉づかいが、反対意見の小さな声をかき消し、すぐれたマネジャーが支持している信念さえも疑うことを余儀なくさせる。このような環境では、すぐれたマネジャーは自らを成長させることができない。実践で直感も磨けない。現状の問題点を認識しながら、生き残ることで精一杯となってしまうのだ。

しかし、4つの打ち手を実践できれば、企業文化を変革することができる。すぐれたマネジャーを支援する風土が生まれれば、彼らの洞察力は冴え、実践と実験を繰り返して、改良が推し進められる。こうした企業文化のもとでこそ、すぐれたマネジャーたちは力強く目的に向かって前進できる。そして、部下たちはすぐれた成果をあげられるようになり、会社はますます成長する。従来の常識は覆され、根絶されるのだ。

すぐれたマネジャーは、すべてをいとも簡単に実践してしまう。才能で人を選び、成果を明確にし、強みに照準を合わせる。そして、ひとりひとりが成長するにつれ、その人の高い才能を活かせる役割を見つけようと後押しする。このステップをひとりひとりの部下に行うことで、皆が成長するし、部門も会社も常にすぐれた成果をあげ続けることができる。ひとりひとりの強みを活かすことが、企業価値を高めるのだ。

しかし、現実には、これほど簡単にはいかない。人をマネジメントするというのは、とても難しい。マネジャーの仕事の本質は、会社と顧客、従業員、そして自分自身のあいだで相反する利益のバランスをとろうとする奮闘にある。あちらを立てれば、こちらが立たず。無礼な顧客と口下手な従業員のあいだに割って入り、顧客をなだめつつも従業員の顔をつぶさない適切な言葉を探すのはとても難しい。30名のベテラン社員からなるチームの責任者を任せられたなら、成果をあげるように彼らに発破をかけつつ、信頼を得るのがいかに難しいか、わかるだろう。時間をかけてじっくり選び抜いた新入社員が、実はふさわしい才能の持ち主ではなかったという経験があるなら、本人のやる気を削がず、かつ周囲に気づかれないように話を切り出すのがいかに難しいか、わかってもらえるだろう。どちらへ転んでも、そのあいだに立っているマネジャーは大変なのだ。

本書は、マネジャーの役割をこなせるようにするものではない。しかし、皆さんには有利な立場に立ってもらいたい。本書は、自分が何をしているのか、なぜそれをしているのか、どうすればもっとうまくできるのかについて、より明確な視点を得られる方法を提供する。こうした視点を持てば、すべての状況において、正解はわからなくても、より健全な行動へと導いていけるだろう。強い職場であり続けるための基盤づくりを、どうやって始めたらよいかがわかるだろう。

一晩で奇跡を起こすことは、約束できない。したところで信じないだろう。明日の仕事でも、多くの人が間違った役割に配属されているのを目にするだろう。マネジャーの多くが、これまでの常識に縛られたまま行進している。そして、自分ひとりの力で変えられることの限界も知っている。ひとりひとりの部下との会話からしか物事を変えていけないことも知っている。すべてのすぐれたマネジャーがそうであるように、あなたも長い旅路のスタートラインに立ったのだ。

私たちが、たくさんのすぐれたマネジャーへのインタビューから気づいたのは、ただひとつ。彼らが困難のなかで実践している「4つの画期的アプローチ」だ。これこそが、出発点となる強力なノウハウだ。

1 すぐれたマネジャーは、知識や経験ではなく、才能で人を選ぶ

2 すぐれたマネジャーは、手順ではなく、成果を明確にする

3　すぐれたマネジャーは、部下の弱点や欠点ではなく、強みにフォーカスする
4　すぐれたマネジャーは、単に昇進させるのではなく、強みを活かせる適所を探す

すぐれたマネジャーの旅路を進めるにあたって、追い風となる事実がある。150年前に「組織」というものが生まれて以来、ずっとかみ合わない状態が続いていた2つの力、すなわち「会社のニーズ」と「従業員のニーズ」が、ここにきて少しずつ同じベクトルを向きつつある。そして、これまでの常識を打ち破るために欠かせないこの2つの力を束ねる要の地点にいるのが、そう、すぐれたマネジャーなのだ。

世界中で、従業員が職場に対してより多くのものを求めつつある。他のコミュニティがなくなる分、従業員はますます職場に、働く意味やアイデンティティを求めるようになっている。彼らは、職場で、ひとりの人間として認められたいのだ。仕事で自分らしさを発揮し、自分らしいやり方で成果をあげて、生きがいや敬意を得たいのだ。こうした環境を整備できるのは、マネジャーだけだ。ひとりひとりが自分の強みを理解し、それを活かして成果をあげることができる職場をつくれるのは、あなただけなのだ。

その一方で、企業側は、まだ表に現れていない潜在能力を探し求めている。人が持つ可能性は、そのうち最たるもの、途方もなく大きな価値がある潜在能力だ。企業価値を高めるには、従業員が秘めている可能性を最大限に引き出す必要がある。これまで企業は、人類が自然の力を制御してきたのと同じように、人間の力を封じ込め、完璧な人間にすることでその力を利用しよう

としてきた。しかし、そのやり方ではまったくうまくいかないことが判明したのだ。人が持つ可能性は、自然の力とは異なり、一様ではない。その特異性、すなわち「ひとりひとり異なってている」ことにある。したがって、企業が、この可能性を生かそうとするなら、ひとりひとりの可能性を封じ込めるのではなく、解き放つ仕組みが必要なのだ。そして、すぐれたマネジャーこそが、そのための最高の仕組みだ。

企業価値を高めたいという会社のニーズと、職場で働く意味やアイデンティティを求めたいという従業員のニーズが一致すれば、会社の風景は変わるだろう。新しい組織モデルができて、新しい肩書や新しい報酬体系、新しいキャリアパス、新しい評価制度などが生まれる。中心となるのは、すぐれたマネジャーが共通して持っていた考え方だ。できないことを補うのではなく、持って生まれた力を最大限に活かすのだ。

人は、それほど変わらない。
足りないものを植え付けようとして、時間をムダにするな。
その人のなかにあるものを引き出そう。
それだけでも大変なのだから。

こうした変化に抵抗しようとするマネジャーがいるかもしれないが、その抵抗は失敗に終わるだろう。企業価値の追求は、人が自分らしさを追求することと同じように終わりがない。こうした力の結集を遅らせることはできても、止めることはできない。

反対に、加速することはできる。あなたが、すぐれたマネジャーとして「触媒」になるのだ。

世界中のすぐれたマネジャーたちが、そのための方法を教えてくれた。

巻末資料
Appendices

資料A
ギャラップ・パス

資料B
すぐれたマネジャーたちの回答

資料C
クリフトン・ストレングス　4つの領域と34資質

資料D
Q12を特定する

資料E
従業員エンゲージメントと組織的成果の関係――Q12メタ分析

資料A

ギャラップ・パス

The Gallup Path to Business Performance

企業価値を持続的に高め続けるための道筋とは？

私たちは、健全なビジネスの主要要素にはどのようなものがあり、どのように関連しているのかをずっと調査してきた。そして、1本につながる道筋（パス）を発見した。従業員ひとりひとりの貢献からスタートし、企業業績につながり、企業価値を高める道筋だ（上場企業の場合、企業価値とは、株価や市場評価の上昇を指す）。これを〈ギャラップ・パス〉と呼び、図表Aに示した。以下、各ステップの概要について説明する。

1　真の利益の増大が、株価上昇を牽引する

企業価値に影響する要因は多々あり、なかには企業がコントロールできないものもある。企業がコントロールできる要因のなかで最も株価を押し上げるのは「真の利益」の増大だ。「真の」と強調したのは、意味がある。短期的な収益性を高めるためにとりうる手段が数多くあるからだ。プロセスの効率化やコスト削減といった業務上の取り組みもあれば、評価損の計上や一括償却、期末の押し込み納品などもある。しかし、株価の持続的な上昇は、「日常の業務」での持続的な利益増によってのみもたらされるものだ。

図表A　ギャラップ・パス

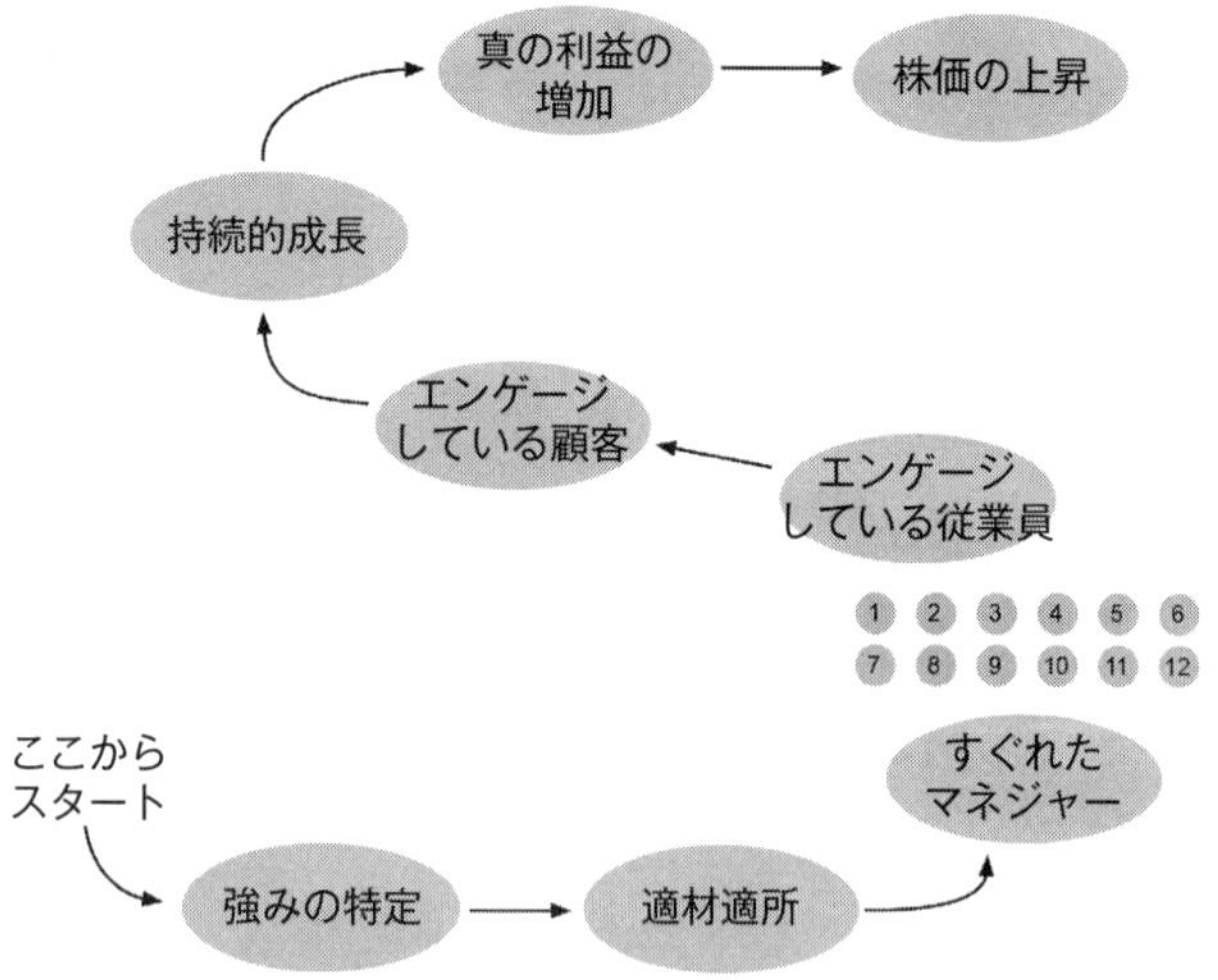

2　持続的成長が、真の利益をもたらす

真の利益の増大は「持続的成長」によってのみ、もたらされる。持続的成長とは、買収によってもたらされる成長とはまったく別物だ。他社の収益源を買収する、価格を引き下げる、急成長中のレストランや小売チェーンに見られる新店ラッシュなど、企業はさまざまな手法で成長を買うことができる。が、これらの手法は一時的に売上が増大するものの、長くは続かない。むしろ、すごい勢いで売上を落としてしまうこともある。これに対し、持続的成長とは、短期的な収益で見るものではない。店舗当たり売上、製品当たり売上、顧客当たりのサービス利用数などで測られるべきだ。これらの指標は、収益の流れが堅実かどうか、永続性があるかどうかを明らかにする。

3 エンゲージしている顧客こそ、持続的成長の源泉

持続的成長をもたらすのは、「エンゲージしている顧客」が増えることだ。プレミアム価格で購入してくれる顧客数が大事だという業界もあるが、エンゲージしている顧客は、自社の製品やサービスに深くかかわり、熱意を持ってくれている。彼らが自発的に製品やサービスを勧めてくれるなら、強力なセールス部隊を無給でたくさん獲得したようなものだ。

効果的なセールスやマーケティングで、顧客に製品やサービスを試してもらうことはできる(ブランド・プロミス)。しかし、真のロイヤルティは、「本当に素晴らしい製品やサービスだった」とその品質や価値に納得してもらわないと生まれない(ブランド・エクスペリエンス)。ブランド・エクスペリエンスがブランド・プロミスと一致するか、上回る場合にのみ、企業は、ロイヤルティの高い顧客を増やしていくことができる。

4 エンゲージしている従業員が、顧客エンゲージメントを高める

ゼネラル・エレクトリックのCEOだったジャック・ウェルチは、かつてこんなことを言っていた。「競争に打ち勝とうとする企業は、すべての従業員の心をエンゲージさせる方法を考え出さなければならない」。とりわけ、サービス業はそうだろう。企業価値を体現するのは、顧客と接する従業員なのだから。しかし、製造業であっても、エンゲージした従業員の熱心な取り組みがなければ、真にクオリティの高い製品を生み出すことはできない。

図表Aの①〜⑫は、第1章で解説した〈Q12〉の要素を表している。私たちの定義では、「エンゲージしている従業員」とは、これらの12の要素のすべてに「非常にそう思う」と回答することができる従業員だ。1998年の春から夏にかけて、私たちは大規模な調査を実施した。12業種の代表的な企業24社を選び、4項目のパフォーマンス指標（従業員の生産性、定着率、収益性、顧客満足度）のデータを測定した。図表では、「エンゲージしている従業員」と「エンゲージしている顧客」の関係だけを示しているが、エンゲージメントの高い従業員の数が増えれば、生産性の向上を通じて「間接的」に、あるいは従業員の離職率の大幅な低下を通じて「直接的」に利益につながることが多い。

5 マネジャーが、従業員エンゲージメントを高める

〈ギャラップ・パス〉の入り口である最初のステップをほぼ完璧に行わなければ、それに連なる連鎖は起こらない。まずは、従業員ひとりひとりの強みを明確にする必要がある。そして、その強みを活かした役割を担わせること。この2つの要件を満たさない限り、やる気を高めたり、専門家のコーチングをつけたりしても、生産性の向上は期待できない。本書で述べたとおり、「才能」とは、持って生まれた思考、感情、行動の繰り返しパターンであり、生産的に活用できるものだ。スキルや知識は教えられるが、才能は教えられない。ほとんどの企業は、従業員を採用する際、スキルや知識にばかりこだわり、応募者が持っている才能を見てこなかった。そのため、〈ギャラップ・パス〉を歩みはじめたところで、つまずくことになる。「その応募者はどんな才能

が高いのか」「それは役割とマッチするか」を正確に把握できないのだから。

ひとりひとりの強みに照準を合わせ、強みを活かした役割を与える。この2つのステップをクリアすると、いよいよ大きな山場がやってくる。「すぐれたマネジャー」がいるかどうかだ。企業は、優秀な従業員を惹きつける方法を見つけなければならない。給料を上げる、福利厚生を充実させるなど、さまざまな方法があるが、これらは次元が低い解決策だ。その役割にふさわしい優秀な従業員を惹きつける唯一の方法は、「すぐれたマネジャー」を選び出し、彼らが「4つのアプローチ」をこなせる環境をつくることだ。そうした環境のなかで、すぐれたマネジャーは、最高の人材を選び、期待値を明確に設定し、動機づけ、育成することができる。ひとりひとりの才能が活かされ、それが顧客志向のパフォーマンスに発揮されると、企業は強くなる。

この一歩を踏み出せない企業は〈ギャラップ・パス〉から脱落してしまう。優秀な人材を必要以上に失ってしまうだろう。そして、人材を誤って配置したり、過剰に昇進させたり、過小評価したり、誤った使い方をしたりするようになる。役割にあった才能を持つ人材を適所に配置しないと、堅実性に欠ける手段に戻らざるを得なくなる。マーケティングに過度に依存したり、むりやり企業を買収したりするなど、成長を「買う」ことに躍起になる。これでは、従業員エンゲージメントを重視している個性的な競合にかなうまい。〈ギャラップ・パス〉を正しく導いてくれるすぐれたマネジャーがいなければ、衰退の道をたどるしかない。

資料B

すぐれたマネジャーたちの回答

What the Great Managers Said

第2章で引用した3つの質問に対して、彼らは何と答えたか

第2章で述べたように、私たちは、総計8万人を超える「すぐれたマネジャー」たちに、ひとり90分のインタビューを行い、オープン形式の質問をさせてもらった。すぐれたマネジャーたちは皆、平均的なマネジャーとは異なる回答をした。その回答はどれも同じだった。

質問1「あなたはマネジャーとして、次のどちらの部下を選びますか。その理由も教えてください。ひとりは、独立心が強く、アグレッシブで120億ドルを売り上げる人。もうひとりは、売上高はその半分もないが、親しみやすいチームプレーヤー」

すぐれたマネジャーたちは皆、「独立心が強く、アグレッシブな人材を選ぶ」と答えた。独立心が強く、アグレッシブな人のほうが、管理しにくいが、才能にあふれているだろうと考えたのだ。一方、チームプレーヤーは、管理しやすいが、売上高が半分であることから、職務に見合う才能を持っていないのかもしれない。すぐれたマネジャーたちは一様に、このような理由を述べた。そう、すぐれたマネジャーは、管理しやすい人材ではなく、その職務で世界レベルを目指せ

るような才能を持った人材を探しているのだ。だから、職務に合っていない才能を無理に発揮させようとするよりも、才能あふれる人材にさらなる高みを目指して挑戦させることを好むのだ。

質問2「生産性はとても高いが、事務処理でいつも間違える部下がいます。この部下の生産性を上げるには、どうしたらよいと思いますか」

すぐれたマネジャーたちは、まず、「なぜ事務処理で支障をきたすのか」その理由を見極めようとする。もしかしたら、この仕事に就いたばかりかもしれないし、トレーニングを受ければ、問題が解決するかもしれない。しかし、事務処理の才能がないことが原因だとわかったら、こうした弱みに対処し（ツールやシステムを使ったり、パートナーと組ませたりする）、生産性を高めることに照準を合わせる方法を見出そうとする。

質問3「2人のマネジャーが、あなたの部下としています。ひとりは、これまで見たことがないほど素晴らしいマネジメント能力を持っている人、もうひとりは、可もなく不可もない平均的な人です。『高いパフォーマンスをあげている職場』と『悪戦苦闘している職場』の2つにマネジャーの空きポストがあったとき、あなたは、どちらの部下をどちらの職場にマネジャーとしてアサインしますか。その理由も教えてください。なお、どちらもまだ成長のポテンシャルが十分にある職場です」

すぐれたマネジャーは、例外なく「素晴らしいマネジメント能力を持つマネジャー」を「高いパフォーマンスをあげている職場」に配置する。この質問のキーワードは「どちらもまだ成長のポテンシャルは十分にある職場です」だ。すぐれたマネジャーは、卓越した成果を出せるかどうかを判断基準にしている。まだポテンシャルがある職場で真の潜在力を引き出せるのは、才能のある優秀な人材だ、ということを彼らは知っているのだ。優秀なマネジャーにとって、パフォーマンスの高い職場でさらに卓越した成果を出すことは、悪戦苦闘している職場の成果を平均以上に引き上げるのと同じくらい重要な課題だ。しかし、彼らにとっては、前者のほうがはるかに楽しいし、生産的だろう。したがって、すぐれたマネジャーは、2人の部下のうちマネジメント能力が高い人を、高いパフォーマンスをあげている職場に配置する。「平均的なマネジャーは他部署に異動させ、悪戦苦闘している職場には、事業再生の専門家を雇う」と、すぐれたマネジャーの多くが回答している。

これと逆のことをしようとする人に対して、すぐれたマネジャーは、こう警告する。「可もなく不可もない平均的マネジャーは、高いパフォーマンスをあげている職場を最大限に活用することができない。また、悪戦苦闘している職場に優秀なマネジャーを投入すると、そのすぐれた才能をつぶしかねない。そうなったら、よかれと思ってしたことで、マネジャー2人を失敗させ、生産性を半減させてしまう」

資料C

クリフトン・ストレングス　4つの領域と34資質

A Selection of Talents

あらゆる役割や職務で最も多く見られる才能とは？

第3章で述べたように、私たちは、150種以上の役割についてどのような才能が見られるかを調査した。その過程で、たくさんの才能を見出している。それぞれの役割に必要な才能はさまざまだ。本書の初版を出版した後も私たちは、すぐれたマネジャーやその他の多くの職務について繰り返し調査を行ってきた。

才能に関する歴史的な研究は更新され、34資質を測定するアセスメント〈クリフトン・ストレングス〉の開発に使われてきた。この34資質は、いくつかのカテゴリーに分類することができる。本文では「努力する才能」「考える才能」「かかわる才能」の3つに分類されているが、いまではアップデートされ、次の4つの領域に分類されている。

- 実行力
- 影響力
- 人間関係力
- 思考力

以下に、これら4つの領域と、それぞれの領域に分類される資質を挙げ、その簡単な定義をつけた。また、本書では、〈クリフトン・ストレングス〉を受けるためのアクセスコードが巻末の綴じ込みに記載されている。こちらも活用していただきたい。

自分の上位資質がこれら4つの領域のどれに当てはまるかを知ることで、あなたがチームにどのように貢献しているか――物事を実行する方法（実行力）、他人に影響を与える方法（影響力）、人間関係を築く方法（人間関係力）、情報を処理する方法（思考力）が明らかになる。

また、マネジャーは、メンバーの才能の4つの領域にプロットすることで、総体としてのチームの才能がどう分類されているかを確認することができる。その際には〈チーム ストレングス・グリッド〉というツールを使うとよい。このツールは、「人はそれぞれ、持って生まれた才能を活かしてこそ、最高の仕事ができる」という視点を与えてくれる。チーム全体の才能（資質）のダイナミクスを理解し、メンバー同士で補完できるパートナーシップを組めるようにすれば、マネジャーは、より強く、より生産的なチームをつくることができる。

実行力

実行力の上位資質が多い人は、アイデアをとらえ、実現する能力を備えています。たゆまぬ努力を続けて、実行し、解決に至る力があります。

アレンジ　〈アレンジ〉の資質が高い人は、組織化が得意で、その際に柔軟性を発揮します。生産性を最大限に高めるために、すべてのパーツやリソースをどう組み合わせるか、考えることを楽しみます。

回復志向　〈回復志向〉の資質が高い人は、問題におじけづくことなく対応できます。問題点を突き止め、解決することが得意です。

規律性　〈規律性〉の資質が高い人は、ルーティンや仕組みをつくったり、守ったりすることを楽しみます。彼らが生きる世界は、彼らがつくり出す秩序に従って機能しています。

公平性　〈公平性〉の資質が高い人は、人を同等に扱わなければならないとはっきり認識しています。そのために、誰もが守ることができる明確なルールや手順、そして安定したルーティンを必要とします。

慎重さ　〈慎重さ〉の資質が高い人は、決断や選択をする際に、注意深く検討するのが特徴です。障害を事前に予測することに長けています。

信念　〈信念〉の資質が高い人には、変わることのない核となる明確な価値観があります。人生の目的は、そうした価値観のなかから浮かび上がります。

責任感　〈責任感〉の資質が高い人は、自分がやると言ったことに対して当事者意識を持ちます。また、正直さや忠誠心など、変わらない価値観を大切にしています。

達成欲　〈達成欲〉の資質が高い人は、熱心によく働き、スタミナにあふれています。忙しくしていたり、生産的であったりするときに深い充実感を得ます。

目標志向　〈目標志向〉の資質が高い人は、方向性を定め、そこに向かって一直線に走り抜けます。また、ゴールへの軌道から外れないように必要な調整を行うことができます。優先順位をつけてから行動します。

影響力

影響力の上位資質が多い人は、主導権を握る方法を知っていて、はっきりと意見を表明し、他の人たちがそれに耳を傾けていることを確認します。チームがより多くの人々に影響を与えることができるようになります。

活発性　〈活発性〉の資質が高い人は、事を起こすことができます。思考を行動に移します。話しただけで終わらせたくはありません。すぐに実行したいと考えます。

競争性　〈競争性〉の資質が高い人は、他の人のパフォーマンスと比較して、自分の進歩や進捗状況を測ります。勝つために多大な努力をし、コンテストに挑むことを大いに楽しみます。

コミュニケーション　〈コミュニケーション〉の資質が高い人は、自分の考えを簡単に言語化できます。会話もプレゼンテーションもうまく進めることができます。

最上志向　〈最上志向〉の資質が高い人は、自然と人の強みに目が行きます。それが、人やグループを最高の状態にまで高める最善の方法だからです。「とてもよい」ものを「素晴らしい」状態にしようとします。

自我　〈自我〉の資質が高い人は、大きな反響をもたらしたいと思っています。自立心が高く、自分の組織や周囲の人々にどのくらいの影響をもたらせるかを考えて、プロジェクトの優先順位を決めています。

自己確信　〈自己確信〉の資質が高い人は、リスクをとる能力と、人生の舵をとる能力に自信を持っています。自分のなかにある羅針盤が、自身の判断に確証を与えます。

社交性　〈社交性〉の資質が高い人は、新しい人と出会い、その人を味方につけることに挑戦するのが大好きです。誰かに心を開いてもらい、つながることから、充足感を得ます。

指令性　〈指令性〉の資質が高い人は、存在感があります。どんな状況でも主導権を握り、意思決定を下すことができます。

人間関係力

人間関係力の上位資質が多い人は、強固な人間関係をつくる能力を持ち、チームをまとめる力があります。単なる個人の寄せ集めではなく、大きな力を発揮するチームをつくります。

運命思考　〈運命思考〉の資質が高い人は、あらゆるもののあいだにはつながりがある、という信条を持っています。偶然起こることはほとんどなく、すべての出来事には意味があると信じています。

共感性　〈共感性〉の資質が高い人は、「自分が相手の人生や境遇にあったらどうだろうか」と想像することで、他人の感情を感じ取ります。

個別化　〈個別化〉の資質が高い人は、ひとりひとりが持つ独自の個性に惹きつけられます。どうしたら異なる個性を持つ人々が一緒に、生産的に働けるかがわかる才能を持っています。

親密性　〈親密性〉の資質が高い人は、他の人と親しい間柄になることを楽しみます。目標を達成するために仲間と一生懸命働くことで、深く満たされます。

成長促進　〈成長促進〉の資質が高い人は、人の潜在的な可能性を見つけ、育みます。わずかな成長の兆しに気づき、進歩がわかる証を得ると満ち足りた気持ちになります。

調和性　〈調和性〉の資質が高い人は、チームメンバーの意見を確認し、合意するために働きかけます。対立は好きではありません。それよりも、全員が一致できる部分を探します。

適応性　〈適応性〉の資質が高い人は、流れに身を任せることを選びます。「いま」を生き、起こったことをあるがままに受け入れて対応します。この人にとって未来は、一瞬を積み重ねた先に現れるものなのです。

包含　〈包含〉の資質が高い人は、他者を受け入れます。輪に入れていないと感じている人に気づき、仲間に入れようとします。

ポジティブ　〈ポジティブ〉の資質が高い人は、熱意を周囲に伝播させます。前向きで、自分がやろうとしていることに対して、周囲を乗り気にさせたり、心待ちにさせたりすることができます。

思考力

思考力の上位資質が多い人は、情報を取り入れ、分析し、より適切な判断を下せるよう、他者を支援します。メンバーが「何ができるか」に照準を合わせられるようにします。

学習欲　〈学習欲〉の資質が高い人は、学びたいという強いニーズがあり、常に向上し続けたいと考えています。結果よりも、学ぶ過程（プロセス）に非常にわくわくします。

原点思考　〈原点思考〉の資質が高い人は、過去について考えることを楽しみます。現在を理解するために時系列的にさかのぼって調べます。

収集心　〈収集心〉の資質が高い人は、集めて保管したいというニーズを持っています。その対象は、情報をはじめ、アイデア、工芸品、さらには人間関係にまで及ぶかもしれません。

戦略性　〈戦略性〉の資質が高い人は、ゴールにたどり着くための代替案を生み出します。どんな状況に直面しても、関連するパターンや問題点がすぐにわかります。

着想　〈着想〉の資質が高い人は、アイデアを生み出すことに魅了されています。まったく異なるように見える現象のあいだにつながりを見出すことができます。

内省　〈内省〉の資質が高い人は、知的な活動をするのが特徴です。自分の思考を内面で深く顧みることが多く、同時に知的な議論を楽しみます。

分析思考　〈分析思考〉の資質が高い人は、理由や原因を追求します。状況に影響を及ぼしうるすべての要因を考える能力があります。

未来志向　〈未来志向〉の資質が高い人は、もし未来がこうなっていたら、と思いを馳せることで意欲やひらめきを得ます。未来へのビジョンを語ることで、周囲の人をわくわくさせます。

資料D

Q12を特定する

Finding the Q12 Items

私たちは、従業員エンゲージメントを測る12要素をどうやって特定したか

私たちは、まず「フォーカス・グループ」をつくった。それぞれのフォーカス・グループには、各企業から最も生産性の高い部門の従業員を集めた。ギャラップの産業・組織心理学の専門家が、職場に関する自由形式の質問を行い、フォーカス・グループごとに回答はすべて録音された。私たちは過去数十年間、こうしたフォーカス・グループへのインタビューを何千回も行ってきた。

そこで得られたデータをもとに、私たちは、従業員の仕事に関するあらゆる側面についての質問項目を含んだ、長時間のアンケート調査を開発した。この調査は100万人以上の従業員に対して実施された。ひとつの調査が終わるたびに、データから重要な因子を抽出するための分析を行った。その結果、一貫して、次の5つの因子が浮かび上がってきた。

1　職場環境、業務プロセス　安全性や衛生管理、報酬システム、福利厚生、方針など、物理的な職場環境に関する問題を扱った要素

2　直属の上司　選抜や承認、能力開発、信頼、理解、職場の規律など、直属の上司の行動に

関する問題を扱った要素

3 チーム、チームメンバー 協力や目標共有、コミュニケーション、信頼など、チームメンバーに対する認識に関する問題を扱った要素

4 企業、経営陣 会社のミッションや戦略、経営陣のコンピテンシーに対する従業員の信頼度など、企業の取り組みやリーダーシップに関する問題を扱った要素

5 個人のコミットメント、サービス姿勢 この会社で働いていることを誇れるか、友人に推薦できる会社か、この会社でずっと働きたいか、顧客に卓越したサービスを提供したいという熱意があるかなど、企業や顧客に対する従業員のコミットメントに関する問題を扱った要素

その他、「コミュニケーション」や「能力開発」などの因子も見つかったが、ここに挙げた5つの因子ですべて包含することができた。この5つの因子のうち、とりわけ強力だったのが「直属の上司」だ。この因子が、データのばらつきのなかで、不均衡なほど大きな割合を占めていた。

この因子分析の後、データに対するさまざまな回帰分析を行い、最も強力な質問項目を特定した。ここでは、次の3つの従属変数を用いた。

- 全体的な満足度

・「個人のコミットメント、サービス姿勢」の因子のなかで最もすぐれた5つの質問
・事業部門の業績

最終的に12項目を決定する前に、「シンプルで、影響を与えやすい項目であること」という基準を加えた。また、従業員に尋ねる質問は、「職場環境にどの程度満足しているか」や「この会社で働いていることを誇りに思うか」といった感情的な結果を示す項目ではなく、「行動できる項目であること」とした。

こうして、最も強力な12の質問を特定し、厳密な確証分析を行った。本書で紹介したメタ分析もそのひとつである。巻末資料Eではその詳細（第10版）を説明する。この種のメタ分析では最大規模のもので、11万2312の事業部門のデータが含まれている。

資料E

従業員エンゲージメントと組織的成果の関係
——Q12メタ分析

The Relationship Between Engagement at Work and Organizational Outcomes

ジェームズ・K・ハーター（PhD、ギャラップ）
フランク・L・シュミット（PhD、アイオワ大学）
サンギータ・アグラワル（MS、ギャラップ）
アンソニー・ブルー（MA、ギャラップ）
ステファニー・K・プローマン（MA、ギャラップ）
パトリック・ジョシュ（MA、ギャラップ）
ジム・アスプランド（MA、ギャラップ）

第10版　2020年10月

古屋博子訳

謝辞

このメタ分析（第10版）に新たな研究を提供してくれたMarie-Lou Almeida, Jeevika Galhotra, Rujuta Gandhi, Julie Griffiths, Ryan Gottfredson, Domonique Hodge, Diana Lu, Shane McFeely, Marco Nink, John Reimnitz, Chayanun Saransomrurtai, Puneet Singh, Ben Wigert に感謝する。

著作権基準

目次

概要
　目的／方法／結果／結論
はじめに
　序文／Q12の開発／研究の紹介／Q12の説明
メタ分析、仮説、方法、そして結果
　メタ分析／仮説と研究の特徴／使用したメタ分析手法／結果
実用性の分析：効果の実用性
ディスカッション
参考文献
付録1　事業・作業単位の成果の信頼性

付録2　従業員エンゲージメントのテスト・再テストの信頼性

概要

目的

同じ組織内でも、事業単位や作業単位によって、エンゲージメントとパフォーマンスのレベルは大きく異なる。この研究の目的は、以下の点を検証することである。

1　276組織における従業員エンゲージメントとパフォーマンスの真の関係性

2　複数の組織における従業員エンゲージメントとパフォーマンスの関係の一貫性または一般化可能性

3　調査で明らかになった、経営者やマネジャーにとっての実践的意味

方法

私たちが蓄積した456件の調査研究は、54業種、276組織、96カ国の従業員を対象としている。各研究では、組織が提供する従業員エンゲージメントとパフォーマンス成果との関係を、事業・作業単位で統計的に算出している。計270万8538人の従業員を含む11万2312の事業・作業単位を調査した。対象は次の11項目での成果である。顧客ロイヤルティ／エンゲージ

メント、収益性、生産性、離職率、安全上の事故、欠勤率、シュリンケージ（従業員による窃盗）、患者の安全性に関する事故、品質（欠陥）、従業員のウェルビーイング、組織市民権（訳注、従業員が与えられた職務以上の行動を自発的にとること）。

個々の研究では、サンプルサイズが小さい、または結果の解釈を歪めるような特異性があることが多い。メタ分析は、一見異なる結果が得られた研究の結果を結合し、サンプリングや測定誤差などの研究成果を補正して、真の関係性をより正確に理解するのに有効な統計手法である。私たちは456の研究にハンター・シュミット・メタ分析法を適用し、エンゲージメントと各パフォーマンス指標との真の関係を推定し、一般化可能性を検証した。メタ分析を行った後、実用性分析を行うことで、関係性の実用的な意味を検討した。

結果

従業員エンゲージメントは、調査した11のパフォーマンス成果に関連していた。結果は高い一般化可能性を示しており、これは相関関係が異なる組織間で一貫していたことを意味する。従業員エンゲージメントと複合パフォーマンスの真のスコア相関は0・49である。企業全体で見ると、従業員エンゲージメントのスコアが上位に位置する事業・作業単位は、下位に位置する事業・作業単位に比べて、成功する確率が2倍以上になる。また、99パーセンタイルにある企業は、1パーセンタイルの企業の約5倍の成功率を示している。

上位4分の1と下位4分の1の事業・作業単位の中央値の差は次のとおり。

- 顧客ロイヤルティ／エンゲージメント　10％
- 収益性　23％
- 生産性（売上高）　18％
- 生産性（生産記録と評価）　14％
- 高離職率組織（年換算離職率が40％以上）の離職率　18％
- 低離職率組織（年換算離職率が40％以下）の離職率　43％
- 安全上の事故　64％
- 欠勤率　81％
- シュリンケージ（従業員による窃盗）　28％
- 患者の安全性に関する事故（死亡率および転倒率）　58％
- 品質（欠陥）　41％
- 従業員のウェルビーイング（生き生きしている従業員）　66％
- 組織的市民権　13％

結論

エンゲージメントとパフォーマンスとの関係は、事業・作業単位レベルで実質的であり、組織全体での一般化が可能である。従業員エンゲージメントは、11のパフォーマンス成果とそれぞれ関連している。このことは、実践者が、Q12指標が重要なパフォーマンス関連情報をとらえているという確信を持って、さまざまな状況でQ12指標を適用できることを意味している。

はじめに

序文

1930年代、ジョージ・ギャラップが着手したのは、人間のニーズと満足度に関する世界規模の研究である。ギャラップ博士は、世論調査測定に科学的なサンプリングのプロセスを他に率先して導入した。また、彼は世論調査だけでなく、ウェルビーイングに関する画期的な研究を実施した。95歳以上の高齢者に共通する要素に関する研究である（Gallup & Hill, 1959）。その後数十年にわたり、ギャラップ博士とその同僚たちは数多くの世論調査を世界中で実施し、人々の生活のさまざまな側面について調べた。初期の世界規模の世論調査では、家族、宗教、政治、個人の幸福度、経済、健康、教育、安全、仕事への意識などを取り上げていた。1970年代、ギャラップ博士の報告で判明したのは、仕事に高い満足度を得ている北米の被雇用者が半数に満たないという結果だった（Gallup, 1976）。西ヨーロッパ、ラテンアメリカ、アフリカ、極東ではさらに低かった。

仕事の満足度は、広範な分野の研究者に注目されてきた。仕事の満足度についての研究は、ギャラップの初期の研究に加えて1万以上の記事や出版物がある。ほとんどの人が起きている時間の大半を仕事に費やしているため、職場に関する研究への関心は高く、心理学や社会学、経済学、人類学、生理学などの多岐にわたる分野で行われている。職場を管理し改善するプロセスは非常に重要であり、ほぼすべての組織にとって大きな課題である。そのために重要となるのが、変化を起こすために使用されるツールが、実際に重要な成果を予測する職場のダイナミクスを測定できることである。言い換えれば、さまざまな組織のリーダーが重視する成果を測定できることが重要になる。組織のリーダーは、仕事の満足度に関する研究への関心と機運を高めるのに最もよい立場にいる。

こうしたギャラップ博士の初期の世論調査と時を同じくして、心理学者でネブラスカ大学教授のドン・クリフトンは、教育やビジネスで成功するための要因を研究しはじめた。クリフトン博士は、１９６９年にセレクションリサーチ社（ＳＲＩ）を設立する。多くの心理学者は機能障害や病気の原因を研究対象としていたが、クリフトン博士とその同僚たちは、研究の方向性を「強みを基盤にした心理学」に定め、「人を開花させるものは何か」についての調査を進めた。

彼らの初期の発見は、幅広い業界や職種を超えて、成功する個人やチームに焦点を当てた何百もの研究を生み出した。特に、成功する学習環境や職場環境に関する研究は、成功した教師や管理職に関する多くの研究につながった。この研究では、成功を促す環境や個人の違いに関する広範な調査が行われた。研究の初期段階で研究者たちは、単に従業員の満足度を測定するだけでは持続可能な変化を生み出せないことを発見した。満足度のなかでも最も重要な要素を特定する必要があった。また、実際に行動し、変化を起こす人にとって使いやすいかたちで測定され報告される必要もあった。

さらに調査を進めていくと、最も効率的に変化が起こるのは現場レベルであることがわかった。第一線のマネジメントレベルで、マネジャーが率いているチームである。経営者にとっての第一線のチームは直属の部下、工場長にとっての第一線のチームは日々マネジメントをしている人たちになる。ギャラップの研究者たちは、すぐれたマネジャーを研究した結果、最適な意思決定は、それに関する情報が日常の行動に近い現場レベルで収集されたときに起こることを明らかにした。

クリフトン博士の研究がギャラップ博士の研究と統合されたのは、1988年にギャラップとSRIが合併したときである。これにより、先進的な経営科学と一流の科学的調査の融合が実現した。ギャラップ博士もクリフトン博士も、人生の多くの時間を人々の意見や態度、才能、行動の研究に費やした。そのために質問を作成し、その回答を記録し、どの質問が有意差のある回答を引き出し、意味のある成果に結びつくかを検討した。サーベイ調査の場合、ある質問はバイアスのない有意義な意見を引き出すが、そうでない質問もある。マネジメント研究でも、ある質問は将来のパフォーマンスを予測する回答を引き出すが、そうでない質問もある。

適切な質問を開発するには、反復プロセスが必要である。研究者が質問を書き、分析を行う。調査や質問は改良され、言い換えられる。追加分析が行われる。それを受けて再び質問は改良され、言い換えられる。そして、このプロセスを繰り返していく。ギャラップは、この反復プロセスを採用し、本稿の対象となる調査ツールを設計した。それがQ12、従業員エンゲージメントの測定ツールである。

次章では、Q12の開発と検証のために何十年にもわたって行われてきた研究の概要を説明する。続いて、従業員エンゲージメントとパフォーマンスの関係について、276の組織と11万2312の事業・作業単位（270万8538人の従業員を含む）を対象とした456の研究のメタ分析について述べる。

Q12の開発

1950年代初頭、クリフトン博士は職場環境や学習環境の研究を始めた。目的は、その環境にプラスに働く要因、そして人々が自分特有の才能を十分に活かせる要因を特定することだった。クリフトン博士は、この初期の研究を通して、科学と強みの研究を用いて個人の参照枠や態度の枠組みを調査しはじめた。

1950年代から1970年代にかけて研究を継続するなかで、その対象は、学生やカウンセラー、経営者、教師、従業員などに及んだ。クリフトン博士は、さまざまな評価尺度やインタビュー方法を用いて個人の違いを研究し、人々の相違点を説明する質問や要因を分析した。彼が調査した概念は、「強みと弱みに着目した際の比較」「人間関係」「人事サポート」「友人関係」「学習」などである。さまざまな質問が作成され、テストされたが、そのなかにはQ12の初期バージョンの項目も多く含まれていた。継続的なフィードバックの方法が最初に開発された目的は、質問してデータを収集し、その結果について継続的な議論を促すことで、フィードバックと改善の可能性を提供することだった。測定ベースのフィードバック・プロセスである。また、従業員の離職の原因を知るために、組織を去った従業員に退社インタビューが行われた。共通する離職の理由は「マネジャーの質」に集中した。

1980年代、ギャラップの研究者たちは、この反復プロセスを継続し、パフォーマンスの高い個人やチームを調査した。調査には、個人の才能や、職場での態度を査定することが含まれていた。質問票を設計するために多くの定性的（質的）分析が実施され、インタビューやフォーカスグループが行われた。ギャラップの研究者たちは、すぐれたパフォーマンスを出している個人やチームに、彼らの職場環境や、成功に関する思考、感情、行動について尋ねた。

研究者たちは、定性的データを用いて、成功につながる特徴的な要因についての仮説と洞察を生み出した。これらの仮説に基づいて質問を作成し、テストした。また、1980年代には、退社インタビューを含む数多くの定量的な調査を行い、離職の原因を探った。フォーカスグループやインタビューなどの定性的分析は、「組織開発監査」や「卓越性を生み出す態度管理」などの長期にわたる包括的な従業員調査の基礎となった。これらの調査の多くは、100～200の項目で構成されている。定量的な分析としては、調査データの次元性を査定するための因子分析や、データの独自性と重複性を特定するための回帰分析、総合的な満足度、コミットメント、生産性といった有意義な成果と相関する質問を特定するための基準関連妥当性分析などが行われた。また、調査結果をマネジャーや従業員にフィードバックするための手順を開発した。こうした手順とその実践的な活用により、研究者は、どの項目が対話を生み出し、変化を促すのに最も役立つのかを知ることができた。

才能と環境に焦点を当てたマネジメント研究の実践から生まれたひとつの成果が、組織における才能の最大化の理論である。

1人当たりの生産性＝才能×（関係性＋正しい期待値＋承認／報酬）

これらのコンセプトは、後にQ12の基本的な要素として組み込まれていく。

SRIとギャラップの研究者は、長期にわたりマネジャーの成功パターンについての研究を続けた。特にマネジャーの才能と成功を促す環境に焦点を絞っていった。マネジメントの才能に関する知識と、従業員の意識に関する調査データを統合することで、研究者たちは何が成功する職場環境を構築するのかという独自の視点を持つことができた。その結果、「個人の認識」「パフォーマンス志向」「ミッション」「承認」「学習と成長」「期待値」「適性」などのテーマが次々と浮かび上がってきた。研究者たちは経営に関する研究に加えて、成功している教師や生徒、学習環境についても数多くの研究を行った。

1990年代に入ってからも、この反復プロセスは継続された。この時期、ギャラップの研究者は、Q12の最初のバージョンであるGWA（ギャラップ職場監査）を開発し、最も重要な職場の意識や態度を効率的に把握しようとした。定性・定量分析も継続して行われた。10年間で1000以上のフォーカスグループが実施され、何百もの測定手段が開発され、その多くにはいくつかの項目が追加された。また、退社時のインタビューも継続して行われ、従業員が組織に定着するにはマネジャーが重要であることがわかった。Q12やその他の調査項目の研究は、米国やカナダ、メキシコ、英国、日本、ドイツなどの世界各国で実施された。ギャラップの研究者は、これらの調査の中核的な項目に関して、国際的な異文化間のフィードバックを得て、異文化間の調査項目の適用性についての状況を把握した。また、5段階評価法や2分法など、さまざまな尺度を検証した。

調査データの定量的な分析には、記述統計や因子分析、判別分析、基準関連妥当性分析、信頼性分析、回帰分析、その他の相関分析がある。ギャラップの研究者は、成功している職場とそうでない職場を区別する中核的な概念と、その概念を最もよくとらえる表現の研究を続けた。1997年には、基準関連妥当性の研究はメタ分析に統合され、1135の事業・作業単位を対象に、事業所の収益性、生産性、従業員定着率、顧客の満足度やロイヤルティに対する従業員の満足度やエンゲージメント（Q12で測定）の関連性を調べた（Harter & Creglow, 1997）。また、メタ分析によって、エンゲージメントと成果の関係の一般化を検討することができた。この確証的解析の結果、Q12の各項目の基準関連妥当性が明らかになった。

基準関連妥当性の研究はいまも継続中で、メタ分析は下記のとおりアップデートされている。1998年には2528の（Harter & Creglow, 1998）、2000年には7939の（Harter & Schmidt, 2000）、2002年には1万885の（Harter & Schmidt, 2002）、2003年には1万3751の（Harter, Schmidt, & Killham, 2003）、2006年には2万3910の（Harter, Schmidt, Killham, & Asplund, 2006）、2009年には3万2394の（Harter, Schmidt, Killham,

& Agrawal, 2009)、２０１３年には４万９９２８の（Harter, Schmidt, Agrawal, & Plowman, 2013)、２０１６年には８万２２４８の事業・作業単位を対象としている（Harter, Schmidt, Agrawal, Plowman, & Blue, 2016)。本稿は、従業員エンゲージメントとパフォーマンスの関係に関するQ12メタ分析の第10回目の報告書となる。

２０１６年の報告書と同様に本報告書では、事業・作業単位の数を拡大し、調査対象となる産業や国を増やしている。また、ウェルビーイングと組織的市民権という2つの新しい成果変数を加えた。

Q12は、１９９８年に最終的な文言と配列が完成して以来、２１２の国や地域、74の言語で、４３００万人以上の従業員に対して行われてきた。さらには、この尺度の異文化間での特性を調べるために一連の研究が行われた（Harter & Agrawal, 2011)。

研究の紹介

組織の人材の質は、企業の成長と持続可能性の先行指標となるだろう。優秀な従業員のいる職場を実現するには、適材適所の人材を選ぶことから始まる。数多くの研究が、適材適所の選択における有効な採用測定ツールとシステムの有用性を証明している（Schmidt, Hunter, McKenzie, & Muldrow, 1979; Hunter & Schmidt, 1983; Huselid, 1995; Schmidt & Rader, 1999; Harter, Hayes, & Schmidt, 2004; Schmidt, Oh, & Shaffer, 2016)。

入社後、従業員は、組織の成功に影響を与える意思決定や行動を日々行っている。こうした意思決定や行動の多くは、従業員自身の内的動機や原動力に影響される。また、従業員の待遇や従業員同士の接し方が、従業員の行動にプラスの影響を与えることもあれば、組織を危険にさらすこともある、という仮説も立てられる。たとえば、研究により、一般的な職場の態度と、サービス志向、顧客の認識（Schmit & Allscheid, 1995）、および個人のパフォーマンス成果（Iaffaldano & Muchinsky, 1985）とのあいだに正の関係があることがわかっている。最新のメタ分析では、個人の仕事の満足度と個人のパフォーマンスとのあいだに実質的な関係があることが明らかになっている（Judge, Thoresen, Bono, & Patton, 2001）。さらに最近の研究では、個人の職務態度は、パフォーマンスと離脱行動および志向の両方によって定義される従業員個人の有効性の実質的な予測因子であることが示されている（Harrison, Newman, & Roth, 2006; Mackay, Allen, & Landis, 2017）。より最近の研究では、従業員エンゲージメントは高次の職務態度の構成要素として最もよく概念化されていることが明らかになっている。このことは、Newman, Harrison, Carpenter and Rariden（2016）によってさらに補強されている。

また、事業・作業単位のレベルでも、従業員の態度がさまざまな組織の成果に関係していることを示す証拠がある。組織レベルの研究では、主に横断的な研究が中心だった。独立した研究では、従業員の態度と安全性（Zohar, 1980, 2000）、顧客経験（Schneider, Parkington, & Buxton, 1980; Ulrich, Halbrook, Meder, Stuchlik, & Thorpe, 1991; Schneider & Bowen, 1993; Schneider, Ashworth, Higgs, & Carr, 1996; Schmit & Allscheid, 1995; Reynierse & Harker, 1992; Johnson, 1996; Wiley, 1991）、財務（Denison, 1990; Schneider, 1991）、従業員の離職率（Ostroff, 1992）な

どのパフォーマンス成果とのあいだに関係があることがわかっている。Batt（2002）の研究では、多変量解析を用いて人事慣行（従業員の意思決定への参加を含む）と売上成長の関係を調べている。ギャラップは大規模なメタ分析を行っており、最近では8万2248の事業・作業単位を対象に従業員の態度（満足度とエンゲージメント）と、安全性、顧客態度、財務、従業員定着率、欠勤率、品質指標、シュリンケージについての同時性と予測性の関係を調査している（Harter et al., 2016; Harter et al., 2013; Harter et al., 2009; Harter et al., 2006; Harter et al., 2003; Harter, Schmidt, & Hayes, 2002; Harter & Schmidt, 2002; Harter & Schmidt, 2000; Harter & Creglow, 1998; Harter & Creglow, 1997）。このメタ分析は異なる時期に何度も行われたが、従業員の態度とさまざまなビジネス上の成果のあいだには一貫性があり、正の同時性と予測性の関係にあることが明らかになった。また、これらの関係は、幅広い状況（産業や事業・作業単位の種類、国）においても一般化されることがわかっている。その他の独立した研究でも同様の結果が得られている（Whitman, Van Rooy, & Viswesvaran, 2010; Edmans, 2012）。従業員エンゲージメントに関する最近のメタ分析では、過去の景気後退期には、そうではない時期に比べて、従業員の態度とパフォーマンスのあいだに強い相関関係があることがわかっている（Harter, Schmidt, Agrawal, Plowman, & Blue, 2020）。また、本研究では、個人の職務態度に関する研究と同様に、高次の職務態度、すなわちエンゲージメントの構成要素が事業・作業単位全体のパフォーマンスを最もよく予測することがわかった。

従業員の意見を個人レベルで調査することが一般的になっているが、事業・作業単位のレベルでデータを調査することは、データが一般的に報告される場所であるため、非常に重要である（守秘義務のため、従業員エンゲージメント調査は個人より広範な事業・作業単位のレベルで報告される）。さらに、事業単位レベルの調査は通常、ほとんどのビジネスに直接関係する成果（顧客ロイヤルティ、収益性、生産性、離職率、安全上の事故、シュリンケージ、品質など）との関連性を解明する機会となる。これらの成果はしばしば事業・作業単位で集約され報告される。

事業・作業単位レベルでデータを報告し、調査することのもうひとつの利点は、測定ツールのスコアが、個人レベルの分析で用いる次元スコアと同様の信頼性を持つことである。事業・作業単位レベルの値が、多くの個人スコアの平均だからである。事業・作業単位レベルで報告される従業員調査は、項目レベルの測定誤差の懸念が少ないため、より効率的または簡潔化された長さにすることができる。仕事満足度調査と単位レベル分析の利点のよりくわしい議論についてはHarter and Schmidt（2006）を参照いただきたい。

このような事業・作業単位レベルでは、事業・作業単位の数が限られている（事業・作業単位の数がサンプルサイズになる）、あるいは事業・作業単位間で比較できる成果指標の入手が困難なため、データが限られる、という問題が生じる可能性がある。このため、これらの研究の多くは統計的検出力に限界があり、個々の研究の結果が互いに矛盾しているように見えることがある。メタ分析の技術は、このような研究をプールして、効果の強さとその一般化可能性をより正確に推定する機会を提供する。

本論文の目的は、従業員の職場への認識と事業・作業単位の成果との関係に関する最新のメタ分析の結果を、ギャラップのクライアントとともに収集した現在入手可能なデータに基づいて提示することである。この研究では、ギャラップのQ12という測定ツールに焦点を当てている。Q12の項目は、事業・作業単位での重要性を考慮して選択されており、事業・作業単位におけるピープル・マネジメント（訳注、部下ひとりひとりの成功にコミットすることで組織の成果を最大化する）の質についての従業員の認識を測定している。

Q12の説明

GWA（Q12）は、30年以上にわたる量的・質的研究の蓄積に基づいて開発されたもので、信頼性や収束的妥当性、基準関連妥当性が広く研究されている。GWA（Q12）は、これまでの心理学的研究によって検証された測定ツールであるだけでなく、マネジャーが職場に変化をもたらすうえでの有用性に関する実践的な検討がされている。

Q12に含まれる項目を設計するにあたり、行動可能性の観点から、従業員調査項目には2つの大まかなカテゴリーがあることを考慮した。それは、態度的な成果（満足度、忠誠心、誇り、顧客サービスに対する認識、会社にとどまる意思）を反映する測定項目と、これらの成果を促進する行動可能な課題を形成的に測定する項目である。満足度や忠誠心、誇りなどの態度的成果を予測するQ12は、経営者にとって実行可能な課題を測定するものである。標準的なQ12測定ツールでは、総合的な満足度の項目の後に、マネジャーレベルで実行可能（変更可能）な問題を測定する12の項目がある。つまり、役割の明確さ、リソース、能力と要求の適合性、フィードバックを受けること、感謝されていると感じることなど、仕事の状況の要素についての認識を測定する項目である。Q12は、それぞれの原因を測定することでエンゲージメントに貢献する「エンゲージメントの条件」を形成する指標である。

総合満足度とQ12

Q0 (総合満足度)「非常に満足」を5点、「非常に不満」を1点とした5段階評価で、あなたは働く場としての(貴社)にどの程度満足していますか。
Q1 私は仕事のうえで、自分が何を期待されているかがわかっている。
Q2 私は自分がきちんと仕事をするために必要なリソースや設備を持っている。
Q3 私は仕事をするうえで、自分の最も得意なことをする機会が毎日ある。
Q4 この1週間のあいだに、よい仕事をしていると褒められたり、認められたりした。
Q5 上司あるいは職場の誰かが、自分をひとりの人間として気づかってくれていると感じる。
Q6 仕事上で、自分の成長を後押ししてくれる人がいる。
Q7 仕事上で、自分の意見が取り入れられているように思われる。
Q8 会社が掲げているミッションや目的は、自分の仕事が重要なものであると感じさせてくれる。

Q9　私の同僚は、質の高い仕事をするよう真剣に取り組んでいる。
Q10　仕事上で最高の友人と呼べる人がいる。
Q11　この半年のあいだに、職場の誰かが私の仕事の成長度合いについて話してくれたことがある。
Q12　私はこの1年のあいだに、仕事上で学び、成長する機会を持った。

※Q12はギャラップの専有情報であり、法律によって保護されています。書面による同意なしに、Q12を使用してアンケートを実施したり、複製したりすることはできません。すべての著作権はギャラップに帰属します。

現行の基準では、各従業員（国勢調査：参加率の中央値は85％）にQ12の記述について「5＝非常にそう思う」から「1＝まったくそう思わない」までと「わからない／当てはまらない」の6つの回答オプションを用いて評価してもらい、「わからない／当てはまらない」は採点しないことにしている。Q0は満足度の項目であるため、どのくらい同意しているかではなく、満足度はどのくらいかで採点している。回帰分析（Harter et al., 2002）の結果、従業員エンゲージメントは、総合的な満足度尺度が占めるパフォーマンス関連の分散（複合パフォーマンス）のほぼすべてを占めている。したがって、本報告書では、Q1～12で測定された従業員エンゲージメントに焦点を当てている。

Q1～12では、マネジャーや上司が影響を与えることができる問題を測定するが、「上司」という言葉が含まれているのは1項目だけである。これは、誰かからの期待が明確であるかどうか、従業員が大切にされていると感じているかどうかなど、従業員は職場の多くの人から影響を受けていると考えるのが現実的だからである。しかし、マネジャーや上司は、こうした認識を支える行動を大切にする文化を確立するために、率先して行動できる立場にいる。

それぞれの概念的な関連性

Q0 総合満足度 この調査の最初の項目は、感情的満足度を「非常に不満」から「非常に満足」までの尺度で測定する。これは、人々が組織に対してどのように感じているかを示す態度的な成果、つまり直接的で反射的な測定である。感情的満足度の直接的な測定であることから、この項目の結果だけで行動するのは難しい。以下12項目で測定される他の問題が、人々がなぜ満足するのか、なぜ彼らが関与して成果を生み出すのかを説明する。

Q1 期待値 達成すべき成果を定義し、明確にすることは、最も基本的な従業員のニーズであり、マネジャーの責任である。これらの成果をどのように定義し、どのように行動するかは、事業・作業単位の目標に応じて異なる。

Q2 リソースや設備 仕事をするために必要なものを用意することは、効率を最大限に高め、従業員の仕事が高く評価されていることだけでなく、会社が従業員の仕事をサポートしていることを示すうえで重要である。すぐれたマネジャーは、従業員が「リソースや設備を要求することが組織の重要な成果にどうつながるか」を理解することを支援する。

Q3　自分の得意なことをする機会　人が本来持っている才能や強みを最大限に発揮できる役割に就けるように支援することは、すぐれたマネジャーが継続的に行う仕事である。ひとりひとりの違いを経験やアセスメントを通じて知ることは、役割のなかで、あるいは役割を超えて、人を効率的に配置し、高いパフォーマンスを実現するための障害を取り除くのに役立つ。

Q4　承認　従業員は、自分のやっていることが重要であるかどうかを知るために、常にフィードバックを必要とする。継続的なマネジメントの課題は、各人がどのように承認されたいのかを理解すること、パフォーマンスに基づいて行うことで客観的かつ現実的なかたちで承認すること、そしてそれを頻繁に実施することである。

Q5　人としての気づかい　人によって何を気づかいと感じるかは異なる。すぐれたマネジャーは、ひとりひとりの話に耳を傾け、その人特有のニーズに対応する。さらに、個人のニーズと組織のニーズのあいだにある関連性を見出す。

Q6　成長の後押し　どのようにコーチングされるかによって、従業員が自分の将来をどう認識するかが変わってくる。マネジャーが、従業員の才能に合った機会を提供することで従業員ひとりひとりの成長を支援しているなら、従業員と会社の両方が恩恵を受ける。

Q7　意見の考慮　従業員に意見を求め、その意見を考慮すると、多くの場合、よりよい意思決定につながる。なぜなら、一般的にマネジャーよりも従業員のほうが、システム全体に影響を与える多くの要因について、より近い現場で接していることが多いからである。それは、顧客の問題から日々生産している製品まで多岐にわたる。さらに、従業員が意思決定に関与していると感じると、成果に対してより責任感を持つようになる。

Q8　ミッションと目的　すぐれたマネジャーは、仕事の目的だけでなく、ひとりひとりの仕事が組織の目的と成果にどう影響し、関連しているかまで従業員が理解するのを支援する。大事なことは、自分の仕事が、顧客や安全、公共などにどう影響を与えているか、日々の仕事の大局的な効果を従業員に思い出させることである。

Q9　質の高い同僚　マネジャーは、誠実で有能な従業員を選び、共通の目標や品質の評価基準を提示し、社員同士の交流の機会を増やすことで、従業員がお互いに敬意を払う度合いに影響を与えることができる。

Q10　最高の友人　職場の人々がお互いに知り合う機会をどの程度設けるか、また、職場での親密な信頼関係をどの程度重視するかは、マネジャーによって異なる。すぐれたマネジャーは、「職場で親しい友人関係を築くべきではない」とは思わない。お互いに知り合う機会を積極的に設けるのは、それが人間の基本的なニーズだと考えているからである。その結果、コミュニケーションや信頼関係などの成果に影響を与えることができる。

Q11　成長度合い　従業員ひとりひとりの進歩や成果、目標について話し合う時間を設けることは、マネジャーにとっても従業員にとっても重要なことである。すぐれたマネジャーは、ひとりひとりと定期的に話し合い、彼らから学ぶと同時に指導している。こうしたギブ・アンド・テークは、マネジャーと従業員がよりよい判断を下すのに役立つ。

Q12　学びと成長の機会　多くの従業員は、よい仕事をしていることを認知されるとともに、「自分が成長している」「知識やスキルを身に付ける機会がある」と知ることを必要としている。すぐれたマネジャーは、個人にも組織にもメリットのあるトレーニングを選ぶ。

Q12の実用性については、Wagner and Harter（2006）や Gallup.com に掲載されているさまざまな記事でよりくわしく説明されている。

総計（項目Q1～12の合計または平均値）として、Q12の事業・作業単位でのクロンバックのアルファ値は0・91である。Q1～12の等加重平均（または合計、総平均）と、より長い調査の追加項目の等加重平均（または合計）に対するメタ分析の収束的妥当性は0・91である。これは、Q12が複合指標として、より長期の従業員調査における一般的な要素をとらえていることを示す証拠である。個々の項目は、より広い次元の真のスコア値と平均して約0・70の相関がある。Q12は、行動可能なエンゲージメント状態の測定値だが、その複合測定は、感情的満足度やその他の仕事へのエンゲージメントの直接的な測定と高い収束的妥当性を持っている（収束的妥当性と判別的妥当性の問題、およびエンゲージメントの構成要素についてのさらなる議論についてはHarter and Schmidt, 2008を参照）。

前述したとおり、Q12の事業単位レベルのメタ分析は今回が10回目となる。前回と比べて今回のメタ分析では以下を含んでいる。

- より多くの研究、事業・作業単位や国の数
- 2つの新しい成果（従業員のウェルビーイングと組織市民権）
- 事業・作業単位数の増加。欠勤率のデータを持つ事業・作業単位の数は2倍以上に、品質（欠陥）、離職率、顧客ロイヤルティ／エンゲージメント、生産性のデータを持つ事業・作業単位の数はそれぞれ79％、43％、23％、17％増加した。

そのため、本研究ではデータを大幅に更新している。

調査対象は、オーストラリア、ニュージーランド、アジア、ヨーロッパ、CIS、ラテンアメリカ、中東、北米、アフリカ、カリブ海の国々を含む96カ国の事業・作業単位である。今回のメタ分析に含まれる52社は、米国以外の国でのみ事業を展開している。

このメタ分析には、入手可能なすべてのギャラップの研究（発表済みか否かを問わず）が含まれている。したがって出版バイアスはない。

メタ分析、仮説、方法、そして結果

メタ分析

メタ分析とは、多くの異なる研究に基づいて蓄積されたデータを統計的に統合したものである。そのため、個々の研究の結果を歪める測定誤差やサンプリング誤差、その他の特異性を統制でき、他にはない確かな情報を提供する。メタ分析は、バイアスを排除し、2つ以上の変数間の真の有効性や関係性を推定する。また、メタ分析で一般的に算出される統計値は、研究者が関係性のモデレーターの有無を探ることを可能にする。

心理学や教育学、行動学、医学、人事選考などの分野で1000件以上のメタ分析が行われている。行動科学・社会科学分野の研究文献には、一見すると結論が相反するような個別の研究が多数含まれている。しかし、メタ分析は、研究者が変数間の平均的な関係を推定し、研究間の知見のばらつきの人工的な原因を補正することを可能にする。メタ分析は、有効性や関係性がさまざまな状況で（たとえば、企業間や地理的な場所で）一般化するかどうかを研究者が判断するための方法を提供する。

この論文ではメタ分析の完全なレビューは行わない。背景情報や最近のメタ分析法のくわしい説明については、Schmidt and Hunter（2015）；Schmidt（1992）；Hunter and Schmidt（1990, 2004）；Lipsey and Wilson（1993）；Bangert-Drowns（1986）；Schmidt, Hunter, Pearlman and Rothstein-Hirsh（1985）を参照されたい。

仮説と研究の特徴

今回のメタ分析で検討した仮説は以下のとおりである。

仮説1　事業単位の従業員エンゲージメントは、事業・作業単位の成果である顧客ロイヤルティ／エンゲージメント、収益性、生産性、ウェルビーイング、組織市民権と正の平均相関があり、離職率、安全上の事故、欠勤率、シュリンケージ、患者の安全性に関する事故、品質（欠陥）とは負の相関がある。

仮説2　エンゲージメントと事業・作業単位の成果との相関関係は、すべての事業・作業単位の成果について組織を超えて一般化する。つまり、これらの相関関係は、組織によって大きく異なることはない。特に、相関がゼロの組織や、仮説1とは逆方向にある組織は、あったとしてもほとんどないと思われる。

ギャラップの推論データベースには、276の独立した組織に対して独自の調査として行われた456の研究が含まれている。各Q12調査では、データは事業・作業単位レベルで集計され、以下の事業・作業単位のパフォーマンス指標の集計値と相関している。

- 顧客指標（顧客ロイヤルティ／エンゲージメント）
- 収益性
- 生産性
- 離職率
- 安全上の事故
- 欠勤率
- シュリンケージ
- 患者の安全性に関する事故
- 品質（欠陥）
- 従業員のウェルビーイング
- 組織市民権

つまり、これらの分析は、従業員個人ではなく事業・作業単位で行われた。

従業員エンゲージメントの企業・職場単位の平均値（Q12項目の平均値）と、これら11の一般的な成果指標のそれぞれとの関係を推定し、相関関係（r値）を算出した。各企業の事業・作業単位間の相関を計算し、その相関係数をデータベースに入力した。そして、11種類の成果指標それぞれについて、平均妥当性、妥当性の標準偏差、妥当性の一般化統計を算出した。

研究のなかには、これまでのメタ分析と同様に、エンゲージメントとパフォーマンスをほぼ同時期に測定したり、エンゲージメントの測定値がパフォーマンスの測定値よりもわずかに遅れて測定されたりする、同時性の妥当性に関する研究もあった（エンゲージメントは比較的安定しており、最近の過去を総括したものであるため、このような研究は「同時性」と見なされる）。予測的妥当性の研究では、時間1でエンゲージメントを測定し、時間2でパフォーマンスを測定する。このメタ分析では、対象となった組織の47％について予測有効性の推定値が得られた。

本論文では、因果関係の問題には直接触れていない。因果関係の問題は、メタ分析の縦断的データ、複数の変数の検討、パス分析で扱うのが最適である。この問題については、他の文献でも広く議論・検討されている（Harter, Schmidt, Asplund, Killham, & Agrawal, 2010）。因果関係の研究結果は、エンゲージメントと財務パフォーマンスは相互に関連しているが、エンゲージメントは逆に財務パフォーマンスのより強い予測因子であることを示唆している。エンゲージメントと財務パフォーマンスの関係は、顧客の認知度や従業員の定着率など、他の成果との因果関係によって媒介されているように見受けられる。つまり、財務パフォーマンスは、顧客認識や従業員保持などの短期的な成果に対するエンゲージメントの効果に影響される下流の成果である。

今回のメタ分析の対象となる研究は、各分析において各組織を1回ずつ代表するように選択された。いくつかの組織では複数の研究が行われた。研究に参加している各組織の情報を可能な限り含めるために、いくつかの基本的なルールを用いた。同じ顧客に対して2つの同時進行の研究が行われた場合（Q12と成果のデータが同じ年に収集された場合）、複数の研究の加重平均効果量をその組織の値として収集した。ある組織が同時進行試験と予測試験（1年目にQ12を収集し、2年目に成果を追跡する）を行っていた場合、予測試験の効果量を収集した。組織が複数の予測的研究を行っていた場合は、これらの研究の相関の平均値を収集した。ある組織の反復研究でサンプルサイズが大幅に異なる場合は、サンプルサイズが最大の研究を使用した。

- 107の組織について、事業・作業単位の従業員の認識と顧客の認識の関係を調べた研究があった。顧客の認識には、顧客の評価指標、患者の評価指標、学生の教師に対する評価指標が含まれていた。これらの指標には、ロイヤルティや満足度、サービスの質、クレームの品質に関する顧客評価、ネットプロモータースコア、エンゲージメントなどが含まれていた。最も多かったのはロイヤルティ指標（たとえば、推薦する可能性、ネットプロモーターやリピートビジネス）を含む研究で、本研究では顧客指標を「顧客ロイヤルティ／エンゲージメント」と呼ぶことにした。指標は研究ごとに異なる。顧客ロイヤルティの一般的な指標は、各尺度に含まれる項目の平均スコアだった。最近では、顧客とサービスを提供する組織との感情的なつながりを測定する「顧客エンゲージメント」を選択する研究が増えている。従業員エンゲージメントと顧客エンゲージメントの相互関係については、Fleming, Coffman and

Harter（2005）；Harter, Asplund and Fleming（2004）を参照していただきたい。

- 収益性の調査は、90の組織で可能だった。収益性の定義は、通常、収益（売上）に対する利益の割合である。いくつかの企業では、各ユニットの相対的なパフォーマンスをより正確に測定するために、研究者は、利益の最良の測定方法として前年との差のスコアや予算額との差を使用していた。そのため、収益性の数値がユニット間で比較しにくいと考えられる場合には、機会（場所）を統制した。たとえば、ある事業・作業単位の利益を売上高で割り、そこから予算割合を差し引いたものが、差分変数である。また、より明確に、事業・作業単位の正確な比較に関連すると考えられる場合には、場所の変数を統制して部分相関（r値）を算出する場合もあった。いずれの場合も収益性変数はマージンの尺度であり、生産性変数（後述）は生産量の尺度である。
- 162の組織について生産性調査が行われた。事業・作業単位の生産性を測る指標は、財務（顧客1人または患者1人当たりの売上高や販売額など）、生産された数（生産量）、プログラムへの登録者数、予算に対する時間や人件費、クロスセル、パフォーマンス評価、または学生の学業成績（3つの教育機関の場合）のいずれかで構成されていた。いくつかのケースでは、これが2分法の変数となっていた（パフォーマンスのよい事業・作業単位＝2、パフォーマンスの悪い事業・作業単位＝1）。生産性に含まれる変数の大半は、売上高や収益、または売上高や収益の伸びを示す財務指標だった。収益性と同様に、多くの場合、研究者はパフォーマンス目標や前年の数値と比較して、事業・作業単位の立地によるビジネスチャンスの差を統制したり、偏相関（r値）を明示的に計算したりする必要があった。このカテゴリーに含まれる変数は、財務指標、評価、生産記録などに要約される。

- 離職率のデータは128の組織で入手できた。離職率の測定方法は、事業・作業単位ごとの従業員の離職率を年換算したものである。ほとんどの場合、自発的な離職率が報告され、分析に用いられた。
- 安全上の事故に関するデータは59の組織で入手できた。安全上の事故の指標としては、労働損失あるいは時間当たりの事故率、事故や労災請求の結果として失われた労働日数の割合（事故とコスト）、事故件数、事故率などが挙げられる。
- 37の組織の欠勤率のデータが含まれている。欠勤率の指標は、事業・作業単位ごとの1人当たり平均欠勤日数を就業可能な総日数で割ったものである。欠勤の指標には、病欠、欠勤時間、欠勤日数が含まれている。
- 11の組織がシュリンケージの測定値を提供した。シュリンケージとは、従業員や顧客による窃盗、商品の紛失などによる、計上されていない商品の損失額のことである。拠点の規模がさまざまであることから、シュリンケージは総売上高に対する割合、または予想される目標値との差として計算された。

- 10の医療機関が患者の安全性に関する事故の指標を提供した。この指標は、患者の転落率（全患者数に対する割合）、医療過誤率、感染率、リスク調整死亡率など多岐にわたる。
- 20の組織が品質の測定方法を提供した。ほとんどの組織で品質は、売れ残りや返品、品質停止、スクラップ、作業効率、検査ごとの不合格品（製造業の場合）、強制停止（公益事業の場合）、懲戒処分、預金精度（金融業の場合）、その他の品質スコアなどの記録によって測定された。品質指標の大部分は欠陥の尺度であるため（数値が大きいほどパフォーマンスが悪いことを意味する）、効率性の尺度と品質スコアは、すべての変数が同じ推論的解釈を持つように逆コード化された。
- 従業員のウェルビーイングの指標は、12の組織で収集された。すべての研究でキャントリル尺度が用いられている。このキャントリル尺度は、回答者の「現時点」での生活評価と「約5年後」の予想される生活評価を0～10段階で測定するものである。尺度は、「想像しうる最高の生活（10）」から「想像しうる最悪の生活（0）」までをしっかり固定している。

- 組織市民権の測定は、2つの組織で得られた。この指標は、会議やプログラムなど、従業員の利益を目的とした会社主催の活動に参加・登録した割合で構成されている。ウェルネス会議や確定拠出年金への登録などは、データを提供した2つの組織の例である。

全体の調査対象は、アンケートに回答した独立した従業員270万8538人と、276組織の11万2312の独立した事業・作業単位であり、事業・作業単位当たりの平均従業員数は24人、1組織当たりの事業・作業単位数は407だった。276組織で456回の調査研究を行った。

図表E－1は、このメタ分析の対象となった産業の概要を示している。54の業種の組織が研究を提供したことから、対象となる業種にはかなりの幅があることがわかる。政府の一般的な産業分類（SICコードによる）のそれぞれに組織が含まれており、サービス業、小売業、製造業、金融業の組織数が多くなっている。事業・作業単位の数が最も多いのは、サービス業、金融業、小売業である。具体的な各業界の内訳の度数は、図表E－1に示している。

今回のメタ分析で対象とした事業・作業単位の種類を、図表E－2にまとめた。事業・作業単位には、店舗や工場・製造所、部署、学校など、かなりのバリエーションがある。全体では22種類の事業・作業単位があり、ワークグループ（チーム）、店舗、銀行支店の研究を行っている組織が最も多い。同様に、ワークグループ（チーム）、店舗、銀行支店は、事業・作業単位のなかでも最も高い比率を示している。

使用したメタ分析手法

分析には、真の有効性の加重平均推定値、有効性の標準偏差推定値、およびこれらの有効性に対するサンプリング誤差、従属変数の測定誤差、独立変数（Q12平均値）の範囲変動と制限に関する補正が含まれた。また、独立変数の測定誤差を補正した追加の分析も行われた。メタ分析の最も基本的なかたちは、分散推定値をサンプリング誤差に対してのみ補正するものである。ハンターとシュミットが推奨する補正には、範囲制限や収集されたパフォーマンス変数の測定誤差など、測定および統計上のアーチファクトに対する補正が含まれる（Hunter & Schmidt, 1990, 2004; Schmidt & Hunter, 2015）。以降のセクションでは、前述した手順の定義を説明する。

ギャラップの研究者は、パフォーマンス指標の信頼性を計算するために、複数の期間にわたってパフォーマンス変数のデータを収集した。こうした複数の測定値は各研究では得られないため、パフォーマンス変数の測定誤差を補正するために「アーチファクト分布メタ分析法」（Hunter & Schmidt, 1990, pp.158-197; Hunter & Schmidt, 2004）を用いた。アーチファクト分布は、さまざまな研究から得られたテスト・再テスト信頼性がある場合は、それに基づいている。事業・作業単位の成果測定の信頼性を計算するために行った手順は、Schmidt and Hunter（1996）のシナリオ23と一致している。成果の一部の変化（安定性）が実際の変化の関数であることを考慮して、テスト・再テスト信頼性は次の式を用いて計算した。

産業	組織数	事業・作業単位の数	回答者数
飲食	8	1,296	57,104
電子機器	6	1,483	104,273
エンターテインメント	1	106	1,051
食品	6	7,101	344,559
産業機器	1	11	484
その他	12	4,170	158,264
医薬品	2	8,288	171,463
サービス業			
農業	1	7	635
ビジネス	4	1,258	16,162
教育	10	1,259	22,142
行政	7	11,127	213,631
健康	68	14,807	326,483
接客	11	1,241	190,473
老人ホーム	2	508	28,768
個人サービス	1	424	3,226
不動産	4	321	7,924
娯楽・保養	2	49	1,969
社会福祉	4	1,621	28,602
交通・公共事業			
航空会社	1	111	2,293
通信	7	4,234	46,784
配送	1	639	53,151
電気、ガス、衛生	5	3,183	28,887
非危険物の廃棄物処理	1	727	28,600
トラック輸送	1	100	6,213
小計			
金融業	46	28,249	308,296
製造業	47	15,496	413,023
素材・建設業	4	1,270	29,932
小売業	49	25,681	951,344
サービス業	114	32,622	840,015
交通・公共事業	16	8,994	165,928
合計	**276**	**112,312**	**2,708,538**

図表E-1　産業の概要

産業	組織数	事業・作業単位の数	回答者数
金融業			
商業銀行	6	3,132	21,435
クレジット	2	59	581
受託	21	16,230	176,430
保険	10	7,837	79,464
モーゲージ	1	27	985
非預金型	1	94	2,038
証券	4	797	25,833
金融取引	1	73	1,530
製造業			
航空機	1	3,411	37,616
アパレル	1	16	111
自動車	1	30	1,453
建築材料	1	8	1,335
化学物質	1	928	8,203
電子機器	3	239	27,002
消費財	5	289	13,098
食品	7	3,116	91,337
ガラス	1	5	1,349
産業機器	1	89	639
楽器	8	535	5,848
その他	4	924	22,481
製紙業	2	753	27,025
医薬品	5	4,103	39,575
プラスチック	1	133	938
印刷	2	35	716
船舶建造	3	882	134,297
素材・建設業			
素材・建設	4	1,270	29,932
小売業			
自動車	4	261	13,614
建築材料	3	1,158	65,001
衣類	4	1,055	28,937
百貨店	2	752	6,594

図表E-2　事業・作業単位の概要

事業・作業単位	組織数	事業・作業単位の数	回答者数
銀行支店	20	18,118	196,481
コールセンター	7	1,240	22,076
保育センター	1	1,562	25,661
コストセンター	16	3,675	76,758
国	1	26	2,618
販売店	7	423	16,940
部門	12	1,553	33,132
ディビジョン	3	714	134,703
設備	2	1,080	55,182
病院	7	800	69,028
ホテル	9	846	182,953
所在地	14	11,414	269,829
モール	2	216	3,790
患者ケアユニット	8	2,825	52,703
プラント／ミル	8	2,106	100,871
地域	2	113	13,520
レストラン	6	588	34,866
販売部門	6	391	21,722
販売チーム	6	420	27,543
学校	6	409	10,496
店舗	37	24,124	893,781
ワークグループ（チーム）	96	39,669	463,885
合計	**276**	**112,312**	**2,708,538**

$$(r_{12} \times r_{23}) / r_{13}$$

ここで、r_{12}は、時間1で測定された成果と時間2で測定された成果との相関、r_{23}は、時間2で測定された成果と時間3で測定された成果との相関、r_{13}は、時間1で測定された成果と時間3で測定された成果との相関である。

右記の計算式は、測定エラー、データ収集エラー、サンプリング誤差（主に顧客および品質測定）、成果測定の統制不能な変動によって生じる事業・作業単位の結果のランダムな変化から、実際の変化（時間1から2、時間2から3よりも、時間1から3に発生する可能性が高い）を除外している。推定値は、四半期データのもの、半期データのもの、年次データのものがあった。このメタ分析に使用した成果物分布の平均期間は、各基準タイプの研究全体の平均期間と一致していた。測定誤差の補正に使用した信頼性のリストは、本稿の付録1を参照されたい。信頼性に関するアーチファクト分布は、顧客ロイヤルティ／エンゲージメント、収益性、生産性、離職率、安全上の事故、品質（欠陥）測定について収集された。欠勤率、シュリンケージ、患者の安全性に関する事故、従業員のウェルビーイング、組織市民権については、本調査の時点では入手できなかったため、収集されていない。したがって、これらの成果の想定信頼度は1・00であり、その結果、真の妥当性の推定値は下方に偏ったものとなった（ここで報告された妥当性の推定値は現実よりも低い）。これらの変数のアーチファクト分布は、今後入手可能になれば追加される予定である。

独立変数（Q12で測定された従業員エンゲージメント）が成果を予測するために実際に使用されているので、実務担当者は使用されている測定ツールの信頼性と共存しなければならないと主張することができる。しかし、独立変数の測定誤差を補正することは、実際の構成要素（真のスコア）がお互いにどのように関係しているかという理論的な疑問に答えることになる。そのため、独立変数の信頼性を補正する前と後の両方の分析結果を示す。本稿の付録Bは、Q12の平均値の信頼性の分布を示したものである。これらの値は、パフォーマンス成果の場合と同じ方法で算出した。

範囲変動や範囲制限を補正する際には、そのような補正が必要かどうかについて検討しなければならない基本的な理論上の問題がある。人事選考では、仕事への応募者を選択する際に、予測因子で最高得点を得た人が一般的に選択されるため、有効性は範囲制限のために日常的に補正される。これは、観察された相関を下方にバイアスする明示的な範囲制限の結果である（つまり減衰）。しかし、従業員満足度とエンゲージメントの分野では、職場に存在する結果を研究しているので、明示的な範囲制限はないと主張することができる。事業・作業単位は、予測変数のスコア（Q12スコア）に基づいて選択されていない。

しかし、エンゲージメントの標準偏差には、企業によってばらつきがあることが判明した。このばらつきが生じる理由についてのひとつの仮説は、企業によって、従業員満足度やエンゲージメントの取り組みをどのように奨励しているか、また、共通の価値観や共通の文化をどのように構築しているか、あるいは構築していないかが異なるということである。そのため、調査対象となった組織全体の事業・作業単位の母集団の標準偏差は、一般的な企業内の標準偏差よりも大きくなる。このような企業間の標準偏差のばらつきは、(直接的な範囲制限ではなく)間接的な範囲制限と考えることができる。このメタ分析には、改良された間接的範囲制限の補正が組み込まれている(Hunter, Schmidt, & Le, 2006)。

私たちはQ12を開発して以来、4300万人以上の回答者、510万の企業・職場単位、5076の組織に関する記述的なデータを収集してきた。このようなデータの蓄積により、企業内の標準偏差は、全企業・職場単位の母集団における標準偏差の約5分の4であることがわかった。また、母集団の値に対する組織の標準偏差の比率は、組織ごとに異なる。したがって、全事業所の母集団における効果量を推定することが目的なら(理論的に重要な問題であることは間違いない)、そのような入手可能なデータに基づいて補正を行うべきである。観察されたデータでは、事業・作業単位間のばらつきが母集団の平均値よりも小さい組織では相関が弱くなり、その逆もまた同様である。このように、組織間の標準偏差のばらつきは、観察された相関関係にばらつきを生じさせるので、有効性の一般化可能性を解釈する際に補正可能な人工物である。Harter & Schmidt (2000) の付録には、メタ分析に使用される範囲制限や変動補正のアーチファクト分布が記載されている。これらのアーチファクト分布は2009年に大幅に更新され、今回のメタ分析でも更新されている。現在のアーチファクト分布には、無作為に選んだ100の組織が含まれている。これらの図表はサイズが大きいため、本稿には記載していない。先の研究で報告されたものと似ているが、より多くの項目が含まれている。

アーチファクト分布を用いたメタ分析の概要を以下に抜粋する。あるメタ分析では、アーチファクト情報が散発的にしか得られないアーチファクトがいくつかあるかもしれない。たとえば、測定誤差と範囲制限がサンプリング誤差以外の唯一の関連人工物であるとする。このような場合、典型的なアーチファクト分布に基づくメタ分析は次の3つのステップで行われる。

1 観察された相関の分布、独立変数の信頼性の分布、従属変数の信頼性の分布、範囲の逸脱の分布という4つの分布に情報をまとめる。そして、各研究が含むあらゆる情報を提供しながら、一連の研究から4つの平均と4つの分散がまとめられる。

2 観測された相関関係の分布は、サンプリング誤差で補正される。

3 サンプリング誤差を補正した分布は、測定誤差と範囲変動を補正する（Hunter & Schmidt, 1990, pp.158-159; Hunter & Schmidt, 2004）。

本研究では、観測された相関関係から始めて、サンプリング誤差、測定エラー、そして最後に範囲変動を補正するというように、分析の各レベルで統計データを計算して報告している。組織内の範囲変動補正（妥当性の一般化推定値を補正するため）と組織間の範囲制限補正（組織間の変動の違いを補正するため）の両方が行われた。組織間の範囲制限補正は、すべての組織の事業・作業単位間でエンゲージメントがどのようにパフォーマンスに関係しているかを理解するうえで重要である。前述したように、このメタ分析では間接的範囲制限補正手順を適用した

(Hunter et al., 2006)。

メタ分析では、サンプルサイズで加重した平均有効性と、各有効性をサンプルサイズで再度加重した相関全体の分散の推定値が含まれている。また、サンプリング誤差に基づいて加重した相関に予測される分散の量も計算された。以下は、前述したハンターらの手法（Hunter et al., 2006）を用いて、「骨太の」メタ分析においてサンプリング誤差から予想される分散を計算するための式である。

$$S_e^2 = (1-\bar{r}^2)^2/(\bar{N}-1)$$

残留標準偏差は、観測された分散から、サンプリング誤差による分散量、従属変数の測定誤差の研究差による分散量、および範囲変動の研究差による分散量を差し引いて算出した。標準偏差の真の妥当性を推定するために、残留標準偏差を平均値の信頼性の低さと平均値の範囲制限によるバイアスで調整した。説明された分散の合計割合を計算するため、サンプリング誤差、測定誤差、範囲変動に起因する分散の量を観察された分散で割った。一般に、研究間の有効性の変動のうち高い割合（たとえば75％）がサンプリング誤差やその他の人工物によるものである場合、あるいは90％信頼性値（真の有効性の分布の10パーセンタイル）が仮説の方向にある場合には一般化可能性があるとされる。Harter et al.（2002）；Harter et al.（2006）；Harter et al.（2009）；Harter et al.（2013）；Harter et al.（2016）と同様に、エンゲージメントと複合パフォーマンスの相関関係を計算した。この計算では、マネジャーは複数の成果に向けて同時に管理しており、各成果がパフォーマンスの全体的な評価においてある程度のスペースを占めていることを想定している。パフォーマンスの複合指標との相関を計算するためにMosier（1943）の公式を用いて、成果指標の信頼性分布と相互相関より、複合指標の信頼性を判断した（Harter et al., 2002）。患者の安全性に関する事故は業界特有の変数であるため、より一般的な「安全性」カテゴリーと組み合わせた。この複合指標の信頼性は0・91である。複合パフォーマンスは、顧客ロイヤルティ／エンゲージメント、離職率（定着率を逆に採点）、安全性（安全上の事故および患者の安全性に関する事故を逆に採点）、欠勤率（逆に採点）、シュリンケージ（逆に採点）、財務（収益性と生産性を均等に重み付けして採点）、品質（欠陥を逆に採点）を均等に重み付けした合計値として測定した。また同様に、複合パフォーマンスを、エンゲージメントの最も直接的な成果（顧客ロイヤルティ／エンゲージメント、離職率〔定着率を逆に採点〕、安全性〔安全上の事故および患者の安全性に関する事故を逆に採点〕、欠勤率〔逆に採点〕、シュリンケージ〔逆に採点〕、品質〔欠陥を逆に採点〕）を均等に重み付けをした合計としても算出した。この複合変数の信頼性は0・89である。新たに追加された成果（ウェルビーイングと組織市民権）については、他の成果変数との相互相関の推定値がないため、複合パフォーマンスの推定値に含めなかった。

私たちの研究では、Schmidt & Le（2004）のメタ分析パッケージ（間接的な範囲制限の補正を行ったアーチファクト分布メタ分析法）を使用した。このプログラムパッケージはHunter & Schmidt（2004）に記載されている。

結果

本稿では、従業員エンゲージメント（Q12の平均値を均等に重み付けして定義）全体とさまざまな成果との関係に焦点を当てて分析している。図表E－3は、調査した11の成果のそれぞれについて、従業員エンゲージメントとパフォーマンスの関係についての最新のメタ分析および有効性一般化統計を示している。観察された相関の平均値と標準偏差に続いて、2種類の真の妥当性の推定が行われている。ひとつ目は、組織内の範囲変動と従属変数の測定誤差を補正するものである。この範囲変動の補正は、事業・作業単位間の従業員エンゲージメントの変動という点で、すべての組織を同じ基準にする。この結果は、平均的な組織内の事業・作業単位間の関係を推定していると見ることができる。もうひとつは、事業・作業単位の母集団における範囲制限と、従属変数の測定誤差を補正するものである。後者の範囲制限補正を含む推定値は、特定の組織内で予想される効果ではなく、組織全体の事業・作業単位における効果の解釈に適用される。組織横断的な事業・作業単位のエンゲージメントには、平均的な組織内よりも多くのばらつきがあるので、組織横断的な事業・作業単位について真の有効性の推定値を計算すると効果量が大きくなる。

たとえば、顧客ロイヤルティ／エンゲージメントの基準に関連する推定値を見てみると、組織間の範囲制限補正（典型的な組織内の効果に関連する）を行わない場合、従業員エンゲージメントの真の妥当性の値は0・20で、90％信頼性値（CV）は0・13である。組織間の範囲制限補正（組織を超えた事業・作業単位に関連する）を行うと、従業員エンゲージメントの真の妥当

図表E-3　従業員エンゲージメントと事業・作業単位のパフォーマンスの　関係性についてのメタ分析

	顧客ロイヤルティ/エンゲージメント	収益性	生産性	離職率	安全上の事故	欠勤率	シュリンケージ	患者の安全性に関する事故	品質(欠陥)	ウェルビーイング	組織市民権
事業・作業単位数	25,391	32,298	53,228	62,815	10,891	24,099	4,514	1,464	4,150	2,651	1,693
rの数	107	90	162	128	59	37	11	10	20	12	2
観測された平均値r	0.16	0.09	0.13	−0.08	−0.13	−0.27	0.09	−0.43	−0.20	0.56	0.08
観測されたSD	0.09	0.07	0.08	0.06	0.09	0.13	0.06	0.15	0.11	0.04	0.01
真の妥当性[1]	0.20	0.10	0.15	−0.12	−0.15	−0.27	−0.09	−0.43	−0.21	0.57	0.08
真の妥当性SD[1]	0.05	4.00	0.05	0.05	0.03	0.10	0.03	0.08	0.07	0	0
真の妥当性[2]	0.29	0.15	0.21	−0.18	−0.21	−0.38	−0.12	−0.56	−0.29	0.71	0.12
真の妥当性SD[2]	0.07	0.06	0.06	0.07	0.05	0.13	0.05	0.09	0.09	0	0
サンプリング誤差による分散（%）	50	58	46	49	73	8	60	23	40	114	708
分散（%）[1]	78	73	72	73	90	37	74	66	63	729	995
分散（%）[2]	78	73	72	73	90	37	74	66	64	810	995
90% CV[1]	0.13	0.05	0.09	−0.06	−0.11	−0.14	−0.05	−0.32	−0.12	0.57	0.08
90% CV[2]	0.19	0.08	0.13	−0.09	−0.16	−0.21	−0.06	−0.44	−0.18	0.71	0.12

r＝相関関係　SD＝標準偏差　CV＝信頼性値
（注1）組織内の範囲変動と従属変数の測定誤差の補正を含む　（注2）事業・作業単位の母集団における範囲制限と従属変数の測定誤差の補正を含む

性の値は0・29に、90%CVは0・19になる。

これまでのメタ分析と同様に、従業員エンゲージメントと顧客ロイヤルティ／エンゲージメント、収益性、生産性、離職率、安全性、シュリンケージ、品質（欠陥）の成果との関係について、組織を超えた高い一般化可能性が示された。また、新たに加わった2つの成果（ウェルビーイングと組織市民権）についても、相関関係は高い一般化可能性を示している。11の成果のなかでは、従業員エンゲージメントとウェルビーイングの相関が最も強く、観測相関の平均値は0・56、真の妥当性は0・72だった。11の成果のうち、組織間の相関のばらつきのほとんどは、個々の研究におけるサンプリング誤差、測定誤差、または範囲制限の結果だった。90%CVは、すべて仮説の方向にある。組織間の相関の変動が最も大きかったのは、欠勤率の成果だった。これは主に、過去の研究で観察されたものよりも大幅に強い相関を持つ非常に大規模な研究が1件加わったためである。エンゲージメントと欠勤率の関係の真の妥当性の平均値はマイナス0・38、90%CVはマイナス0・21で、関係の方向性に広い一般性があることを示している。効果の方向性は予測可能だが、企業によって効果の大きさは多少異なる。アーチファクトは、従業員エンゲージメントとほとんどの成果の相関の分散のすべてを説明するものではないが、ほぼすべての成果の分散の高い割合を説明している。これは、Q12の従業員エンゲージメントの測定値が、異なる産業や異なる国の組織を含めて、これらの成果を期待される方向に効果的に予測していることを意味する。

まとめると、図表E－3に示したエンゲージメントの複合指標では、ウェルビーイング、患者の安全性に関する事故、欠勤率、品質（欠陥）、顧客ロイヤルティ／エンゲージメント、安全上の事故、生産性に最も強い効果が見られた。また、収益性、シュリンケージ、離職率、組織市民権については、相関性は低いものの高い一般化が見られた。

収益性の場合は、従業員のエンゲージメントに間接的に影響され、より直接的には、顧客ロイヤルティ／エンゲージメント、生産性、離職率、安全上の事故、欠勤率、シュリンケージ、患者の安全性に関する事故、品質などの変数に影響されると考えられる。生産性の変数には、事業・作業単位の生産性を示すさまざまな指標が含まれているが、そのほとんどが売上データであることを留意されたい。メタ分析に含まれる2つの財務変数（売上高と利益）のうち、エンゲージメントは売上高とより高い相関がある。これは、日々の従業員のエンゲージメントが、顧客ロイヤルティ／エンゲージメント、離職率、品質など、売上に関係する変数に影響を与えるからだと考えられる。実際、これは、われわれが因果関係分析で経験的に発見したことでもある（Harter et al., 2010）。シュリンケージの場合は、盗難や在庫への注意、商品の破損など多くの要因が影響するるため、相関性はやや低いのかもしれない。次のセクションでは、観測された関係性の実用性について検討する。

Harter et al.（2002）と同様に、従業員エンゲージメントと複合パフォーマンスの相関を計算した。先に定義したように、図表E－4には、観測された相関関係、従属変数の測定誤差の補正、従属変数の測定誤差と企業間の範囲制限の補正、従属変数の測定誤差、範囲制限、独立変数の測定誤差の補正（真のスコア相関）の4つの分析の相関とd値を示している。

図表 E-4　従業員エンゲージメントと複合的事業・作業単位のパフォーマンスの相関関係（すべての成果）

分析	従業員エンゲージメントと複合パフォーマンスの相関性
観測された r	0.30
d	0.63
r（従属変数の測定誤差を補正）	0.31
d	0.65
r（従属変数の測定誤差と企業間の範囲制限を補正）	0.41
d	0.90
ρ（従属変数の測定誤差、範囲制限、独立変数の測定誤差を補正）	0.49
δ	1.12

r ＝ 相関関係
d ＝ 標準偏差単位の差
ρ＝ 真のスコア相関
δ＝ 真のスコア差（標準偏差単位）

これまでのメタ分析と同様に、図表E－4に示された効果量は、エンゲージメントと複合パフォーマンスのあいだに実質的な関係があることを示している。

企業内のエンゲージメントの上位半分の事業・作業単位は、エンゲージメントの下位半分の事業・作業単位と比較して、複合パフォーマンスが0・65標準偏差単位で高い。

企業全体で見ると、エンゲージメントが上位半分にある事業所は、下位半分にある事業所に比べて、複合パフォーマンスが0・90標準偏差単位で高くなっている。

利用可能なすべての研究成果物を補正した後（真のスコアの関係を調べた後）、従業員エンゲージメントで上位半分にある事業・作業単位は、従業員エンゲージメントで下位半分の事業・作業単位と比べて複合パフォーマンスが1・12標準偏差単位高い。これは、すべての事業・作業単位において時間の経過とともに期待される真のスコア効果である。

前述したように、従業員のエンゲージメントが直接的な成果をもたらす成果もあれば（顧客ロイヤルティ／エンゲージメント、離職率、安全性、欠勤率、シュリンケージ、品質〔欠陥〕）、中間的な成果（売上高、利益）がより下流の成果をもたらす成果もある。このため、短期的な成果に対する複合的な相関関係も算出した。図表E－5は再び、エンゲージメントと複合パフォーマンスのあいだに実質的な関係があることを示している。観測された相関関係とd値は、図表E－4で報告されたものと同じ大きさである。

実用性の分析：効果の実用性

これまで、仕事の満足度とパフォーマンスの関係についての研究では、報告された関係の有用性についての分析が限られていた。相関関係を些細なものとして割り切り、その関係の潜在的な有用性を実際に理解しようとする努力がなされてこなかった。Q12には、ギャラップの研究者が、現場のマネジャーや事業・作業単位内の人々が変更可能であると判断した項目が含まれている。このように潜在的な変化の実用性を理解することは非常に重要である。

先行研究には、数値的に小さいまたは中程度の効果が、しばしば大きな実用的な効果につなが

図表E-5　従業員エンゲージメントと複合的事業・作業単位のパフォーマンスの相関関係（直接的な成果）

分析	従業員エンゲージメントと複合パフォーマンスの相関性
観測されたr	0.29
d	0.61
r（従属変数の測定誤差を補正）	0.31
d	0.65
r（従属変数の測定誤差と企業間の範囲制限を補正）	0.41
d	0.90
ρ（従属変数の測定誤差、範囲制限、独立変数の測定誤差を補正）	0.49
δ	1.12

r＝相関関係
d＝標準偏差単位の差
ρ＝真のスコア相関
δ＝真のスコア差（標準偏差単位）

るという多くの証拠が含まれている（Abelson, 1985; Carver, 1975; Lipsey, 1990; Rosenthal & Rubin, 1982; Sechrest & Yeaton, 1982）。図表E－6に示すように、この研究では実際にそうなっている。この研究で言及されている効果量は、他のレビューで言及されている実用的な効果量と一致するか、それ以上である（Lipsey & Wilson, 1993）。

効果の実用的な価値を表示するより直感的な方法は、2項効果量表示（BESD）である（Rosenthal & Rubin, 1982; Grissom, 1994）。BESDは通常、治療群と対照群の成功率を、関心のある成果変数の中央値を上回るパーセンテージで表示する。

BESDは、本研究の結果に適用す

図表E-6　従業員エンゲージメントと成果に関するBESD

従業員エンゲージメント	企業内の事業・作業単位	企業全体の事業・作業単位
	複合パフォーマンス（合計）の中央値を上回る割合（%）	複合パフォーマンス（合計）の中央値を上回る割合（%）
上位半分	66	71
下位半分	34	29
	複合パフォーマンス（直接的な成果）の中央値を上回る割合（%）	複合パフォーマンス（直接的な成果）の中央値を上回る割合（%）
上位半分	66	71
下位半分	34	29

ることができる。図表E－6は、従業員エンゲージメント（Q12）の複合指標の高得点と低得点の事業・作業単位について、複合パフォーマンスの中央値を上回る事業・作業単位の割合を示している。真の妥当性推定値（従属変数の測定誤差のみを補正したもの）は、組織内および組織間の事業・作業単位の分析に使用された。

図表E－6を見ると、上位半分と下位半分のあいだに意味のある違いがあることがわかる。上位半分は、Q12で上位50%のスコアを獲得した事業・作業単位の平均で、下位半分は下位50%のスコアを獲得した事業・作業単位の平均と定義される。図表E－6から明らかなように、経営者は、下半分の事業・作業単位ではなく、むしろ上半分の事業・作業単位で何が起こっているかを研究すれば、成功についてより多くのことを学べるだろう。

複合的な事業・作業単位のパフォーマンスに関しては、従業員エンゲージメントが上位半分の事業・

作業単位は、自組織での成功率が94%高く、調査対象となったすべての企業の事業・作業単位全体での成功率が１４５%高い。言い換えれば、従業員エンゲージメントが高い事業・作業単位は、自組織での複合パフォーマンスが平均以上になる確率がほぼ2倍になり、全組織の事業・作業単位全体での成功率が平均以上になる確率が２・４５倍になる。

このことをさらに説明するために、図表E－7は、さまざまなレベルの従業員エンゲージメントにおける平均以上のパフォーマンスの確率を示している。ギャラップのデータベースに登録されているすべての事業・作業単位のなかで、従業員エンゲージメントのレベルが最も高い事業・作業単位は、高い（平均以上の）複合パフォーマンスを持つ確率が83%になる。これに対し、従業員エンゲージメントのレベルが最も低い企業は17%の確率

図表E-7　異なる従業員エンゲージメント・パーセンタイルにおいて、複合パフォーマンスが会社の中央値を上回る割合

従業員エンゲージメントパーセンタイル	会社の中央値を上回る割合
99以上	83
95	75
90	70
80	63
70	58
60	54
50	50
40	46
30	42
20	37
10	30
5	25
1以下	17

である。つまり、従業員エンゲージメントが高くなくても、高いパフォーマンスを達成することは可能だが、その確率は大幅に低くなる（実際には5倍近く低くなる）。

この研究から得られた効果の背後にある実際的な意味を表現する他の形式として、効用分析法がある（Schmidt & Rauschenberger, 1986）。従業員の選考が改善された結果、生産高がドル換算で増加することを推定する公式が導き出されている。これらの公式は、効果の大きさ（相関）、研究対象となる成果の変動性、独立変数の差（この場合はエンゲージメント）を考慮しており、Q12スコアの分布における異なるレベルでのパフォーマンス効果の差を推定する際に使用することができる。これまでの研究（Harter et al., 2002; Harter & Schmidt, 2000）では、効用分析の例として、Q12の上位4分位と下位4分位のあいだの成果の差を比較している。２００２年のメタ分析の対象となった企業では、エンゲージメントの上位4分位値と下位4分位値の差は、顧客ロイヤルティ／エンゲージメントで2～4ポイント、収益性で1～4ポイント、月当たりの生産性の数値で数十万ドル、低離職率組織の離職率で4～19ポイント、高離職率組織の離職率で14～51ポイントというのが典型的な例だった。

ギャラップの研究者は最近、同じような成果指標を持つ複数の組織で効用分析を行った（Harter et al., 2002 で発表された分析を更新したもの）。エンゲージメントの上位4分位と下位4分位を比較すると、事業・作業単位では中央値で次のような差が生じた。

- 顧客のロイヤルティ／エンゲージメント　10％
- 収益性　23％

・生産性（売上）　18％
・生産性（生産記録と評価）　14％
・高離職率組織（年換算離職率が40％以上の組織）の離職率　18％
・低離職率組織（年換算離職率が40％以下の組織）の離職率　43％
・安全上の事故（アクシデント）　64％
・欠勤率　81％
・シュリンケージ（従業員による窃盗）　28％
・患者の安全性に関する事故（死亡率および転倒率）　58％
・品質（欠陥）　41％
・従業員のウェルビーイング（生き生きしている従業員）　66％
・組織市民権　13％

上記の差とそのドル換算した効用は、組織固有の指標、状況、事業・作業単位間の成果の分布を考慮して、組織ごとに計算する必要がある。中央値の推定値は、類似した成果タイプの組織データに基づいて426件の研究で実施された効用分析の分布における中間点を示している。

事業に多くの事業・作業単位がある場合、上記の関係は非自明であることがわかる。効用分析のポイントは、効用を真剣に考えてきた文献とも一致するが、従業員エンゲージメントと組織の成果との関係は、保守的に表現されていても実用的な観点からは意味があるということになる。

ディスカッション

今回更新されたメタ分析の結果は、これまでにQ12を用いて行われたメタ分析に対して、引き続き大規模な相互検証を提供するものである。今回の研究では、メタ分析データベースの規模が3万64事業・作業単位（37％増）となり、調査対象の国や事業所の数も増加した。エンゲージメントとパフォーマンスとの関係は、事業・作業単位で見ると引き続き実質的であり、企業間での一般化が可能であることが明らかになった。企業間の相関関係の違いは、主に調査結果に起因するものである。２０１６年にサンプルサイズが1万事業・作業単位以上だった成果（顧客ロイヤルティ／エンゲージメント、収益性、生産性、離職率、欠勤率）については、今回更新したメタ分析の結果がほぼ完全に再現されている。最初の4つの成果について、２０１６年から２０２０年までの効果量の差は０・００から０・０２であり、一般化可能性の証拠は引き続き充実していた。欠勤率については、効果量が０・１６増加しているが、これはひとつの大規模な研究が、メタ分析における他の研究の組み合わせよりも大幅に高い効果量を示した結果であると考えられる。しかし、エンゲージメントと欠勤率の関係の方向性は、高い一般化可能性を示した（90％CVマイナス０・２１）。

このデータベースの規模は、従業員エンゲージメントとビジネス成果のあいだの真の関係の方向性と関係の大きさが確かなものであるという確信を与えてくれる。また、メタ分析を何度も繰り返して一貫した結果が得られたことは、この研究シリーズが始まった１９９７年以降、異なる経済状況やテクノロジーの大規模な変化のなかでも、職場の認識が企業にとって重要であり、関連性があることを物語っている。前述したように、最近のメタ分析では、過去の景気後退期にエンゲージメントとパフォーマンスの相関性がやや高いことがわかっている（Harter et al., 2020）。

この最新のメタ分析から得られた知見が重要なのは、一般化可能なツールを開発し、異なる組織間で使用しても重要なパフォーマンス関連情報を引き出すことができるという高い信頼性を引き続き強化しているからである。本研究のデータは、「従業員にとって最善のことを行うことは、事業や組織にとっての最善のことと矛盾しなくてもよい」という理論をさらに実証するものである。本研究では、従業員エンゲージメントとウェルビーイングのあいだに強い関係があることが新たに報告され、この概念がさらに強化された。

エンゲージメントとウェルビーイングの強い関連性は、先行研究によって裏付けられている。世界中のサンプルで、職場でのエンゲージメントと生活満足度、日々の経験、健康のあいだに一貫した関連性があることがわかっている（Gallup, 2010）。ある長期的な研究では、エンゲージメントの変化が、人口統計や健康歴、薬の使用状況を考慮したうえで、コレステロールとトリグリセド（血液サンプル）の変化を予測することがわかった（Harter, Canedy, & Stone, 2008）。さらに最近では、エンゲージした従業員とエンゲージしていない従業員を比較すると、瞬間的な感情とコルチゾールに違いがあることが観察された（Harter & Stone, 2011）。今回の研究でわかったエンゲージメントと組織市民権の関連性と一致するように、以前の研究では、職場でのエンゲージメントが組織主催の健康プログラムへの参加の可能性を予測することがわかっている

（Agrawal & Harter, 2009）。以前のメタ分析では、職務態度と組織市民権行動とのあいだに強い関連性があることが判明している（Whitman et al., 2010）。また、エンゲージメントは、多様なグループ内での包括性の認識に不可欠であることが示されている（Jones & Harter, 2004; Badal & Harter, 2014）。これらの研究を総合すると、エンゲージした職場の効果は非常に広範囲に及ぶことがわかる。

また特筆すべき点は、ギャラップのコンサルタントがマネジャーを教育し、企業と協力して変革に取り組んだ場合、従業員エンゲージメントは1〜2年目に平均して2分の1の標準偏差で成長し、3年以上後には多くの場合、全標準偏差またはそれ以上の成長が見られたことである。適用された測定ツールと改善プロセスの有用性を示す重要な要素は、調査対象の変数をどの程度変化させることができるかということである。現在の証拠からは、従業員エンゲージメントは変更可能であり、事業・作業単位によって大きく異なるといえる。

本稿で紹介した効用分析および他で立証した効用分析で示したように、観察された効果の大きさは、特にここで測定されたエンゲージメントがかなり変化しやすいことを考えると、重要な実用的意味を持つといえる。

参考文献

本書巻末の参考文献を参照。

付録I　事業・作業単位の成果の信頼性

Schmidt & Hunter（1996）のシナリオ23に基づく

顧客ロイヤルティ／エンゲージメント		収益性		生産性		離職率		安全性		品質（欠陥）	
信頼性	度数	信頼性	度数	信頼性	度数	信頼性	度数	信頼性	度数	信頼性	度数
0.89	1	1.00	3	1.00	4	1.00	1	0.84	1	0.94	1
0.87	1	0.99	2	0.99	2	0.63	1	0.82	1		
0.86	1	0.94	1	0.92	2	0.62	1	0.66	1		
0.84	1	0.93	1	0.90	1	0.60	1	0.63	1		
0.75	1	0.91	1	0.62	1	0.39	1				
0.58	1	0.90	1	0.57	1	0.27	1				
0.53	2	0.89	2	0.34	1	0.25	1				
0.52	1	0.79	1			0.24	1				
0.51	1	0.57	1								
0.46	1	0.56	1								
0.41	1										
0.33	1										

付録2　従業員エンゲージメントのテスト・再テストの信頼性

Schmidt & Hunter（1996）のシナリオ23に基づく

エンゲージメント	
信頼性	度数
0.97	1
0.92	1
0.86	1
0.84	1
0.83	1
0.82	3
0.81	1
0.80	3
0.79	2
0.78	1
0.77	1
0.76	1
0.75	4
0.74	1
0.71	1
0.70	1
0.69	1
0.66	2
0.65	2
0.63	1
0.61	2
0.60	1
0.55	1
0.47	2
0.45	1
0.35	1
0.27	1

訳者あとがき

この本を手に取っていただき、ありがとうございます。本書の原著（英語版）の初版は1999年に、新版は2016年に発行されました。本書は、新版の日本語訳です。初版刊行以来、多くの人々に読まれた、すぐれたマネジャーだけが知っている革命的な考え方を説いた本、訳者自身が大好きな本を日本語版として紹介できることを嬉しく思います。

著者のギャラップは、85年以上の歴史がある、調査・コンサルティング会社です。大学教授の理論から出発するのでなく、ひたすら現場で働く人たちの声を拾い、そこで集めた膨大なデータをメタ分析することで得た知見をもとに、コンサルティングや、マネジャーあるいはリーダー向けの研修を行っています。

「組織はパフォーマンスをあげなくてはならない。そのために最も重要な要素が、従業員エンゲージメントだ。旧弊の常識や先例などのルールを打破して、新しいやり方に変えよう」

これが本書の主張です。従業員エンゲージメントとは、従業員が自分の職場や仕事に熱意を持って取り組むこと、すなわち「work with passion」です。passion の語源 pati には、「苦しむ」「耐える」といった意味があります。ですから、「苦労しがいのある仕事だ」「大変だけど頑張る。

これは私の仕事だから」といった感情を持ち、わくわくしながら仕事に打ち込む人たちを増やしていけるかどうかが、その組織の成功を左右する最も重要な要素なのです。

どうすればよいのでしょうか。「motion（行動）」を変えるには「emotion（感情）」を動かす必要があります。そして、それができるのは、現場のマネジャーだけなのです。

本書は、8万人にものぼるマネジャーへのインタビューをもとに、すぐれたマネジャーだけが知っている革新的な考え方や手法を懇切丁寧に説明しています。

すぐれたマネジャーは、部下ひとりひとりに個別に対処しています。ひとりひとりの違いを理解し、対処しているのです。骨が折れることですが、チェスや将棋で戦うなら、それぞれの駒が持つ動きや強みを知らなければ、勝つことはできません。ぜひ、本書が紹介する考え方を皆さんのマネジメントスタイルに取り入れて、さらによいものにバージョンアップしていただければと思います。

訳者は、ギャラップのシニア・コンサルタントとして、また、さまざまな研修を通じて、たくさんの旧態然とした組織を見てきました。古い価値観の人事システムはそのまま、流行の研修だけを次々に受けさせられるマネジャーたち。レッドカードやイエローカードばかりで、働く人々を萎縮させている評価システム。本書で紹介する〈Q12〉をアンケートのように使った結果、かえって従業員の心が離反してしまった組織など。

初版刊行から20年以上を経ても本書が色あせないのは、従業員エンゲージメントを高めるうえで欠かせないマネジメントの核心を本書が指摘しているから、そして、その意味や重要性を正しく理解していない組織がまだまだ多いからでしょう。

パフォーマンスをあげるには、エンゲージメントが不可欠です。そして、エンゲージメントを高めるには、メンバーひとりひとりの強み（ストレングス）を知り、活かすこと、伸ばすことが欠かせません。

さらに近年では、エンゲージメントの高い従業員に任せてばかりだと、彼らが燃え尽きてしまう（バーンアウト症候群）というデータも出てきました。エンゲージメントを高い水準で維持するには、「ウェルビーイングを大切にする文化」もつくらなければなりません。

「まるで『天動説』から『地動説』に変わるくらいの大変革だな」と言う経営者がいましたが、まさにそのとおりです。ルール（過去の常識）を打ち壊して、従業員たちの才能を見出し、強みを開花させ、パフォーマンスを何倍もあげてもらいましょう。

ひとりひとりが、会社が掲げているミッションと自分の仕事とのつながりを感じ、毎日、最も自分の得意なやり方で仕事を進める。そうすれば、わくわくして仕事に打ち込む従業員が増え、組織のパフォーマンスがあがります。

最後に、私を信頼してくださる、たくさんのクライアントの皆様に心から感謝を申し上げます。ギャラップの同僚たちにも変わらぬ感謝を。日本経済新聞出版の伊藤公一氏には、訳者にとって初めての翻訳を導いていただき、心からお礼を申し上げます。

ストレングスやエンゲージメントは育児や家庭でも役立ちます。人は生まれつき違う才能を持っており、遊び方や勉強の仕方も人それぞれ、という育児での気づきも、本書の翻訳の一助となりました。自分の強みを活かして選んだ道を邁進している息子たち。毎週ファミリーZoomをしてくれて、本当にありがとう！

大岸良恵

2022年12月

Human Resource Planning, 14 (2), 151-157.

Schneider, B., Ashworth, S. D., Higgs, A. C., & Carr, L. (1996). Design, validity, and use of strategically focused employee attitude surveys. *Personnel Psychology*, 49 (3), 695-705.

Schneider, B., & Bowen, D. E. (1993). The service organization: Human resources management is crucial. Organizational Dynamics, 21, 39-52.

Schneider, B., Parkington, J. J., & Buxton, V. M. (1980). Employee and customer perceptions of service in banks. *Administrative Science Quarterly*, 25, 252-267.

Sechrest, L., & Yeaton, W. H. (1982). Magnitudes of experimental effects in social science research. *Evaluation Review*, 6 (5), 579-600.

Ulrich, D., Halbrook, R., Meder, D., Stuchlik, M., & Thorpe, S. (1991). Employee and customer attachment: Synergies for competitive advantage. Human Resource Planning, 14 (2), 89-103.

Wagner, R., & Harter, J. K. (2006). *12: The elements of great managing*. New York: Gallup Press.

Whitman, D. S., Van Rooy, D. L., & Viswesvaran, C. (2010). Satisfaction, citizenship behaviors, and performance in work units: A meta-analysis of collective construct relations. *Personnel Psychology*, 63 (1), 41-81.

Wiley, J. W. (1991). Customer satisfaction: A supportive work environment and its financial cost. Human Resource Planning, 14 (2), 117-127.

Zohar, D. (1980). Safety climate in industrial organizations: Theoretical and applied implications. *Journal of Applied Psychology*, 65 (1), 96-102.

Zohar, D. (2000). A group-level model of safety climate: Testing the effect of group climate on microaccidents in manufacturing jobs. *Journal of Applied Psychology*, 85 (4), 587-596.

of employee engagement in the prediction of employee effectiveness: A meta-analytic path analysis. *Human Resource Management Review,* 27 (1), 108-120.

Mosier, C. I. (1943). On the reliability of a weighted composite. *Psychometrika*, 8, 161-168.

Newman, D. A., Harrison, D. A., Carpenter, N. C., & Rariden, S. M. (2016). Construct mixology: Forming new management constructs by combining old ones. *The Academy of Management Annals,* 10 (1), 943-995.

Ostroff, C. (1992). The relationship between satisfaction, attitudes, and performance: An organizational level analysis. *Journal of Applied Psychology*, 77 (6), 963-974.

Reynierse, J. H., & Harker, J. B. (1992). Employee and customer perceptions of service in banks: Teller and customer service representative ratings. Human Resource Planning, 15 (4), 31-46.

Rosenthal, R., & Rubin, D. B. (1982). A simple, general purpose display of magnitude of experimental effect. *Journal of Educational Psychology*, 74, 166-169.

Schmidt, F. L. (1992). What do data really mean? Research findings, meta-analysis, and cumulative knowledge in psychology. *American Psychologist*, 47 (10), 1173-1181.

Schmidt, F. L., & Hunter, J. E. (1996). Measurement error in psychological research: Lessons from 26 research scenarios. *Psychological Methods*, 1 (2), 199-223.

Schmidt, F. L., & Hunter, J. E. (2015). Methods of meta-analysis: Correcting error and bias in research findings. (3rd ed.). Thousand Oaks, CA: Sage.

Schmidt, F. L., Hunter, J. E., McKenzie, R. C., & Muldrow, T. W. (1979). Impact of valid selection procedures on work-force productivity. *Journal of Applied Psychology*, 64 (6), 609-626.

Schmidt, F. L., Hunter, J. E., Pearlman, K., & Rothstein-Hirsh, H. (1985). Forty questions about validity generalization and meta-analysis. *Personnel Psychology*, 38, 697-798.

Schmidt, F. L., & Le, H. A. (2004). Software for the Hunter-Schmidt meta-analysis methods. Iowa City, IA: Tippie College of Business, University of Iowa.

Schmidt, F. L., Oh, I. S., & Shaffer, J. A. (2016). The validity and utility of selection methods in personnel psychology: Practical and theoretical implications of 100 years of research findings. *Fox School of Business Research Paper*.

Schmidt, F. L., & Rader, M. (1999). Exploring the boundary conditions for interview validity: Meta-analytic validity findings for a new interview type. *Personnel Psychology*, 52, 445-464.

Schmidt, F. L., & Rauschenberger, J. (1986, April). Utility analysis for practitioners. In *the First Annual Conference of The Society for Industrial and Organizational Psychology*, Chicago, IL.

Schmit, M. J., & Allscheid, S. P. (1995). Employee attitudes and customer satisfaction: Making theoretical and empirical connections. *Personnel Psychology*, 48, 521-536.

Schneider, B. (1991). Service quality and profits: Can you have your cake and eat it too?

Harter, J. K., Schmidt, F. L., & Killham, E. A. (2003, July). Employee engagement, satisfaction, and business-unit-level outcomes: A meta-analysis. Omaha, NE: The Gallup Organization.

Harter, J. K., Schmidt, F. L., Killham, E. A., & Agrawal, S. (2009). Q^{12} meta-analysis. Omaha, NE: Gallup.

Harter, J. K., Schmidt, F. L., Killham, E. A., & Asplund, J. W. (2006). Q^{12} meta-analysis. Omaha, NE: Gallup.

Harter, J. K., & Stone, A. A. (2012). Engaging and disengaging work conditions, momentary experiences and cortisol response. *Motivation and Emotion*, 36 (2), 104-113.

Hunter, J. E., & Schmidt, F. L. (1983). Quantifying the effects of psychological interventions on employee job performance and work-force productivity. *American Psychologist*, 38 (4), 473-478.

Hunter, J. E., & Schmidt, F. L. (1990). *Methods of meta-analysis: Correcting error and bias in research findings*. Newbury Park, CA: Sage.

Hunter, J. E., & Schmidt, F. L. (2004). *Methods of meta-analysis: Correcting error and bias in research findings* (2nd ed.). Newbury Park, CA: Sage.

Hunter, J. E., Schmidt, F. L., & Le, H. A. (2006). Implications of direct and indirect range restriction for meta-analysis methods and findings. *Journal of Applied Psychology*, 91, 594-612.

Huselid, M. A. (1995). The impact of human resource management practices on turnover, productivity, and corporate financial performance. *Academy of Management Journal*, 38 (3), 635-672.

Iaffaldano, M. T., & Muchinsky, P. M. (1985). Job satisfaction and job performance: A meta-analysis. *Psychological Bulletin*, 97 (2), 251-273.

Johnson, J. W. (1996). Linking employee perceptions of service climate to customer satisfaction. *Personnel Psychology*, 49, 831-851.

Jones, J. R., & Harter, J. K. (2004). Race effects on the employee engagement-turnover intention relationship. *Journal of Leadership & Organizational Studies*, 11 (2), 78-87.

Judge, T. A., Thoresen, C. J., Bono, J. E., & Patton, G. K. (2001). The job satisfaction-job performance relationship: A qualitative and quantitative review. *Psychological Bulletin*, 127 (3), 376-407.

Lipsey, M. W. (1990). *Design sensitivity: Statistical power for experimental research*. Newbury Park, CA: Sage.

Lipsey, M. W., & Wilson, D. B. (1993). The efficacy of psychological, educational, and behavioral treatment: Confirmation from meta-analysis. *American Psychologist*, 48 (12), 1181-1209.

Mackay, M. M., Allen, J. A., & Landis, R. S. (2017). Investigating the incremental validity

Harter, J. K., Canedy, J., & Stone, A. (2008). A longitudinal study of engagement at work and physiologic indicators of health. In *Work, Stress, & Health Conference.* Washington, D.C.

Harter, J. K., & Creglow, A. (1997). A meta-analysis and utility analysis of the relationship between core GWA employee perceptions and business outcomes. Lincoln, NE: The Gallup Organization.

Harter, J. K., & Creglow, A. (1998, July). A meta-analysis and utility analysis of the relationship between core GWA employee perceptions and business outcomes. Lincoln, NE: The Gallup Organization.

Harter, J. K., Hayes, T. L., & Schmidt, F. L. (2004, January). Meta-analytic predictive validity of Gallup Selection Research Instruments (SRI). Omaha, NE: The Gallup Organization.

Harter, J. K., & Schmidt, F. L. (2000, March). Validation of a performance-related and actionable management tool: A meta-analysis and utility analysis. Princeton, NJ: The Gallup Organization.

Harter, J. K., & Schmidt, F. L. (2002, March). Employee engagement, satisfaction, and business-unit-level outcomes: A meta-analysis. Lincoln, NE: The Gallup Organization.

Harter, J. K., & Schmidt, F. L. (2006). Connecting employee satisfaction to business unit performance. In A. I. Kraut (Ed.), *Getting action from organizational surveys: New concepts, technologies, and applications* (pp. 33-52). San Francisco: Jossey-Bass.

Harter, J. K., & Schmidt, F. L. (2008). Conceptual versus empirical distinctions among constructs: Implications for discriminant validity. Industrial and Organizational Psychology, 1, 37-40.

Harter, J. K., Schmidt, F. L., Agrawal, S., & Plowman, S. K. (2013, February). *The relationship between engagement at work and organizational outcomes: 2012 Q[12®] meta-analysis.* Omaha, NE: Gallup.

Harter, J. K., Schmidt, F. L., Agrawal, S., Plowman, S. K., & Blue, A. (2016). *The relationship between engagement at work and organizational outcomes: 2016 Q[12®] meta-analysis: Ninth edition.* Omaha, NE: Gallup.

Harter, J. K., Schmidt, F. L., Agrawal, S., Plowman, S. K., & Blue, A. T. (2020). Increased business value for positive job attitudes during economic recessions: A meta-analysis and SEM analysis. *Human Performance,* 33 (4), 307-330.

Harter, J. K., Schmidt, F. L., Asplund, J. W., Killham, E. A., & Agrawal, S. (2010). Causal impact of employee work perceptions on the bottom line of organizations. *Perspectives on Psychological Science*, 5 (4), 378-389.

Harter, J. K., Schmidt, F. L., & Hayes, T. L. (2002). Business-unit-level relationship between employee satisfaction, employee engagement, and business outcomes: A meta-analysis. *Journal of Applied Psychology*, 87 (2), 268-279.

参考文献（資料E）

Abelson, R. P. (1985). A variance explanation paradox: When a little is a lot. *Psychological Bulletin*, 97 (1), 129-133.

Agrawal, S., & Harter, J. K. (2009, October). Employee engagement influences involvement in wellness programs. Omaha, NE: Gallup.

Badal, S., & Harter, J. K. (2014). Gender diversity, business-unit engagement, & performance. *Journal of Leadership & Organizational Studies*, 2 (4), 354-365.

Bangert-Drowns, R. L. (1986). Review of developments in meta-analytic method. *Psychological Bulletin*, 99 (3), 388-399.

Batt, R. (2002). Managing customer services: Human resource practices, quit rates, and sales growth. *Academy of Management Journal*, 45 (3), 587-597.

Carver, R. P. (1975). The Coleman Report: Using inappropriately designed achievement tests. *American Educational Research Journal*, 12 (1), 77-86.

Denison, D. R. (1990). Corporate culture and organizational effectiveness. New York: John Wiley.

Edmans, A. (2012, November 1). The link between job satisfaction and firm value, with implications for corporate social responsibility. *Academy of Management Perspectives*, 26 (4), 1-19.

Fleming, J. H., Coffman, C., & Harter, J. K. (2005, July-August). Manage your Human Sigma. *Harvard Business Review*, 83 (7), 106-114.

Gallup (2010). The state of the global workplace: A worldwide study of employee engagement and wellbeing. Omaha, NE: Gallup.

Gallup, G. H. (1976, Winter). Human needs and satisfactions: A global survey. *Public Opinion Quarterly*, 40 (4), 459-467.

Gallup, G. H., & Hill, E. (1959). The secrets of long life. New York: Bernard Geis.

The Gallup Organization (1993-1998). Gallup Workplace Audit (Copyright Registration Certificate TX-5 080 066). Washington, D.C.: U.S. Copyright Office.

Grissom, R. J. (1994). Probability of the superior outcome of one treatment over another. *Journal of Applied Psychology*, 79 (2), 314-316.

Harrison, D. A., Newman, D. A., & Roth, P. L. (2006). How important are job attitudes? Meta-analytic comparisons of integrative behavioral outcomes and time sequences. *Academy of Management Journal*, 49 (2), 305-325.

Harter, J. K., & Agrawal, S. (2011). Cross-cultural analysis of Gallup's Q^{12} employee engagement instrument. Omaha, NE: Gallup.

Harter, J. K., Asplund, J. W., & Fleming, J. H. (2004, August). Human Sigma: A meta-analysis of the relationship between employee engagement, customer engagement and financial performance. Omaha, NE: The Gallup Organization.

著者紹介

ギャラップ（Gallup）

グローバルなアナリティクスやアドバイス、ラーニングを行う。組織が抱える問題を解決できるようにリーダーたちを支援。また、従業員や顧客、学生、そして市民の意思について、世界中のどの組織よりもくわしく調査している。「組織文化の変革」「リーダーシップ開発」「マネジャー育成」「強みを活かしたコーチングと組織文化」「有機的な成長戦略」「『ボスからコーチへ』ソフトウエア・ツール」「スター社員の獲得と採用」「サクセッション・プランニング」「パフォーマンス・マネジメント・システムと評価」「パフォーマンス指標の精緻化」「欠陥や安全リスクの低減」「社内プログラムの評価」「従業員のエンゲージメントとエクスペリエンス」「予測採用アセスメント」「定着率予想」「アジャイルなチームの構築」「顧客エクスペリエンスの向上(B2B)」「ダイバーシティ＆インクルージョン」「ウェルビーイング」などのさまざまな分野で、ソリューションやトランスフォーメーション、サービスを提供している。
https://www.gallup.com/contact

ジム・ハーター（Jim Harter）

ギャラップ・ワークプレイス部門のチーフ・サイエンティスト。ワークプレイスの有効性に関する1,000以上の研究を主導。ネブラスカ大学でPh.D.取得。著書に『ザ・マネジャー　人の力を最大化する組織をつくる』『職場のウェルビーイングを高める』（いずれも日本経済新聞出版）など。

訳者紹介

大岸良恵（おおぎし・よしえ）

ギャラップ・シニア・コンサルタント。東京大学法学部卒業後、コンサルティング会社勤務を経て現職。ギャラップの研修コース（ストレングス・マネジャー、エンゲージメント・マネジャー等）のコースリーダーも務める。著書に『人の気持ちがわかるリーダーになるための教室』（プレジデント社）。

まず、ルールを破れ 新版

2023年1月18日　2版1刷

著　者　ギャラップ
訳　者　大岸良恵
発行者　國分正哉
発　行　株式会社日経BP
日本経済新聞出版
発　売　株式会社日経BPマーケティング
〒105-8308　東京都港区虎ノ門4-3-12
装　幀　渡辺弘之
DTP　有限会社マーリンクレイン
印刷・製本　凸版印刷株式会社
ISBN978-4-296-11619-5

本書籍に関するお問い合わせ，ご連絡は下記にて承ります。
https://nkbp.jp/booksQA

Printed in Japan